Cindy Jacobs



# MULHER, ENCONTRE SUA VOZ!

*Levante-se, faça-se ouvir e abrace o seu destino*

Vida

Editora Vida
Rua Conde de Sarzedas, 246 – Liberdade
CEP 01512-070 – São Paulo, SP
Tel.: 0 xx 11 2618 7000
atendimento@editoravida.com.br
www.editoravida.com.br



Todos os grifos são do autor.

■



Todas as citações bíblicas e de terceiros foram adaptadas segundo o Acordo Ortográfico da Língua Portuguesa, assinado em 1990, em vigor desde janeiro de 2009.

Editor responsável: Gisele Romão da Cruz
Tradução: Maria Emília de Oliveira
Revisão de tradução: Sônia Freire Lula Almeida
Revisão de provas: Editorial Vida
Diagramação: Claudia Fatel Lino
Capa: Arte Vida

**1. edição:** jun. 2020

**Dados Internacionais de Catalogação na Publicação (CIP)**
**(Câmara Brasileira do Livro, SP, Brasil)**

Jacobs, Cindy
Mulher, encontre sua voz! : levante-se, faça-se ouvir e abrace o seu destino / Cindy Jacobs ; [tradução Maria Emília de Oliveira]. -- São Paulo : Editora Vida, 2020.

Título original: *Women, Rise Up!*
Bibliografia
ISBN: 978-65-5584-004-9

1. Encorajamento - Aspectos religiosos - Cristianismo 2. Espiritualidade 3. Liderança - Aspectos religiosos 4. Mulheres nas obras da Igreja I. Título.

20-36093 CDD-248.843

**Índices para catálogo sistemático:**

1. Mulheres nas obras da Igreja : Vida cristã : Cristianismo 248.843
Maria Alice Ferreira - Bibliotecária - CRB-8/7964

*Este livro é dedicado com muito amor à minha mãe,*

**Eleanor Lindsey,**

(27 de março de 1926 – 22 de fevereiro de 2016)

*uma grande mulher de fé e oração,*

*e minha heroína*

# Agradecimentos

Enquanto escrevo este livro, há muitas pessoas a quem quero agradecer. Em primeiro lugar, claro, ao Senhor Jesus Cristo. Obrigada, Deus, por ajudar-me durante a escrita de um assunto polêmico como o das mulheres na liderança.

A seguir, quero agradecer a meu marido, Mike, que me ama e esteve sempre ao meu lado nos períodos de altos e baixos durante a escrita de *Mulher, encontre sua voz!* Quero agradecer também a minha família e amigos por terem encontrado um tempo que gostariam de ter dedicado a assuntos pessoais, para que as mulheres do mundo pudessem ser abençoadas!

A todos os meus amigos na Regal, obrigada por acreditarem em mim e por desejarem um livro que seria escrito para que as mulheres fossem tudo aquilo que Deus planejou para elas. Obrigada, Kyle Duncan. Você me incentivou repetidas vezes em nossas conversas por telefone quando, em completo abatimento, eu titubeava em confiar em Deus, duvidando se conseguiria terminar realmente a tarefa. Bill Greig III, você foi maravilhoso por permitir que eu escrevesse o que se passava no meu coração. Kim Bangs, obrigada por sugerir que as mulheres do século XXI necessitam ser desafiadas e encorajadas a seguir seu chamado e destino.

Aos dois homens que, com lágrimas, suor e sangue, me acompanharam na elaboração do livro, dr. Gary Greig e Bayard Taylor. Obrigada pela paciência com minhas listas de perguntas e investigações sobre o que as línguas grega e hebraica dizem realmente a respeito das mulheres. Vocês vão receber uma estrela especial em sua coroa por este projeto.

A todos aqueles que oraram por mim. Eu não poderia ter escrito este livro sem o escudo de oração que vocês construíram para mim. Oro para que Deus retribua com bênçãos copiosas sobre cada um. Não parem de orar, por favor. Estamos apenas começando!

Por último, mas igualmente importante, quero agradecer a Jim e Becky Hennesy, os meus pastores corajosos que aceitaram ser minha cobertura espiritual. Vocês são demais! Obrigada por permanecerem com Mike e comigo no decorrer dos anos da nossa amizade e por acreditarem no chamado de Deus para as mulheres.

CINDY JACOBS,<br>
Dallas, Texas,<br>
26 de março de 2018

# Sumário

# Prefácio à edição brasileira

Cindy Jacobs é uma inspiração! Desbravadora no meio cristão, mais que uma autora e palestrante de renome, é um símbolo de como a mulher vem se destacando cada vez mais no ministério cristão.

Em, *Mulher, encontre sua voz!*, Cindy conta corajosamente sua trajetória no ministério cristão. Com autenticidade e ousadia, ela demonstra a homens e mulheres que Deus criou todos nós à imagem e semelhança dele e para a glória dele. É preciso celebrar as diferenças entre os gêneros sem ter de diminuir um deles.

O amor de Deus quebra paradigmas, e é isso que a autora faz ao contar as dores e angústias que toda mulher que é missionária, pastora, líder e comissionada pelo Senhor sofre por estar diante de uma cultura predominantemente patriarcal.

Assim também, Cindy demonstra, por meio de análise detalhada e uma revelação sobrenatural de Deus, como os textos bíblicos mais usados para tentar calar a voz da mulher no meio cristão são erroneamente interpretados até mesmo por eruditos consagrados. A partir daí, ela nos oferece uma gama de fundamentação teórica e retórica para mostrar que Jesus comissionou as mulheres para pregarem e serem missionárias da divulgação da mensagem do Reino de Deus.

Uau! Como é prazeroso rever junto com ela a história de grandes mulheres representantes da nossa fé através dos tempos! Particularmente, amo ser inspirada por essas biografias. Desde os primórdios bíblicos até os tempos atuais, grandes mulheres têm sido responsáveis, seja por meio da pregação pública, seja pelo engajamento no campo missionário, seja ainda como a maior agente influenciadora da humanidade (o papel de mãe), por espalhar direta e indiretamente o evangelho por meio de seus exemplos de vida e sua prática ministerial.

É importante também ressaltar que *Mulher, encontre sua voz!* não chega para "destronar o homem" enquanto em sua figura masculina. Muito pelo contrário, este livro mostra como a criação perfeita de Deus apresenta o masculino e o feminino como complementares e amplamente atuantes para alcançar o mundo, desde que se ajustem plenamente e compreendam o chamado individual de cada portador da mensagem de Cristo.

Como obra completa que é, este livro ainda mostra que existe outra dificuldade para as mulheres, a solidão de ser ministra. Cindy desbrava essa temática e nos mostra a importância de termos amigas fiéis e comprometidas que possam nos servir de intercessoras. Além disso, ela também mostra que pode haver ciladas se buscarmos amizades do sexo oposto sem o devido cuidado. Ela apresenta aqui como a sabedoria de seu esposo a ajudou profundamente.

Sim, é necessário que nos entendamos plenamente como ministradoras do evangelho, mulheres que podem, sim, exercer cargos de autoridade eclesiástica equivalentes e até mesmo acima de homens, sem, contudo, nos esquecermos do nosso papel de parte frágil e submissa do relacionamento conjugal. Quanta sabedoria, Cindy demonstra!

Este livro é uma verdadeira compilação de pérolas sobre o papel e a atuação da mulher cristã na sociedade e no ministério. Inspirador e desafiador. O lugar da mulher foi garantido por Jesus! Somos enviadas e capacitadas e ungidas por ele! Nada pode calar a nossa voz! Então, convido você hoje: *Mulher, encontre sua voz!* Milhares de pessoas precisam ouvi-la!

TALITHA PEREIRA,

pastora, autora e palestrante renomada.
Lado a lado com seu esposo, Arthur Pereira, são pastores sêniores
da Igreja do Amor, nas redondezas de Recife, Pernambuco.

# Prefácio

Estamos vivendo os tempos mais empolgantes da História para ser mulheres!

Quando eu tinha 16 anos de idade, Deus falou-me em voz audível, dizendo que eu estava sendo chamada para pregar sua Palavra. Eu nunca tinha ouvido falar que existiam pregadoras, embora algumas estivessem começando a emergir. Pedi, então, ao Senhor que me mostrasse alguém que estivesse realizando naquele momento a obra que eu deveria realizar, para ter uma ideia de como seria. Ele respondeu: "Jane, não há ninguém fazendo o que você vai fazer porque estou fazendo uma coisa nova!".

Hoje, há muitas mulheres fortes, ungidas e proféticas levantando-se em todas as esferas da sociedade. Creio que estamos vivendo os tempos da "coisa nova".

Gênesis 1.26-28 menciona que as mulheres são criadas à imagem de Deus, da mesma forma que os homens, para serem co-herdeiras de seu Reino, com a ordem: " 'Sejam férteis e multipliquem-se! Encham e subjuguem a terra! Dominem [...]' ". As mulheres devem ser fortes, parceiras competentes para criar famílias, produzir recursos e governar a terra. Infelizmente, desde a queda de Adão e Eva, as mulheres lutam, na maioria das culturas, como uma classe oprimida e inferior, com um pouco mais de visão ou propósito que dar à luz e sobreviver. Em vez de cumprir a ordem recebida na Criação de dominar a terra, as mulheres são dominadas e governadas. Em vez de produzir recursos, as mulheres são as criaturas mais pobres da terra. Sua força e liderança têm sido reprimidas, enredando-as nos laços do silêncio e da limitação.

Quando veio salvar a humanidade, Jesus também começou a devolver às mulheres seu lugar de plena função. Quando Maria se sentou a seus pés para ouvi-lo ensinar — o que contrariava o costume judeu —, Jesus confirmou-a como discípula. Jesus revelou-se primeiro como Messias à samaritana, e depois a liberou para pregar em sua cidade. As mulheres foram as últimas a permanecer diante da cruz, as primeiras a chegar ao túmulo e as primeiras a proclamar a ressurreição de Jesus. Ao longo do século I, as mulheres fizeram parte integral da organização da igreja primitiva. Mulheres como Maria, Lídia, Priscila, Júnia, Cloe, Febe e outras estão entre as que Paulo elogiou por trabalharem com ele em prol do evangelho.

No entanto, em razão de mentalidades religiosas na Igreja e do preconceito no mundo, as mulheres foram empurradas para permanecer atrás das barreiras, aguardando um novo amanhecer da reforma. Até nos momentos sombrios da História, encontramos mulheres líderes e inspiradoras como Vibia Perpétua, uma mártir por Cristo que continuou a escrever um maravilhoso diário enquanto aguardava ser executada; Joana d'Arc, que conduziu exércitos à batalha por causa de suas visões celestiais; Florence Nightingale, reformadora social que fundou a enfermagem moderna; Clara Barton, fundadora da Cruz Vermelha americana; e Harriet Tubman, abolicionista que libertou muitos homens e mulheres da escravidão. Catherine Booth, Sojourner Truth e Maria Woodworth-Etter foram três entre as numerosas pregadoras e evangelistas pioneiras que também ministravam cura.

Essas mulheres são exemplos para nós hoje de que podemos e devemos aceitar de bom grado nosso mandado original da criação para dominar e governar a terra, lidar com a injustiça, com a pobreza e o sofrimento, levando a liberdade do Reino de Deus aonde quer que formos. Deus está chamando as mulheres, com o toque de um clarim, para que encontrem seu propósito, paixão e autoridade para ocupar a função de líderes na Igreja, no mundo dos negócios, no governo ou em outra área da sociedade. É verdade que as mulheres têm sido vitimadas, marginalizadas e imobilizadas por sua cultura, por experiências de vida, por falta de uma identidade em Cristo adequada e pela incapacidade de imaginar o sucesso e a influência para os quais foram criadas. Mas Deus está fazendo algo novo!

Por esse motivo, sou grata a Cindy Jacobs por ter escrito esta obra-prima, *Mulher, encontre sua voz!* Este livro é um recurso oportuno para romper as correntes de mentalidades religiosas e da interpretação errônea das Escrituras, a fim de nos conduzir à "coisa nova". Os exemplos das mulheres bíblicas e das mulheres da atualidade que realizaram obras grandiosas para o Reino de Deus inspirarão você a sair do lugar e a apropriar-se do propósito para o qual foi criada — levar integridade e justiça ao seu mundo. Mulher, encontre sua voz!

Dra. Jane Hamon,
apóstola auxiliar da Vision Church @ Christian International;
autora de *The Deborah Company* [A companhia de Débora; Sonhos e visões,[1] e *The Cyrus Decree* [O decreto de Ciro]

[1] Rio de Janeiro: Thomas Nelson, 2014.

# Introdução

Não pode haver dúvida de que Deus usou e usará as mulheres de maneiras extraordinárias em cada geração. Por que penso assim? Nós, mulheres, amamos lutar contra a injustiça. Desde o início, o Criador disse que a nossa semente feriria a cabeça da serpente. Creio que isso é verdadeiro (v. Gênesis 3.15). Embora essa afirmação possa ser messiânica em sua interpretação, pode também referir-se ao nosso legado, tanto espiritual quanto físico. Há grandes injustiças ao redor do mundo que necessitam que alguém "dance sobre a injustiça", se levante e lute.

Enquanto escrevo a minha história e ressalto a importância das mulheres na liderança e na sociedade, creio que há muitas questões sobre as quais temos permanecido caladas — e "não podemos mais nos silenciar".

Precisamos falar em voz alta de assuntos desde exploração sexual, tráfico de mulheres e intimidações até assédios no mercado de trabalho, tanto no mundo secular quanto no mundo eclesiástico. Não podemos recusar a falar, sejam quais forem as consequências. É o que precisa ser feito, não apenas para nós, mas também para as próximas gerações.

Escrevi extensamente neste livro a respeito das mulheres destemidas. Oro para que a história de cada uma lhe dê grande coragem para lutar contra a ignorância e a injustiça. Há mulheres em vários países do mundo que neste momento estão enfrentando a morte, simplesmente porque acreditam em Jesus.

Quando iniciei o ministério em funções não tradicionais para mulheres, como pregar a Palavra, não conhecia realmente nenhum modelo a ser imitado e a quem poderia perguntar: "Hoje, qual é o meu papel como mulher na Igreja?". Com o tempo, Deus incluiu algumas mulheres na minha vida que me ajudaram a peneirar minhas perguntas intermináveis.

Escrevi *Mulher, encontre sua voz!* para mostrar, do ponto de vista absolutamente pessoal, que as mulheres têm o direito de assumir a responsabilidade de qualquer ministério na Igreja — e na vida. A questões polêmicas como: "A mulher tem o direito de pregar a homens?", algumas pessoas da atualidade poderiam responder: "Cindy, já não passamos dessa fase?". É o meu desejo. Apesar de ter havido grandes avanços em muitas áreas, em 2017 a função de pastor sênior de igrejas protestantes era ocupada por mulheres em apenas 9% delas.[1]

Um dos motivos mais importantes para ter escrito este livro — para mim, como mulher — foi descobrir se tenho ou não direito a subir ao púlpito para pregar uma mensagem. Fiz um estudo profundo a esse respeito. Investiguei textos escritos por aqueles que não acreditam que as mulheres são capazes de ocupar funções de autoridade, bem como por aqueles que diferem da minha postura sobre o papel do marido no lar.

---

1 What Americans Think About Women in Power. **Barna Group**. 8th Mar. 2017. Disponível em: <https://www.barna.com/research/americans-think-women-power>.

Seguiram essa jornada comigo dois especialistas no assunto, dr. Gary Greig e Bayard Taylor. Tenho de admitir que houve um pequeno "solavanco espiritual" enquanto debatíamos diferentes Escrituras. Tudo foi feito com muito respeito entre nós, e o resultado final é o que você vai ler neste livro.

Deus está expondo a exploração das mulheres no mundo todo nos dias de hoje. O assunto deste livro é sério. Toda mulher deseja cumprir seu destino em Deus. Todas nós queremos alcançar nosso pleno potencial. Este livro tem a finalidade de nos fazer alcançar não apenas nosso *destino pessoal*, mas também nosso *destino coletivo*. Precisamos trabalhar em conjunto para promover mudança. A realização desse trabalho em conjunto nos fortalece e nos dá a coragem encontrada entre irmãs.

Se você e eu pudéssemos nos sentar juntas, talvez me dissesse: "Cindy, por que devo ler este livro? Não recebi o chamado para ser pregadora. Meu ministério está nos negócios" ou "Fui chamada para combater o tráfico humano", ou "Fui chamada para associar-me à luta contra o aborto". Em resposta, posso apenas dizer-lhe que tenho recebido telefonemas de mulheres no governo que estão combatendo a enorme desigualdade ente os gêneros, e existem barreiras para atingir o topo em todos os sentidos, em quase todos os empreendimentos. Todas as coisas que mencionei, e outras mais, são aquelas para as quais você tem um chamado.

Este livro fortalecerá sua decisão de lutar pela justiça, mudar leis, ensinar os seus filhos ou ser uma grande líder na sua universidade. A exploração sexual não é problema novo, mas nunca precisamos ter medo de "botar a boca no trombone" a respeito daqueles que tentam nos tornar vítimas. Precisamos encontrar nossa voz individual, bem como nossa voz coletiva.

O processo de escrita deste livro sobre o papel das mulheres em promover mudança bíblica fez-me ponderar sobre a situação difícil das mulheres da minha geração no mundo inteiro: embora a queima de noivas seja hoje ilegal na Índia, a tortura e outras atrocidades continuam sendo cometidas contra as mulheres. Além disso, as clínicas de aborto fazem propaganda com dizeres como estes: "É melhor gastar 38 dólares agora para pôr fim a um feto feminino que gastar 3.800 dólares em seu dote futuramente".

As mulheres chinesas são forçadas a fazer esterilizações indesejadas, e o feminicídio é uma realidade cruel nas sociedades que valorizam o gênero masculino em detrimento do feminino. Oro para que algumas de vocês sejam defensoras das causas que se levantam contra essas injustiças. Ouço falar que bebês meninas são caracterizadas como "larvas no arroz".

As mulheres indigentes representam a maioria das pessoas mais pobres da civilização. Precisamos de mais mulheres que considerem a pobreza sistêmica como inimiga e que se levantem contra essa praga da sociedade. Juntas, devemos ser uma voz para acabar com tais atrocidades.

Quando falo às mulheres ao redor do mundo, ouço seus relatos de sofrimento. Até hoje, fotos de mulheres com o rosto machucado povoam a minha mente: mulheres de olhos lindos e amendoados deixam escapar lágrimas, e algumas com bela cútis cor de ébano — todas ansiando por uma resposta à vida. E perguntam repetidas vezes: *Cindy, o que Deus deseja da minha vida?*

Enquanto fito esses olhos e ouço a angústias nessas vozes, vejo imagens refletidas de anos passados quando eu também lutei contra esse mesmo problema quando era jovem e sofria para encontrar propósito e destino. Certamente Cristo é a resposta, mas o assunto das mulheres na liderança tem causado grande polêmica na maioria dos círculos cristãos. Pastores sinceros, que desejam oferecer oportunidades às mulheres de suas igrejas, buscam uma base bíblica sólida e equilibrada para fazer isso. Alguns que lidam com questões de relacionamento entre gêneros que atuam como explosivos para destruir casamentos estão tateando o caminho no Espírito para encontrar um meio de reconciliação.

De acordo com o relatório da Organização Mundial de Saúde, de 2017, até hoje cerca de 200 milhões de garotas e mulheres tiveram a genitália mutilada, principalmente em 30 países.[2] As mulheres representam 70% dos pobres no mundo e 75% dos enfermos e deficientes no globo terrestre.[3] De acordo com um estudo realizado pelos Centros Americanos de Controle de Doenças no mundo inteiro, uma em cada cinco mulheres foi estuprada nos Estados Unidos. Esses números variam dependendo do estudo. Alguns estimam que 2 milhões de mulheres foram estupradas nos Estados Unidos.

Foi para essas mulheres que escrevi este livro. Sua única esperança é o evangelho de Jesus Cristo, porque, onde o evangelho é pregado, seu poder de transformação muda vidas.

Os assuntos que abordo neste livro merecem ser estudados tanto por homens como por mulheres no Corpo de Cristo. Graças a Deus por homens como Ché Ahn e, claro, meu marido, Mike, que se levantaram para defender as mulheres tanto no ministério quanto na liderança. Lee Grady é uma voz pioneira

---

2 Female Genital Mutilation. **World Health Organization**, 2017. Disponível em: <http://www.who.int/reproductivehealth/topics/fmg/prevalence/en>.

3 Women, Poverty and Economics. **UN Women**, 2008. Disponível em: <http://www.unifem.org/gender_issues/women_poverty_economics>.

que ajuda as mulheres a abandonar seus medos e a levantar-se como líderes na sociedade.

Espero e oro para que uma nova geração inteira de mulheres que está surgindo na liderança leia este livro e encontre coragem renovada para vencer os problemas gigantescos que existem no mundo de hoje. Talvez você se veja chorando, rindo ou dizendo: "Eu me encontrei!". É com essa esperança escondida no fundo do coração e com muito amor por todas as mulheres que desejam fervorosamente ser usadas por Deus que escrevi este livro para dizer: "*Mulher, encontre sua voz!*".

Bênçãos a todas,

CINDY JACOBS

# CAPÍTULO 1

# A jornada

Começo este livro com a minha história porque quero ser sua amiga. No decorrer da leitura, gostaria que você conhecesse a mim e a minha jornada e como cheguei a ser a Cindy Jacobs que as pessoas de hoje conhecem. Embora minha história e vocação tenham começado com um chamado para pregar, o seu pode ter sido na empresa, na sala de aula ou em casa com os filhos. Todas nós, contudo, somos chamadas para nos levantar e fazer diferença.

Transcorria o ano de 1950. Um casal de seminaristas que enfrentava dificuldades ajoelhou-se em oração sincera, apresentando um pedido muito especial a Deus. Tal pedido parecia estranho diante das circunstâncias do momento. "Senhor", eles oraram, "dá-nos uma filhinha, por favor". Eles haviam perdido um bebê por aborto espontâneo, mas tinham um filho precioso. Deus respondeu às orações fervorosas do casal em agosto de 1951, e foi assim que minha jornada começou.

Sempre me emociono muito quando penso na oração dos meus pais. Ela me dá uma sensação de destino e propósito em meio ao grande número de épocas turbulentas como ministra do evangelho. Talvez o Senhor soubesse que eu necessitaria da confiança extra que aquele abençoado começo proporciona, a fim de ter força para terminar a carreira que Deus preparara para mim.

As pessoas me dizem às vezes: "Quando você era menina, chegou a sonhar que viajaria pelo mundo todo falando a milhares de pessoas?". A resposta é "não". Não tinha a mínima ideia. No entanto, sempre senti a mão de Deus na minha vida me conduzindo para fazer algo muito especial, mesmo quando era criancinha. Talvez você tenha tido uma sensação semelhante.

Mesmo as pessoas que foram terrivelmente rebeldes e receberam um chamado de Deus para a vida, contarão um dia como Deus as salvou repetidas vezes de uma calamidade ou de uma circunstância que lhes poderia ter tirado a vida. Se você está orando por pessoas queridas que estão perdidas ou por filhos rebeldes, essas palavras poderão dar-lhe grande consolação. Deus é fiel — sempre!

Escolhi começar este livro contando uma particularidade íntima da minha vida porque a maioria dos leitores será composta de mulheres, e Deus concedeu à mulher o desejo de conhecer as pessoas de forma detalhada, o que é um tanto estranho ao modo de pensar dos homens.

E se você, que está com este livro nas mãos, pertence ao sexo masculino, sinta-se, por favor, à vontade no decorrer da leitura. Você é extremamente importante para ajudar as mulheres a encontrar o plano de Deus para a vida delas, e talvez seja chamado por Deus para confirmar e abençoar a obra que Deus está fazendo por intermédio de sua esposa, filhas, irmãs, amigas ou mulheres de sua congregação.

## Eu amo você, papai

O homem que mais exerceu influência na minha infância foi meu pai. Eu amava o meu pai quando eu era criança. Ele foi um implantador da igreja batista e sua paixão era organizar igrejas. Durante aquela época, nada sabíamos a respeito da função de apóstolo na Igreja, portanto papai nos deixava perplexos. Organizava uma igreja em um lugar, e ela crescia rapidamente. Em seguida, ele iniciava um programa de construção e, em apenas alguns anos, via uma congregação em pleno progresso. Depois, para nossa grande consternação, sentia um grande desejo ou necessidade de seguir em frente e fazer tudo de novo! Hoje sabemos que ele recebeu o chamado de líder apostólico para dar início a novos trabalhos.

Como você pode imaginar, vivíamos nos mudando de um lugar para outro. Penso que isso pode ter me confundido realmente, exceto por um detalhe — havia muito amor na minha família. Nunca duvidei, nem por um minuto, de que era amada. Papai, apesar de ter sido parte de uma gangue em Nova York, nasceu na Geórgia e, de vez em quando, ainda tinha um sotaque que não negava suas origens. Eu sempre pegava sua mão enorme, com um anel aro 25 no dedo, olhava para seu rosto (ele tinha quase 1,80 metro de altura) e dizia: — Eu amo você, papai.

E ele sempre respondia com um sorriso: — Amo você também, querida.

Nem sempre era fácil conseguir comida naquela época. Lembro-me de ocasiões em que recebíamos caixas grandes de papelão repletas de alimentos. A igreja chamava essa doação de alimentos de "pesagem" porque, na opinião de alguns, ela era feita de acordo com o peso da pessoa. Sua chegada nos dava muita alegria. Recebíamos todos os tipos de guloseimas exóticas que as pessoas doavam no Natal, mas não as experimentavam — pé de porco em conserva e coisas do tipo. Eu adorava!

## Uma questão de relacionamento

A oração era importante em casa. Todas as noites, até o dia em que tivemos de nos separar para estudar fora, trabalhar ou realizar outras atividades, ajoelhávamos à beira da cama para orar. Sempre fui pequena para minha idade, portanto meu nariz nunca chegava a encostar na parte mais alta da cama quando estava ajoelhada. Cada um fazia uma oração.

Por algum motivo, os mais novos sempre começavam, o que era bom para mim por ser a filha do meio, e quem sofria pressão era Lucy, minha irmã. Tenho certeza de que minha vida como intercessora começou no chão daquele quarto — ajoelhada, ouvindo a voz grossa e forte do meu pai e a voz doce e suave, com sotaque texano, da minha mãe, nascida em San Antonio.

Os meus pais tinham uma forma eficiente de ensinar, que chegava direto ao coração. Lembro-me especialmente de um dia em que estudava na faculdade. O movimento Povo de Jesus estava em plena atividade, portanto era moda orar "amado Jesus" em vez de "amado Deus" ou "Pai nosso".

Naquela noite, depois que orei pela refeição, meu pai ergueu seus olhos cinzentos, cheios de tristeza, e me perguntou: — Querida, como Jesus ensinou os discípulos a orar?

Respondi: — Pai nosso, que estás nos céus.

— Então ore assim — ele me ensinava com brandura.

Em outra ocasião, decidi que chamaria o meu papai de "Pai". Achei que soaria mais importante. Naquele dia, papai estava

realizando um trabalho no quintal. Ele parou e disse simplesmente:
— Querida, seu Pai está no céu. Sou seu papai. — Ele não disse essas palavras por mal. Eu sabia o que ele queria dizer. A ideia de Deus no céu sempre ocupou o primeiro lugar na nossa casa.

Se você leu meu livro *A voz de Deus*,[1] sabe que o meu pai foi morar com o Senhor aos 49 anos de idade. E de vez em quando eu penso: *Agora tenho um Pai e um papai no céu.*

## Nascida para produzir fruto

Como papai gostava muito de organizar igrejas, as circunstâncias quase sempre nos faziam viver como pioneiros. Aquele foi um ótimo treinamento para mim, porque aprendi a bater de porta em porta na vizinhança, para fazer uma visita ou deixar um folheto comunicando a abertura de uma nova igreja. (Com "bater de porta em porta" significava simplesmente ir de casa em casa para fazer uma visita ou para deixar um folheto a respeito da nova igreja.).

Na infância, pedi aos meus pais para estudar piano, portanto às vezes tocava hinos na igreja quando tinha 10 anos. E como não havia professores suficientes para dar aula na escola dominical — porque sempre tínhamos um bom número de novos convertidos —, às vezes eu lecionava para crianças mais novas que eu, usando desenhos grandes e coloridos, próprios para escola dominical, que contavam a história no verso.

A vida como filha de pastor batista nem sempre era fácil. Lembro que nos mudamos para uma cidadezinha do Texas enquanto eu cursava o terceiro ano. Ali, todos eram católicos,

[1] São Paulo: Abba Press, 2003.

tchecos ou coisa parecida. A minha vida naquela comunidade foi cheia de rejeições — nem sempre sutis. Depois de anos percebi que não havia nada de tão errado com a minha personalidade e que o fato de ser desprezada ou excluída era simplesmente uma questão de preconceito por parte das outras pessoas. Graças a Deus pela bicicleta de segunda mão que papai consertou para mim. Eu adorava rodar pelas estradas rurais para conhecer o mundo de Deus e sentir o peso de sua presença. Deus e eu conversávamos — muito.

Aos 9 anos de idade, fui a um acampamento da igreja em Prescott, Arizona. A presença do Espírito Santo foi preciosa durante as reuniões e eu amava ouvir as histórias dos missionários. Relatei em *A voz de Deus* como o Senhor me chamou durante uma reunião no acampamento. Um detalhe que omiti foi minha luta para saber o que eu deveria ser. O culto noturno foi agradável durante os cânticos de antigos hinos de fé, como "Conta as bênçãos, conta quantas são". Senti uma aproximação muito grande com Deus. Havia entregado a minha vida ao Senhor naquela tarde durante um momento de quietude, mas agora sabia que precisava "tornar pública a notícia", como dizíamos.

Finalmente, chegou o momento em que o palestrante fez o convite. Pairando no ar noturno, chegaram aos meus ouvidos a música e a letra do cântico do acampamento que eu amava: "Estou seguindo a Jesus Cristo; atrás não volto, não volto não". Eu sabia que não voltaria atrás. Tinha de prosseguir. Nervosa e um pouco envergonhada, levantei-me do banco de madeira e, em silêncio, ajoelhei-me diante do grupo. O cântico prosseguiu: "Se me deixarem os pais e amigos, atrás não volto, não volto não". Lágrimas desciam-me pelo rosto; o meu coração explodia de amor pelo Senhor. Cantei repetidas vezes a melodia: "Se me cercarem muitos perigos, atrás não volto, não volto não".

No final do convite, um dos ajudantes entregou-me um formulário de adesão para ser preenchido. Sentei e analisei as opções diante de mim: *pastora*, *evangelista* e *missionária*. Tinha algumas dúvidas a respeito de ser missionária, mas nunca me passou pela cabeça ser pastora ou evangelista, portanto comprometi-me com o Senhor a partir para o campo missionário. Mal sabia que aquela decisão me conduziria a um ministério ao redor do mundo.

É interessante como as escolhas que fazemos na infância afetam a nossa vida. Os meus interesses na época eram decoração de interiores e música. Ninguém na minha família tocava piano, mas, como mencionei antes, eu tinha um grande interesse em aprender a tocá-lo. Infelizmente, não havia dinheiro, mas mamãe escreveu à minha avó, e ela enviou-nos o dinheiro para as aulas. O meu primeiro piano permanecera guardado por muito tempo em um antigo depósito do corpo de bombeiros, portanto as teclas tinham ficado tortas e onduladas. Eu não me importava. Uma professora de piano disse à minha mãe que eu era muito pequena para alcançar os pedais e que minhas mãos não tinham o tamanho suficiente para dedilhar uma nota distante da outra ao mesmo tempo. Mas essas palavras não desanimaram a minha mãe. Ela acreditou em mim e encontrou outra professora.

Anos depois, as lições de piano levaram-me a uma posição importante: recebi uma bolsa de estudo para frequentar a Faculdade Batista do Grand Canyon, como era conhecida na época. Acreditava sinceramente que descobrira o meu verdadeiro talento. Devia ser o plano de Deus para mim.

Certa vez, ouvi a parábola de uma linda árvore que produzia flores maravilhosas. Ao ver as flores, a árvore chegou à conclusão de que nascera para produzir flores e esse seria sempre seu destino. Mas, à medida que a primavera avançava, as flores caíram e pequenas bolas rígidas começaram a formar-se, substituindo as flores que, antes, enfeitavam a árvore com tanto esplendor. A árvore ficou completamente confusa, e não sabia mais o que era. O tempo passou, e as pequenas bolas amadureceram, transformando-se em maçãs deliciosas e suculentas. Mais tarde, a árvore entendeu que nascera para produzir frutos, não flores.

A história da macieira é bem semelhante às passagens da vida daqueles a quem Deus chama. Muitas vezes, um jovem líder imagina qual será seu destino verdadeiro quando vê as primeiras flores de seu chamado. Foi exatamente o que aconteceu comigo com relação à música. Eu adorava tocar Bach, Beethoven e outros compositores, tanto que cheguei a pensar realmente que aquele era o meu chamado.

Anos depois, ofereceram-me o emprego de professora de canto em uma escola bíblica; o meu desejo de assumir a posição foi tão forte que tive muita dificuldade de entender qual era a vontade de Deus para mim. Embora a minha agenda estivesse lotada de palestras programadas, compromissos estes que eu não poderia cumprir se assumisse o emprego de professora de canto, continuei a esperar por um "sim" do Senhor. Finalmente, nas primeiras horas da manhã, o Senhor instruiu-me carinhosamente a terminar o curso pregando o evangelho, não ensinando música. Ouvi sua voz suave como uma brisa: *Cindy, o chamado para música é o chamado da sua alma* [ou emoções], *mas o chamado do seu espírito é para pregar evangelho.*

## Deus abrirá um caminho

As emoções podem colorir as decisões que tomamos ao longo do caminho e, com o passar do tempo, afetarão o nosso destino. Precisamos ter muita cautela quando os sentimentos começam a comandar nossas ações. Eu explico.

Quando iniciei o meu ministério na Argentina na década de 1990, apaixonei-me tanto por aquele país a ponto de querer que toda a minha família se mudasse para lá. Cheguei a conversar sobre a mudança com alguns líderes argentinos. Um dia, quando estava indo de táxi a uma reunião em Buenos Aires, a voz do Senhor disse ao meu coração: *Filha, vou permitir que você entregue o seu coração a esse país, mas não a sua vida. Tenho um chamado para você às nações do mundo, e você não pode se mudar para cá. Ficaria tão focada neste lugar que não cumpriria seu chamado.* Eu sabia que tinha de obedecer à sua voz, não à voz das minhas emoções.

Completei o grau de bacharel em música e decidi cursar o quinto ano para obter mestrado em ensino de música. O fato de eu estudar música e desejar usar o meu dom para o Senhor ajudará você a entender um dos desafios, ou testes, que enfrentei na minha igreja quando era recém-casada.

Mike e eu morávamos na Califórnia e frequentávamos uma pequena congregação com cerca de 50 membros. Mike trabalhava à noite em uma empresa aérea e dormia durante o dia, portanto eu quase sempre ia à igreja sozinha nas manhãs de domingo. Em um daqueles domingos, o pastor dirigiu-se ao fundo da igreja, onde eu estava sentada, para conversar com um homem ao meu lado. Inclinando o corpo diante de mim, ele perguntou em voz baixa: — Homer, você aceita dirigir um cântico esta manhã? Não temos ninguém que possa fazer isso.

Homer, evidentemente muito constrangido com a ideia, replicou: — Pastor, o senhor sabe que sou muito desafinado! — O pastor afastou-se, e ele próprio dirigiu o cântico.

Ora, Mike e eu éramos amigos pessoais do pastor, e ele sabia muito bem que eu estava estudando para obter mestrado em música. Na verdade, na semana anterior, na aula de regência de orquestras, eu havia observado meu professor regendo a Sinfonia de Burbank. Reger sinfonias fazia parte do meu treinamento, mas, *por ser mulher*, não podia sequer ir à frente da minha igreja para dirigir um hino. Eu era uma mulher de 23 anos que queria usar seu dom a serviço de Deus, e aquele foi um momento doloroso demais.

O que fiz? Bom, eu tinha várias opções. Primeira, sair dali com raiva e nunca mais voltar à igreja. Segunda, criar uma celeuma em torno do pastor. Terceira, fazer uma escolha espiritual e buscar o Senhor para saber como poderia usar os meus estudos de música naquela igreja que acreditava que as mulheres não podiam ocupar o púlpito. Escolhi orar e perdoar o pastor; logo depois, organizei um coral de jovens.

Os resultados foram gloriosos! Aquele pequeno grupo se tornou o melhor conjunto vocal, e muitos jovens entregaram a vida ao Senhor Jesus. A experiência fez-me amadurecer realmente.

Dirijo-me a você, jovem líder, homem ou mulher. Leia isto com muita atenção: Deus sempre abrirá um caminho se você lhe obedecer. Nada impedirá você de usar os dons que Deus lhe concedeu. Se uma porta se fechar, procure a janela. Seja criativa. Quando a vida estiver repleta de frustrações e provações, jamais desista.

*Deus sempre abrirá um caminho se você lhe obedecer.*

Muitas pessoas me perguntam: "Cindy, por que Deus usa você ao redor do mundo para seu Reino?". Bom, não é porque eu seja mais talentosa que a maioria, ou uma palestrante mais eficiente. Creio sinceramente que a resposta é esta: quando surgiram obstáculos no caminho para o qual Deus tinha me chamado, confiei que ele abriria outro onde não havia nenhum. Tem sido fácil? Não? Valeu a pena? Sim!

Mulheres, muitas vezes vocês enfrentarão desafios únicos na busca pelo chamado pessoal, mas a sua atitude ao longo do caminho mostrará se serão vencedoras ou perdedoras. Se escolherem amargura ou raiva, ou se forem corroídas por dentro diante de um sistema tão injusto ou se sofrerem preconceito de alguns homens contra as mulheres, não conseguirão sobreviver no ministério nem terão sucesso na vida. E lembrem-se: o preconceito contra os homens é tão pecaminoso quanto o preconceito contra as mulheres.

É preciso ter muita coragem para seguir o chamado de Deus — muitas vezes mais coragem do que você é capaz de reunir. É por isso que você necessita ter uma caminhada íntima com o Senhor.

Os obstáculos são inevitáveis. Haverá tempestades. E, amigos e amigas, às vezes Deus não leva a tempestade embora. Ele apenas nos põe no centro da tempestade, onde seremos protegidos de sua fúria.

## A minha guerra e a vontade de Deus

Em outras ocasiões, no entanto, as tempestades pelas quais passamos procedem da nossa luta para obedecer à vontade do Senhor. Deus tocou-me quando eu tinha 31 anos de idade e disse que eu deveria pegar a minha cruz e segui-lo, anunciando o evangelho às nações. Lutei terrivelmente para aceitar o chamado. Na verdade, durante aquela época, tive uma ideia brilhante. Ofereceria o meu marido, Mike, para ir em meu lugar! Veja, nunca sonhei que seria pregadora do evangelho. Por algum tempo, havia orado e acreditado que, de acordo com os planos de Deus, Mike pregaria e eu seria sua leal intercessora. Que beleza! Tudo certinho sem ofender ninguém.

A minha luta com Deus começou de verdade quando percebi que Deus não estava negociando. Ele queria que *eu* pregasse, não Mike. Ora, aquela ideia me era tão estranha quanto ingressar no "programa de astronautas". Qualquer um que me conheça cairia na gargalhada só de pensar em me ver executando algo que necessite de habilidade atlética. Quando jogávamos vôlei no colégio, eu me escondia quando a bola vinha na minha direção.

A guerra continuou! Apresentei um punhado de razões ao Senhor explicando por que não tinha condições de pregar. "Deus", eu alegava, "não notaste que pertenço ao *gênero errado*? Além disso, Senhor", eu prosseguia choramingando, "não gosto de ministras do evangelho, porque a voz delas é alta, estridente e desagradável. Portanto, Deus, nunca me peças para pregar, principalmente no rádio!" (Não me lembro mais de quantas vezes preguei ou fui entrevistada em rádios do mundo inteiro depois daquela oração.)

O segundo pensamento terrível que me invadiu a mente foi: *Oh, Deus! E os meus filhos?* Estremeci diante de tal pensamento. Veja, eu morava eu uma cidadezinha do Texas onde alguns homens não tinham muita consideração pelas pregadoras do evangelho. Eu não queria que ninguém prejudicasse os meus filhos. Receio que as palavras posteriores não tenham sido muito espirituais: "Deus, não vou deixar os meus filhos no altar de qualquer ministério". Eu não estava disposta a ver alguém ridicularizar os meus filhos, zombar deles ou deixá-los do lado de fora, como tinha acontecido comigo.

Durante um período de quase dois anos, andava à noite de um lado para o outro em casa enquanto todos dormiam, lutando contra o chamado. E uma voz gritava dentro de mim repetidas vezes: *Não, não, não vou fazer isso!*. A rebelião corria solta. *Por que eu, Deus? Por favor, Deus, não!*

### Lutadoras veteranas que me precederam

Comecei a ler autobiografias de outras pessoas que lutaram contra a ideia de destino.

#### *Aimee Semple McPherson*

Certo dia, encontrei um livro sobre Aimee Semple McPherson, fundadora da denominação Quadrangular. A história contava sua luta com o Criador. Ela enviuvou de um missionário que morrera no campo missionário da China quando ainda eram recém-casados. Sozinha e sem marido, Aimee tinha um bebê e precisava cuidar dele. Desesperada, retornou aos Estados Unidos para criar sua filhinha.

Logo depois, Harold McPherson, apenas seis meses mais velho que Aimee, pediu-a em casamento, declarando amor por ela e por sua filhinha. Aimee aceitou o pedido com uma condição: pelo fato de seu coração e sua alma terem sido totalmente entregues à obra do Senhor, "se em qualquer momento da minha vida ele me chamar de volta para trabalhar no ministério, seja onde for ou quando for, terei de obedecer a Deus em primeiro lugar". Eles se casaram em 28 de fevereiro de 1912, sob essas condições.[2]

Por algum tempo, Aimee tentou permanecer em casa e esquecer o chamado de Deus para sua vida. Ela e Harold estavam morando na encantadora casa de sua sogra em Rhode Island. Naquele período, Aimee deu à luz um menino e começou a trabalhar no Exército de Salvação a fim de ajudar nas despesas da casa. Finalmente, vejam o que ocorreu, de acordo com suas próprias palavras:

> Durante todos aqueles dias difíceis em comparação com o silêncio da nossa casa em Providência, uma Voz batia constantemente à porta do meu coração. Ela gritava: — Pregue a Palavra! Realize a obra de uma evangelista!
>
> — Impossível, Senhor! — eu protestava. — Impossível!
>
> — Eu te chamei para profetizar às nações — a Voz ecoava.
>
> — Não, Senhor, não posso ir! — eu repetia. De repente, houve um silêncio paralisante que se segue quando uma ligação telefônica é interrompida. Ao voltar à privacidade do meu quarto, solucei em choro profundo: — Oh, Jesus! Jesus! Jesus![3]

Sob essa tensão, a saúde de Aimee debilitou-se. Ela foi submetida a uma grande cirurgia e continuou a piorar. O tempo todo, a Voz interior continuava a ordenar-lhe que cumprisse seu compromisso de pregar a Palavra. Aimee prossegue:

> Finalmente, a minha condição tornou-se crítica, e fui conduzida a um quarto separado para morrer. Uma enfermeira sentou-se ao meu lado nas primeiras horas da manhã, medindo-me

---

2 McPherson, Aimee Semple. **The Story of My Life**. Dallas: Word, 1973. p. 72.

3 Ibid., p. 72.

> a fraca pulsação. Naquele silêncio mortal, quebrado apenas pela minha respiração dolorosa, a Voz do Senhor soou como uma trombeta: — AGORA TU IRÁS?
>
> Deitada ali, frente a frente com a figura da morte, entendi que ou iria para a sepultura, ou para o campo pregar o evangelho. Tomei a decisão e sussurrei as palavras: — Sim, Senhor, eu irei!
>
> Imediatamente, uma nova vida e uma onda de calor tomaram conta de todo o meu ser.[4]

Foi bom saber que eu não era a única a resistir tenazmente para responder ao chamado de Deus (v. Atos 9.5; 26.14). Além dessa constatação, as consequências de dizer "não" ao Senhor agigantaram-se repentinamente diante de mm. Talvez não fosse correto dizer "não" a Deus — e eu não queria correr o risco.

### *Irmã Gwen Shaw*

Outras mulheres também lutaram para aceitar o fato de que Deus tinha um chamado para elas. Uma dessas foi a irmã Gwen Shaw, que era chefe da End-Time Handmaidens [Aias do fim dos tempos]. A Handmaidens é uma grande rede de intercessores que precisam jejuar 21 dias para fazer parte oficial da organização. Em seu livro *Unconditional Surrender* [Submissão incondicional], a Irmã Gwen conta a história de seu chamado para ir à China na época em que frequentava uma escola bíblica canadense:

> Eram mais ou menos 23 horas quando entrei no prédio e segui o caminho até a classe no pavimento inferior, onde os alunos estavam orando. Assim que me ajoelhei, senti que me sobreveio um grande desejo de fazer uma oração intercessora. Coloquei a

[4] Ibid., p. 75.

> cabeça embaixo da cadeira, e o Espírito Santo começou a trabalhar ativamente dentro de mim. Chorei e chorei hora após hora. Hoje, ao fazer uma retrospectiva, sei que Deus me estava dando outra oportunidade de fazer sua vontade e cumprir seu chamado para a minha vida.
>
> Após essa experiência, olhei para meu relógio, que marcava 3 horas. Na outra sala havia ainda muita gente orando, portanto levantei-me e dirigi-me para lá.
>
> Tão logo entrei, vi algo que nunca tinha visto. Um dos alunos estava intercedendo fervorosamente pela China. O Espírito Santo estava chorando e fazendo um chamado por intermédio do aluno: "Estou chamando você para ir à China. Preciso de você na China. Você não vai à China? China, China".
>
> Olhei ao redor da sala e me perguntei: "Quem Deus pode estar chamando para ir à China?". Jamais imaginei que poderia ser eu. Afinal, Deus não podia me chamar. Estava casada agora e, para todos os efeitos, não gostava dos chineses. Tinha medo deles.[5]

O chamado do Espírito persistiu até que um professor perguntou a Gwen: "Por que você não ora sobre esse assunto?". Ela concordou e conta o resultado com suas palavras:

> Imediatamente comecei a sentir outro grande desejo tomar conta de mim, o desejo de ir a um país que nunca me passou pela cabeça. "Devo estar imaginando coisas", pensei. É claro que Deus não está me chamando. O que Dave [seu marido] vai dizer?[6]

O coração de Gwen estava tão cheio de perguntas que, por fim, ela disse: "Senhor, se estiveres me chamando, então terás de jogar-me ao chão. Estou sentada nesta cadeira".

---

5 (Jasper, AZ: End-Time Handmaidens, Inc. 1986), p. 62.

6 Ibid., p. 64.

> De repente, o poder de Deus atingiu-me como um relâmpago e atirou-me de costas ao chão. Pensei que Deus estivesse me matando! "Senhor, eu irei! Eu irei!", gritei em desespero.[7]

Quando ela chegou à casa, Dave não ficou totalmente feliz com a decisão que a esposa tomara. Anunciou com sarcasmo que ela poderia ir à China, mas ele estava "indo para o Havaí". Com o coração partido, Gwen clamou ao Senhor. O Senhor interveio fielmente. O mesmo Espírito Santo que havia tocado Gwen profetizou a Dave mais tarde, por meio de um profeta visitante, que ele havia sido chamado para ir ao norte da China.

Esse relato deve ser encorajador para você, se sente um chamado de Deus, mesmo que o seu cônjuge não o tenha recebido.

A bem da verdade, o meu casamento chegou perto do fim porque Mike insistia em que não havia recebido um chamado de Deus para sua vida. Discuti dez vezes com o coitado do meu marido por causa disso. Na última vez que discutimos, Mike mudou-se de Phoenix para Los Angeles, onde tínhamos nos conhecido em uma igreja batista.

Após a partida de Mike, a tristeza tomou conta de mim. Não comia e sentia-me completamente infeliz. Um dia, Mike ligou e citou Mateus 18.19,20:

> " 'Também digo que, se dois de vocês concordarem na terra em qualquer assunto sobre o qual pedirem, isso será feito a vocês por meu Pai que está nos céus. Pois onde se reunirem dois ou três em meu nome, ali eu estou no meio deles' ".

"Querida", ele disse, "não sei explicar, mas sinto que, se permitirmos que Deus intervenha no nosso casamento, tudo o mais se ajustará."

---

7 Ibid.

Posteriormente, Mike recebeu um chamado e iniciamos o ministério Generals of Intercession juntos em 1985. Temos tido muitos desafios, mas Deus está verdadeiramente conosco o tempo todo.

## Começos

As pessoas perguntam com frequência: "Cindy, o que aconteceu depois que você disse 'sim' a Deus e aceitou seu chamado?". A verdade é que eu não tinha ideia do que esperar depois que entreguei a minha vida inteiramente ao ministério. Aparentemente não havia o perigo de acontecerem coisas drásticas demais comigo. Afinal, eu morava em Weatherford, Texas, com população de 12 mil habitantes. Como alguém me encontraria lá? Na verdade, alguns diziam em tom de brincadeira: "Pode-se achar algo de bom vindo de Weatherford?". Nem sequer ainda havíamos iniciado o ministério Generals of Intercession. Que bom lugar para nos esconder, certo? Errado! Deus pode encontrar você em qualquer lugar. (Leia o salmo 139.)

Quando concordei com Deus em pregar o evangelho, lecionei na escola bíblica para crianças e dirigi a adoração. Os domingos eram agitados porque eu tinha de chegar cedo para trabalhar com o grupo de louvor, dirigir a adoração na nossa pequena igreja, sair de fininho para dar aula a 50 crianças de idades entre 5 e 12 anos e voltar para terminar o culto ao piano. Pode parecer exaustivo, mas aquilo me fortalecia. Deus estava trabalhando! As crianças oravam umas pelas outras e Deus estava fazendo aquelas perninhas curtas crescerem, as picadas de mosquitos desaparecerem e as verrugas caírem. Foi um tempo maravilhoso. Perto de 100 crianças nasceram de novo no período de um ano.

## Quando Deus chama, ele equipa

De fato, Deus iniciou tudo de uma forma grandiosa quando visitei os parentes de Dave em Phoenix, Arizona. Fomos almoçar com Faye Darnell, pastora de mulheres de uma grande igreja carismática com quase 5 mil membros e entre 200 e 300 mulheres nas reuniões semanais de mulheres. Passamos um tempo agradável e concordamos em nos encontrar no dia seguinte para o estudo bíblico.

Se eu soubesse o que Deus havia reservado para mim naquele dia, teria ficado muitíssimo assustada. O Senhor, contudo, havia me preparado fielmente para acordar às 6 horas, incutindo em mim o desejo de jejuar naquele dia.

Na reunião, fiquei muito surpresa com a forte sensação da presença de Deus sobre mim — até Faye pedir-me que ministrasse profeticamente a 12 mulheres. Aceitei e, enquanto eu orava, o Espírito de Deus moveu-se poderosamente. Além de as 12 mulheres caírem sob o poder de Deus, as outras na sala também foram tocadas. Faye insistiu comigo para continuar. A forte sensação do Espírito de Deus rolou como uma nuvem grossa repleta de sua glória. Ministrei por mais três horas.

Ao retornar a Weatherford, recebi um telefonema de Faye, pedindo-me ardentemente que continuasse a ministrar no retiro seguinte para mulheres de sua igreja. Depois de contar-me sobre uma pessoa muito conhecida que ministrara no ano anterior, ela disse: "Cindy, poderíamos convidar um palestrante famoso, mas estamos sedentos de unção, e queremos que você venha". Sinceramente, fiquei atônita.

Mike e eu oramos, e sentimos que aquele convite viera do Senhor, portanto aceitei. Então, a luta começou. O que eu havia feito? Dizer que estava combatendo o medo aterrorizante teria sido um total eufemismo. É em momentos como esse que o Diabo se senta no nosso ombro e sussurra com voz intimidadora: *Quem você pensa que é? Sabe que não é capaz de fazer isso! O que vai dizer de importante àquela gente?*. Na verdade, não foi muito difícil para ele praticamente me derrubar com aquelas palavras mordazes, porque elas refletiam como eu era. Felizmente, quando você e eu nos sentimos totalmente despreparadas, estamos prontas de verdade. Deus deseja ministrar por seu e por meu intermédio em *seu* poder, não no *nosso*.

*Deus deseja ministrar por seu e por meu intermédio em **seu** poder, não no **nosso**.*

Minha única vantagem era que eu queria obedecer sinceramente a Deus. Tinha mais medo do Senhor em mim que medo do homem. (Acredite em mim, eu tinha toneladas de medo dos homens naquela época!)

A seguir, fui acometida de uma sensação profunda de insegurança emocional. Enumerei uma lista de nomes de muitas outras mulheres que poderiam fazer um trabalho bem melhor, e tentei convencer Deus a mudar de ideia. (Alguns de vocês estão rindo porque já passaram por experiência semelhante ou ainda vão passar por uma.) Talvez hoje eu tivesse desistido de convencer Deus a mudar de ideia, mas às vezes sou muito teimosa e relutante.

Naquele sobe e desce da montanha-russa emocional, eu suplicava veementemente a Deus pelo assunto sobre o qual falaria no retiro para mulheres. Faye me pedira que eu desse três palestras. *Três!* Pensei totalmente aterrorizada. *Deus, nunca dei mais de uma palestra em toda a minha vida!* Um grande pânico instalou-se em mim enquanto buscava o Senhor para ter o que dizer durante *todo aquele tempo*. Graças a Deus pelos amigos e amigas que oraram e me ajudaram a dar aquele grande passo.

## Um salto no escuro

Quando eu era jovem, meu pai gostava de pregar sobre a fé. Lembro-me de tê-lo ouvido explicar que a fé era semelhante a uma garotinha olhando para um porão escuro com o pai dizendo a ela: "Pule, querida. Eu vou pegá-la!". A garotinha não vê o pai, mas ouve sua voz. Aquele salto no escuro para os braços do pai é fé. Amigos e amigas, eu estava saltando no escuro na esperança de que Deus me pegaria.

No dia em que o retiro começou tive certeza de qual era a mensagem que Deus me dera, mas não sabia quanto tempo demoraria para fazer aquela série de palestras sobre "Libertando-se da amargura e dos julgamentos". Nunca me esquecerei da primeira palestra. Faye apresentou-me e fui à frente. Felizmente, tínhamos um daqueles púlpitos antigos de madeira em vez dos novos de acrílico. Os púlpitos de acrílico são impiedosos. Mostram a pessoa por inteiro — até os joelhos trêmulos. Você não pode nem mesmo tirar os sapatos se eles estiverem machucando seus pés sem que o mundo inteiro saiba!

Meus joelhos tremiam e eu orava com fervor: *Oh, Deus, não permitas, por favor, que eles saibam que estou tão apavorada! Oh, Deus, ajuda-me!* Mas, de repente, senti a mesma presença do Espírito Santo que tivera na ocasião do estudo bíblico semanal. Ele me envolveu como um manto, e as palavras simplesmente saíram da minha boca. Gente, nunca senti tanto alívio! No final, o material que eu achava pouco era mais que suficiente.

Deus realizou todos os tipos de coisas naquele fim de semana. Rimos e choramos. As pessoas conseguiram perdoar àquelas que não mereciam perdão. O milagre da unção estava presente. Nunca me esquecerei de quando eu disse uma palavra de conhecimento (uma visão sobrenatural sobre certo tipo de ação que está ocorrendo) que alguém tinha um grão de milho dentro do sapato e que Deus estava curando o problema. Veja bem, foi um jogo de palavras (intencional),[8] porque o centro de retiro se localizava em *Cornville*, Arizona.

Uma mulher chamada Juana disse, rindo: — Sou eu, sou eu!

— Tire o seu sapato e olhe — insisti. Ela tirou o sapato e o milho correu por seu pé e caiu no chão. Uau! Foi estupendo.

As pessoas foram libertas, principalmente da amargura. Uma mulher, que começou a manifestar-se endemoninhada, caiu no chão. Iniciei o processo de expulsão dos espíritos malignos que havia nela. Quando gritei "rejeição", o espírito manifestou-se. A mulher esmurrou o chão enquanto ele saía, dizendo com voz chorosa: "Sou o último. Sou o último". Que gloriosa libertação!

O que aprendi? Mal sei por onde começar. Aprendi que, se der um passo de obediência, Deus se mostrará forte em meu favor. Aprendi que Deus é maior que os meus medos e inseguranças e aqueles pensamentos que se levantam para me intimidar. Aprendi que, se Deus está trabalhando por meu intermédio, não tenho de me preocupar com o que me falta, porque ele falará por mim — ele não é inseguro e não lhe falta nada. Boa lição, certo? No capítulo 11, "Ungidas para servir", falarei mais sobre esta e outras lições que aprendi ao ministrar.

---

8 Em inglês, a palavra milho é *corn*. [N. do T.]

### As portas que Deus abre permanecem abertas

Houve uma verdadeira mudança na minha vida naquele fim de semana. Outras pessoas ouviram rapidamente o que se passara e enviaram-me convites para palestrar. A minha filosofia é sempre deixar que Deus abra o caminho. Nunca envio currículos de publicidade nem fitas em áudio para solicitar palestras. O Senhor tem aberto todas as portas. Na verdade, ele abriu tantas portas que tive de correr para alcançar o ritmo dele.

Quero esclarecer algo sobre a minha experiência dizendo que conheço algumas pessoas cuja renda inteira procede de palestras. Logo no início, Mike trabalhava na American Airlines, portanto não tivemos de usar as ofertas de amor com despesas básicas. Mas as pessoas que vivem inteiramente pela fé talvez tenham de procurar contatos e ser seletivas quanto aos lugares onde podem dar palestras. De qualquer forma, se não for da vontade do Senhor, as portas normalmente se fecharão em vez de abrir (v. Apocalipse 3.7).

Pensei que tínhamos uma grande dose de fé antes de 1991, mas agora percebo que a minha fé estava no salário de Mike. Atualmente é Deus quem guia e provê cada detalhe da nossa vida.

Esse foi o início do meu ingresso no ministério, em 1981. Muitos outros fatos que ocorreram serão descritos nas páginas deste livro. O próximo capítulo, "Dor secreta", apresenta informações cruciais de quando descobrimos o plano e o propósito de Deus para a nossa vida. Não importa qual tenha sido o chamado de Deus para você, o esforço para ser uma pessoa íntegra em Cristo é essencial para terminar bem a carreira. Comecemos juntos esta jornada...

## CAPÍTULO 2

# Dor secreta

Você nunca estará preparada para cumprir o seu destino se antes não tiver sido curada de uma dor do passado. Ela estará sempre presente para ludibriá-la assim que você estiver prestes a arregaçar as mangas. Passei por muitos processos de cura para ser o que sou hoje. Conheço a diferença entre as mulheres que foram curadas e as que não foram. Não pule este capítulo, por favor. Ele é importante para a sua vida.

Pensamentos conflitantes corriam velozes pela mente da mulher. Além de estar fisicamente fraca, seu dinheiro acabara. Sabia que poderia morrer se fosse pega. *Mas o que tenho a perder?* Uma sensação de isolamento, acompanhada de solidão e vergonha, tomava conta de todo o seu ser. O desespero, seu companheiro constante, parecia desferir-lhe milhares de facadas que penetravam sua alma.

Lentamente, ela se ajoelhou e começou a rastejar no meio da multidão. Vez por outra, levantava-se para se localizar e ver até que ponto conseguira chegar para executar o que parecia um plano destinado ao fracasso. A multidão era grande, e muitas pessoas se acotovelavam e abriam caminho à força só para ver aquele incrível rabino. Certamente ele não notaria se uma pessoa a mais lhe tocasse a borda do manto.

Pouco a pouco, ela finalmente conseguiu aproximar-se dele. *Basta um toque e saberei que fui curada desta hemorragia,* disse a si mesma. Por fim, chegou tão perto que poderia tocar a borda do manto que se arrastava pelo chão. Por uma fração de segundo, ela hesitou. *E se eu for descoberta e apedrejada porque tornei o rabino impuro? Como poderei fugir em meio a esta multidão? Tarde demais,* ela pensou, e decidiu correr o risco.

*O que está acontecendo comigo?* Seus pensamentos giravam freneticamente enquanto uma sensação de calor lhe invadia as entranhas. A dor terrível cessou, e uma paz que ela nunca sentira tomou conta de sua mente.

Caindo em si rapidamente, olhou ao redor em pânico, tentando saber se poderia se esconder ou fugir dali. Em seguida, ouviu uma voz alta no meio da multidão, que a encheu de temor e medo ao mesmo tempo.

— Quem me tocou? Senti que do meu corpo saiu poder.

Então ela ficou sabendo. Era o rabino, aquele que diziam ser Jesus. E ele a estava chamando.

Seu primeiro pensamento foi fugir! Mas depois se lembrou do som daquela voz e conscientizou-se, de uma forma mais intensa, da força e da cura que percorriam seu corpo enfermo. Com extremo cuidado, ela se destacou na multidão, caiu aos pés dele e disse: — Rabi, fui eu. Fui eu que toquei a borda do seu manto.

E, com timidez, olhou para cima. *Que olhos!*, ela pensou encantada. *Quem poderia ter medo de alguém com olhos iguais ao dele?* Eram ternos e carinhosos, mas também fortes e cheios de poder.

Algo lhe disse que ela podia confiar nele. Havia uma sensação de estar totalmente protegida de todos aqueles que queriam machucá-la, porque ela havia entrado no meio da multidão estando impura. Com voz trêmula, contou sua história.

— Mestre, consultei os melhores médicos do país durante os últimos doze anos. Tinha uma boa quantia de dinheiro e muitos amigos. Gastei tudo, e não recebi ajuda de ninguém a não ser de ti. Foste a minha última esperança. Não sei exatamente o que aconteceu comigo, mas sei que estou bem. Oh, obrigada, Mestre, obrigada! — ela exclamou.

Com amor, o Mestre olhou para aqueles olhos castanhos cheios de lágrimas e disse: — Filha, a sua fé a curou. A partir de hoje você está livre e curada da sua enfermidade.

A multidão dispersou-se enquanto ela se levantava lentamente. Sentia-se *bem*! A fraqueza desaparecera, e a alegria brotava de sua alma. Com um último olhar na direção de Jesus, ela praticamente flutuou em sua nova vida (v. Mateus 9.20-22; Marcos 5.25-34; Lucas 8:43-48).

## Dor particular em lugares públicos

Você já se perguntou: *Por que Jesus chamou a mulher no meio da multidão?*. Não somos capazes de imaginar que um Deus amoroso desejaria humilhar uma mulher já alquebrada. Ele precisava perguntar: “Quem me tocou?”. Será que não sabia quem era?

Talvez ele a tenha chamado no meio da multidão porque a enfermidade da mulher não havia afetado apenas o *exterior*, como também causara grandes efeitos negativos no *interior*. O sofrimento da mulher já durava doze anos, e ela estava cansada da vida. É bem provável que vivia separada das pessoas que amava — pelo menos longe de qualquer tipo de contato humano — e devia ter sofrido muita dor física e pobreza emocional. Creio que o Senhor a chamou no meio da multidão para trazer cura ao interior daquela mulher e pôr um fim à sua vergonha e infortúnio. Jesus, o rabi, disse que ela estava "limpa".

Muitas pessoas que frequentam as nossas igrejas hoje chegam com uma dor secreta sobre a qual não querem falar. Talvez você seja uma delas. Causa-me grande tristeza saber que, às vezes, as pessoas entram sorrateiramente na igreja em busca de consolo e saem dali sem receber cura.[1]

Por que as pessoas escondem sua dor? Um dos muitos motivos pode ser que tenham um grande problema em confiar em outros irmãos e irmãs no Senhor. Há também a questão de sentimentos de vergonha e rejeição.

Vamos dar uma olhada na cultura da Igreja. Em muitos casos, reunimo-nos e dizemos uns aos outros: "Como vai?".

"Bem, obrigado", é a resposta comum.

Por mais terrível que a pessoa esteja se sentindo, a resposta educada é: "Deus tem sido bom para mim". Bem, não estou negando que Deus tem sido bom para conosco, mas a maioria das respostas não é sincera. *Não* estamos bem. Aliás, podemos

---

1 Nota: sou grata a Rich Wilkerson por seu livro **Private Pain:** Healing for Hidden Hurts (Eugene, OR: Harvest House, 1987), pelo conceito que usei para iniciar este capítulo. Recomendo seu livro.

ter acabado de dizer uma grande mentira! Há situações na nossa vida que nos causam grande angústia, e necessitamos de ajuda.

Em geral, o nosso "Como vai?" é mecânico, e quase sempre não prestamos atenção na resposta. O contato visual é raro, e a sinceridade, de coração para coração, é mais rara ainda. Precisamos ouvir não apenas o que as pessoas dizem com palavras, mas também o que dizem com o rosto. Precisamos notar se seus olhos estão felizes ou tristes, e prestar atenção em suas expressões. Jesus, no meio de uma multidão e pressionado por todos os lados, notou a presença de alguém que simplesmente tocou em seu manto por um instante. Ele é nosso exemplo. Quero ser semelhante a ele em tudo o que digo e faço. Infelizmente, deixo muito a desejar.

### Em contato com o fora de contato

Algumas pessoas estão em contato com outras, mas estão fora de contato consigo mesmas. Elas acumulam sofrimento. Negam a dor e a projetam acusando os outros. Deus, porém, não nos criou para carregarmos nossas feridas indefinidamente. A dor não tratada pode destruir o nosso destino; é como uma infecção que, se for desprezada, pode destruir o nosso corpo. Se você se tornar tudo aquilo que Deus planejou para a sua vida, precisa permitir que o Espírito Santo revele todos os lugares doloridos dentro de você e lhe cure o coração partido.

*A dor não tratada pode destruir o nosso destino.*

A cura começa com a verdade. Você precisa estar disposto a olhar para o que a minha mãe chama das "nossas feras no porão". O porão pode ser o chão da realidade; em vez de jogar todas as suas tralhas escada abaixo, você precisa fazer uma faxina. É muito mais fácil, claro, esconder-se da verdade. Os terapeutas dão a isso o nome de *negação da realidade*.

Vi certa vez um episódio engraçado, porém verdadeiro, do desenho animado *Peanuts*. Lucy estava tentando dizer a Snoopy (que rodopiava feliz da vida) como o mundo é terrível.

— Snoopy — Lucy repreendeu —, com todas essas coisas terríveis acontecendo hoje no mundo, como você pode se sentir tão feliz? Você deve estar negando a realidade.

Snoopy respondeu com um grande sorriso no rosto: — Sou o rei da negação.

Para alguns, a negação é um meio de sobrevivência, mas não é o melhor e o mais sublime que Deus deseja para nós. Há muita dor e causas para transgressões no dia a dia. A Bíblia diz em Mateus 18.7: " 'Ai do mundo, por causa das coisas que fazem cair no pecado! É inevitável que tais coisas aconteçam [...]' ". Quer gostemos quer não, todos nós seremos desafiados pelas transgressões e pela dor que elas causam.

Logo no início do meu ministério, cada palavrinha de crítica machucava fundo o meu coração. A rejeição é uma coisa que as ministras do evangelho costumam receber em grandes doses (o mesmo ocorre com qualquer cristão que ocupe cargo de liderança, a bem da verdade),

Certo dia, uma amiga me ligou e perguntou o que eu estava fazendo.

— Estou na cama — respondi —, com a cabeça embaixo das cobertas e não vou sair daqui.

Todos nós temos dias como esse. Talvez você esteja passando por um deles hoje.

Uma das profecias mais memoráveis que recebi foi esta: "Filha, vou dar-lhe pele de rinoceronte e coração de pomba". Tenho de admitir que continuo totalmente envolvida no processo das duas categorias. No início, relutei em escrever este livro. Tive de calcular o custo, porque sei que nem todos aceitarão a mensagem que ele transmite às mulheres. Espero que a minha carapaça de rinoceronte esteja bem mais desenvolvida.

### Pecados secretos espirram água na vida dos outros

Muitas pessoas guardam tantas dores secretas que é comum essas dores transbordarem, atingindo os que estão por perto. Um dia, perguntei a uma amiga terapeuta por que uma pessoa que conhecemos agia de determinada forma. Sua resposta foi: "Cindy, ela acumulou tanta raiva que parece uma esponja enorme totalmente encharcada, e vai espirrar água nas pessoas que se aproximarem".

O importante é que não seja *você* quem espirre água nos outros. Uma das minhas orações favoritas é: "Senhor, livra-me dos pecados secretos e ocultos" (cf. Salmos 19.12).

Um pastor amigo estava terrivelmente magoado por ter rompido o relacionamento com um ótimo e respeitável líder que havia sido seu mentor. Para ele, não havia mais esperança de reconciliação, mas, enquanto conversávamos, ele percebeu que uma grande fortaleza de mágoa havia sido construída em sua mente por ter sido rejeitado. Fizemos um pacto de orar e pedir a Deus que restaurasse aquele coração partido e também os outros relacionamentos em sua vida. Vimos Deus responder às nossas orações, uma após outra. Finalmente, aquele rompimento que lhe causara tanta dor foi restabelecido de maneira sobrenatural.

A história desse pastor fez você pensar naqueles de quem se afastou por ter rompido o relacionamento? Pode ter sido a sua mãe, um filho ou um amigo. E isso causou grande sofrimento na sua vida. Creia que Deus pode curar a situação. Nunca deixe de acreditar, pois *nada* é impossível para Deus.

Se o que falo lhe diz respeito, você estaria disposto a interromper a leitura neste instante e fazer uma lista das pessoas com quem precisa se reconciliar? Talvez você queira fazer a seguinte oração:

> Senhor, acho que cri durante algum tempo que há algo que não és capaz de fazer. Desisti de tentar reconciliar esta situação, portanto vou acreditar que não há nada impossível ou difícil demais para ti. Peço-te que cures essa ruptura com ________ e restaures o nosso relacionamento.

Pensei em esperar até o fim deste capítulo para fazer isso, mas não quero que você sofra nem por mais um minuto. Oro para que esteja se sentindo muito melhor agora.

### Como um Deus de amor é capaz de ter tantos filhos deteriorados?

Anos atrás, comecei a lidar com o problema da minha dor secreta. A maior parte resultava de eu ser filha de pastor. Aliás, por volta dos 18 anos de idade, eu não tolerava algumas pessoas da igreja. Via que se comportavam de modo ingrato com os meus pais, e às vezes eram incisivamente cruéis. Um dia, concluí que amava Deus, mas não conseguia tolerar seus filhos!

Lembro-me de estar em pé ao lado da minha mãe quando uma mulher se aproximou dela e passou a criticar o meu pai. Eu era uma garota explosiva de 16 anos que não levava desaforo para casa.

Mamãe fez-me ficar atrás dela, talvez para eu não dizer algumas verdades à mulher. Mas lá dentro eu pensava: *Mãe, se você for um pouco mais para a direita, ela vai conhecer a potência do meu soco!*

Mamãe ouviu pacientemente tudo o que a sra. Boca Grande dizia, e, então, com uma paz transparecendo em seu rosto, ela disse em tom suave: "Lamento saber que você pensa dessa maneira, porque *nós a amamos muito*". A minha raiva perdeu toda a força enquanto ouvia, atônita, a minha mãe mostrar o amor de Cristo àquela pessoa totalmente desagradável.

Com aquela atitude oposta, a situação foi revertida. A minha mãe foi vitoriosa em vez de vítima. E foi vitoriosa por sua escolha e maturidade em Cristo.

Podemos tomar decisões semelhantes na vida. As Escrituras dizem que devemos abençoar os que nos amaldiçoam e fazer o bem aos que nos odeiam (v. Mateus 5.44). Se agirmos dessa forma, receberemos uma bênção do alto: " 'Bem-aventurados serão vocês quando, por minha causa, os insultarem, os perseguirem e levantarem todo tipo de calúnia contra vocês' " (v. 11). Observe que as Escrituras não dizem *se*, mas *quando*.

Certa vez, quando estava triste por causa de falsas acusações contra mim, o meu marido disse estas sábias palavras: " Cindy, Jesus era perfeito, e o acusaram falsamente". Isso nos traz um princípio importante:

> Você nunca será tão perfeito a ponto de escapar de ser mal compreendido.

Às vezes, quando ouço o que os meus acusadores falam a meu respeito, dou uma risada e digo: "Não consigo entender por que eles dizem essas coisas de mim. Sou tão simpática!". (Bem, na maioria das vezes.) Sinceramente, muitos mal-entendidos são esclarecidos quando nos encontramos com a pessoa com quem temos um problema e dialogamos com ela.

## Perdão: o antídoto contra falsas acusações

Vamos fazer uma pequena pausa para tratar do assunto das falsas acusações — uma área da dor secreta que quase sempre se torna pública. Em geral, as acusações misturam-se com mexericos e multiplicam-se de forma alarmante. Por exemplo, certa vez apareceu uma pequena mancha no meu corpo que precisou ser removida, e muita gente ligou para o meu escritório perguntando se era câncer! Por que temos tanta capacidade de acreditar que o pior poderá acontecer?

Será que temos dado ouvidos ao acusador dos irmãos? O Diabo trabalha dia e noite tentando matar a nossa fé, roubar a nossa alegria e destruir a nossa reputação. É aconselhável não ouvir o que ele diz. Os pastores são acusados de manipulação e controle porque tentam corrigir situações pecaminosas em suas igrejas. Muitas líderes de pulso firme recebem a acusação de ser jezabéis (isto é, de manipular e controlar de modo semelhante a Jezabel, em 1Reis 16—2Reis 9. Você se sentiria melhor se soubesse que sou acusada de ser eu mesma?). As acusações não escolhem gênero. Mais dia menos dia, todos os crentes terão de aprender a lidar com a acusação.

E o que você deverá fazer quando for acusado? Primeiro, terá de lidar com a ferroada da acusação em suas emoções. (A magnitude da dor dependerá da espessura da pele de rinoceronte que você desenvolveu.) Meu amigo Peter Wagner, um pioneiro na área de crescimento da igreja, da oração e da guerra espiritual, foi atingido várias vezes. Quando ouvia que uma nova crítica havia sido escrita contra ele, Peter dizia com um sorriso: "Eles escreveram o meu nome corretamente?". Eu admirava essa característica dele. Eu nem sempre reajo tão bem. Às vezes a minha primeira reação é querer dar uma surra na pessoa (uma piada para alguém que mede 1,59 metro de altura) ou exigir um pedido de desculpa imediato.

No entanto, Jesus foi exemplo de perdão e devemos fazer o mesmo. Depois de vencer o estágio da raiva ou da mágoa (ou uma mistura das duas) e perdoar, precisamos orar por sabedoria.

Embora a nossa primeira inclinação seja o enfrentamento, essa atitude nem sempre é o melhor plano. John Maxwell, o principal especialista em liderança cristã disse em um seminário de "Breaking the 200 Barrier" ["Rompendo a barreira dos 200"] no Fuller Seminary: "Você pode jogar água ou gasolina em uma fogueira". Depende de você.

Se você não agir com cautela, poderá piorar a situação. (É difícil acreditar nisso no momento em que essas coisas acontecem.) Se o Senhor lhe disser para enfrentar a situação, siga as instruções bíblicas registradas em Mateus 18.15-17:

1. Conte à pessoa qual foi o erro dela. Essa conversa deve ser apenas entre vocês dois. Se ela o ouvir, você ganhou um irmão ou uma irmã (cf. v. 15).
2. Se ela não der ouvidos a você, leve uma ou duas testemunhas para confirmarem o fato (cf. v. 16).
3. Se ela insistir em não ouvir, conte o caso à igreja (cf. v. 17).

A gravidade de algumas situações é tão intensa que, se você for casado, é melhor levar o cônjuge junto — no caso de a acusação ter sido feita diante da congregação. Talvez você também queira convidar um líder espiritual para acompanhá-lo.

Lembre-se: Jesus agiu como um cordeiro sendo levado ao matadouro perante seus acusadores. Apesar de ter sido acusada por escrito e caluniada no rádio, pouquíssimas vezes respondi aos meus acusadores.

Um dia, minha filha adolescente perguntou: "Mãe, quem é (fulano de tal), e por que ele não gosta de você?".

Foi a oportunidade perfeita para pôr o perdão de Cristo em prática diante da minha filha. Para mim, foi mais dolorido o fato de a minha filha ter ouvido a acusação e sofrido com o fato de alguém ter falado mal de mim aos quatro ventos.

Posso acrescentar que nenhuma dessas pessoas veio até mim para dialogar antes de difamar o meu nome em público — uma clara violação à passagem de Mateus 18. No entanto, fui capaz de mostrar à minha filha como lidar com a situação e explicar-lhe que sofrer uma acusação pode ser uma experiência para crescer na vida. No sofrimento aprendemos a ser mais compassivos e mais ternos com os outros. O modo de lidarmos com a situação pode produzir um peso de glória (v. 2Coríntios 4.17) ou destruir-nos. Tenho um ditado favorito a respeito dessas ocasiões:

> Satanás tem a intenção de me quebrar ao meio nesta situação, mas decidi permitir que isso me torne mais quebrantada perante o Senhor.

Uma das líderes mais eficientes da minha época é Christine Caine. Em seu livro *Unashamed*,[2] ela conta a história de ter

[2] Zondervan, 2016. [**Livre da vergonha**. Brasília: Chara, 2016.]

sido vítima de preconceito racial por seus colegas de classe na Austrália por causa de sua ascendência grega. Além disso, foi abusada sexualmente.

Isso poderia ter destruído completamente sua vida e autoestima, mas o amor de Deus e o amor de um bom homem (seu marido, Nick) quebraram os grilhões da vergonha que ela sofreu na vida.

Christine usou a compaixão que ganhou para dar início a uma organização chamada A21 que luta contra o tráfico humano e a dor de seus tentáculos de violência.

### Purifica o meu coração, Senhor

Se você quer ser um vaso puro e quebrado para uso do Mestre, os seus momentos de oração íntima com o Senhor devem incluir um tempo para pedir a Deus que revele o que você guarda secretamente: pecados, raiva, mágoas e ofensas. Permita que a oração de Davi no salmo 51 lhe sirva de exemplo. (Às vezes, tento me enganar pensando que não fiquei realmente magoada, mas depois faço uma espécie de declaração cáustica sobre o caso e descubro que não lidei inteiramente com ele com a profundidade necessária.) Aviso: não ore dessa maneira se não estiver sendo totalmente sincero, porque Deus agirá... às vezes nos lugares mais públicos possíveis!

Certa vez, por exemplo, eu estava falando a uma grande igreja no culto noturno de domingo. Já havia falado no retiro de mulheres da mesma igreja pouco antes do culto e Deus havia revelado uma ferida profunda no meu coração com referência à cidade onde a igreja se localizava. Veja, o meu pai foi um pioneiro ali, e tudo havia sido muito difícil — muito, muito difícil. Lembra-se da história da sra. Boca Grande? Ocorreu naquela cidade. Eu conseguira, de modo surpreendente, empurrar a minha dor mais profunda para dentro de um grande armário mental. Creio que, se Snoopy fosse o rei da negação, eu seria a rainha.

Imediatamente após eu ter sido apresentada, o Senhor falou ao meu coração: *Cindy, você não pode se levantar e pregar a esta gente. O seu coração não está agindo de modo correto. Você odeia esta cidade e a denominação da qual seu pai fez parte aqui.*

Ora, *odiar* é uma palavra forte, mas era verdadeira. Eu estava zangada por causa dos maus-tratos que o meu pai e a nossa família haviam sofrido. É claro que uma boa mulher cristã não deveria conscientemente guardar ódio e rancor, portanto eu não tinha mais nenhum contato com aqueles sentimentos.

Por que estava com tanta raiva? O Senhor sussurrou gentilmente ao meu espírito: *Cindy, você acredita que eles são responsáveis pela morte do seu pai.* Uau! Aquele *insight* me atingiu como uma tonelada de tijolos. No entanto, era verdadeiro.

Eu preciso contar uma pequena história familiar para você entender a profundidade das minhas emoções. Por algum tempo, enquanto pastoreava e implantava igrejas, meu pai acalentava o sonho de ser missionário e queria receber apoio financeiro da junta de missões. Anos antes, a junta nos ajudara com 25 dólares por semana, e naquela ocasião ele estava pleiteando uma ajuda contínua.

Quando o meu pai abordou os responsáveis pelas missões na sede daquela denominação, fizeram-lhe uma proposta: "Albert, que tal você limpar os prédios para nós enquanto damos andamento ao seu pedido? Precisamos de um zelador, e você precisa sustentar a sua família".

Papai era um homem muito humilde. Apesar de ter recebido ensinamento primoroso e ser diplomado pelo seminário, ele não se sentiu inferiorizado por ocupar a função de zelador. E assim, noite após noite, ele limpava o prédio onde se localizava a sede das missões. Às vezes, eu o acompanhava para ajudá-lo. Nunca o ouvi reclamar que o emprego era insignificante.

Depois de muito tempo, papai perguntou à junta de missões para saber o que havia ocorrido com seu pedido para ser missionário. Apesar de numerosas igrejas terem dado referências elogiosas, o pedido dele foi negado porque uma igreja apresentara uma resposta negativa.

Para tornar o assunto mais compreensível, aquela igreja afugentou todos os pastores que precederam meu pai. Aliás, o pastor anterior havia saído às pressas no meio da noite, deixando apenas uma carta de demissão no púlpito. Apesar de ser um lugar difícil, papai permaneceu ali. A igreja cresceu e chegou a construir uma casa pastoral. E agora, a igreja que ele se esforçara tanto para construir e preservar lhe havia dado o golpe final, pondo um fim à carreira pastoral do meu pai.

Daquele dia em diante, o meu pai nunca mais foi o mesmo homem. Nunca mais voltou a pastorear uma igreja. Embora Deus o tenha usado poderosamente para ajudar alunos deficientes do ensino médio, ele nunca se recuperou por completo daquela decepção. Finalmente, morreu aos 49 anos de idade — um mês antes de completar 50. Morreu muito jovem. Para mim, sua morte era consequência de um coração partido.

Por fim, quando entrei em contato com aqueles sentimentos, um vulcão de emoções começou a entrar em erupção dentro de mim. Trêmula, expliquei à congregação o que se passava.

Contei a história e pedi aos presbíteros da igreja que fossem à frente para orar comigo. Graças a Deus por amigos sinceros em quem podemos confiar nas questões sensíveis do coração. Enquanto eu me ajoelhava, eles se aproximaram rapidamente e impuseram as mãos sobre mim.

Uma confissão saiu da minha boca. A Palavra de Deus diz: "Portanto, confessem os seus pecados uns aos outros e orem uns pelos outros para serem curados" (Tiago 5.16a). Eu precisava ser curada porque havia muita dor dentro de mim. As Escrituras nos instruem a confessar os nossos pecados porque a confissão faz parte do processo de cura. Eu disse palavras ofensivas, como: "Odeio esta denominação, Senhor, e odeio seus líderes. A maneira na qual mataram o meu pai foi mais dolorosa que se tivessem lhe dado um tiro na cabeça".

Não conseguia acreditar no que dizia. A confissão prosseguiu: "E, Senhor, odeio esta cidade pelo que ela fez à minha família. Que lugar horrível para organizar uma igreja! Sofremos profundamente, Deus. A igreja não quis ou não pôde nos pagar ao menos uma quantia para as nossas necessidades básicas, e isso nos feriu".

Vieram-me à mente rápidas lembranças de quando fui à mercearia com a minha mãe e pedi que ela me comprasse biscoitos. Mamãe chorou porque tinha apenas 10 dólares para comprar comida para uma semana. Não tinha condição de comprar biscoitos. Lembrei-me dos meus pais usando roupas velhas que haviam sido descartadas anos antes. (Em geral, os pastores e suas famílias sofrem muito enquanto se sacrificam para organizar igrejas.)

Depois de desabafar um pouco, senti-me como uma mola de relógio que estava presa e alguém soltou. Durante aqueles momentos, pude ver que o meu irmão e a minha irmã também estavam tristes pelo que acontecera. Graças a Deus, porque ele restaura. Hoje (enquanto escrevo este livro) o meu irmão leciona inglês na China, e a minha irmã recebeu graduação em aconselhamento. Deus é um Deus redentor.

Finalmente, uma gloriosa sensação de paz e alegria inundou o meu coração enquanto os meus amigos oravam pela minha cura. Na época, eu estava iniciando no ministério, mas creio que Deus honrou o que aconteceu naquele dia porque me dispus a ser franca e sincera. Desde então, Deus tem aberto portas para mim ao redor do mundo. O meu pai não se tornou missionário, mas eu sim! E creio que Deus nos dará uma porção dupla de unção para sacudir as nações da terra.

Talvez você se identifique com a história por ser pastora ou filha de pastor. Talvez receba críticas de pessoas que não entendem como você pode querer entrar na vida profissional sendo mulher. Muitas vezes, quando conto a minha história, as filhas dos líderes atiram-se nos meus braços, chorando. Um pastor no México contou-me que anda com sapatos furados nas solas porque não há dinheiro suficiente para consertá-los.

Não importa se você dedica tempo integral ao ministério ou não, alguém pode tê-la magoado tanto que você nunca mais foi a mesma pessoa. É por sua causa que escrevi este capítulo. Não quero que se magoe; acima de tudo, o Pai celestial não quer que você carregue uma dor secreta no coração. O meu amigo Ed Silvoso diz que as pessoas naufragam em certas áreas e épocas da vida e nunca mais se recuperam. Isso tolhe seu crescimento espiritual. O apóstolo Paulo expressou-se desta maneira: “[...] combata o bom combate, mantendo a fé e a boa consciência que alguns rejeitaram e, por isso, naufragaram na fé" (1Timóteo 1.18,19).

### Recompondo-se após o naufrágio

Tenho visto pessoas além de mim naufragarem. Tenho visto pessoas generosas sentindo o coração ferido quando grandes somas de dinheiro que ofertaram ao ministério foram mal empregadas e os responsáveis por administrá-las não foram dignos de confiança. Essas pessoas com o coração ferido estão paralisadas na área de sua mais forte atuação. Sua força tornou-se uma fortaleza na qual se escondem para defender-se. Tenho visto pastores e pastoras tão magoados que abandonaram o ministério e nunca mais voltaram a usar seus dons pastorais. Hoje estão agastados com o ministério e, se não forem curados, seu destino pastoral afundará no mar de amargura onde naufragaram. Talvez eu esteja falando com você agora. Se sim, estas são algumas sugestões para ajudar você a receber cura:

1. Ore e peça ao Espírito Santo que revele as áreas nas quais você carrega uma dor secreta.
2. Faça uma lista das pessoas e situações nas quais você se sentiu magoado, maltratado ou ofendido.
3. Peça a Deus que lhe mostre uma pessoa (ou pessoas) que possa orar com você enquanto você confessa suas faltas. (É claro que você pode orar a sós e perdoar, e pedir perdão a Deus, mas Tiago 5.16 fala diretamente sobre confessar os nossos pecados uns aos outros.)
4. Quanto mais vulnerável e sincero você for ao demonstrar que está disposto a resolver a situação e a sua dor, mais

cura receberá. (Dica útil: pegue uma caixa grande de lenços de papel, porque provavelmente precisará deles.)

Anos atrás, fui diagnosticada com um tumor do tamanho de uma toranja na parte posterior do ovário. Depois de analisar o ultrassom, o médico aconselhou-me a extrair o tumor cirurgicamente. Perguntei-lhe se poderia esperar dez dias para que o meu marido e eu orássemos pela cura. Ele foi um tanto cético, mas disse que não haveria problema em aguardar aquele período.

Comecei a buscar o Senhor de todo o coração, pedindo cura. Um dia, recebi uma ligação de um intercessor na Califórnia que me deu esta palavra: "Encontre a raiz e arranque-a; então você será curada".

Comecei a pensar nisso. A princípio, não tive nenhuma revelação sobre o que me havia magoado a ponto de fazer que aquele grande tumor crescesse dentro do meu corpo.

De repente, em um lampejo de inspiração, entendi qual era a causa! Um pastor havia me magoado profundamente por não acreditar que as mulheres podiam ser ministras do evangelho. A rejeição afetou a minha condição de mulher. (Descobri que, às vezes, essa é a causa de nódulos no seio. De fato, a ciência médica já está fazendo descobertas semelhantes. Mulheres que conviveram com pai ou marido crítico quase sempre apresentam problemas com tumores fibroides ou outras doenças femininas.)

Comecei a pesquisar as Escrituras a respeito de cura. Quando li Tiago 3.16 — "Pois onde há inveja e ambição egoísta, aí há confusão e toda espécie de males" —, percebi que encontrara o segredo para a cura. Já havíamos orado e recebido unção com óleo, mas faltava uma coisa: eu não havia confessado a ninguém mais a mágoa e a raiva que sentia em relação àquele pastor e a minha dificuldade em perdoá-lo.

Mike e eu convidamos um casal com o qual tínhamos amizade íntima para ir à nossa casa. Ajoelhei-me e confessei a minha dor em detalhes. Quando confessei que não tinha sido capaz de perdoar aquele pastor, apesar de ter tentado, comecei a chorar tanto que minhas lágrimas chegaram a molhar o carpete à minha frente. Quando terminei, eles me ungiram com óleo e pediram a Deus que me curasse.

Ainda sentia dor no corpo após aquela oração (o tumor estava pressionando a coluna vertebral), mas havia algo diferente dentro de mim. Sabia que estava curada. Quando voltei ao médico, ele ficou completamente surpreso e atordoado. O tumor desaparecera completamente! E mais: tive a bênção de testemunhar ao meu médico hindu o resultado daquele milagre.

Há sérias consequências quando não perdoamos os outros e não somos libertos do sofrimento e da amargura da situação. Gosto da ilustração que Ed Silvoso, um pioneiro no evangelismo por meio da oração, costuma apresentar sobre o perdão:

> Suponhamos que um evangelista visite a sua igreja e peça o seu carro emprestado. O homem é um ex-dependente de drogas que parece ser usado por Deus de forma maravilhosa. Mais tarde, você descobre que o homem levou o seu carro até o aeroporto, vendeu-o e foi embora para a América do Sul.
>
> Provavelmente você ficasse furioso, sentindo-se traído pelo evangelista. "Ele me usou!", você diz, espumando de raiva. "Ele era ministro do evangelho!"
>
> Quem deve tomar a iniciativa de perdoar? O ladrão? Não, aquele que foi roubado! Há uma grande vulnerabilidade em

> relação à amargura que ele precisa superar. O ladrão precisa superar a amargura? Não. Ele está na América do Sul, alheio à dor que você está sentindo!

Essa ilustração faz-me lembrar da história contada em Mateus 18.31-35:

> "Quando os outros servos, companheiros dele, viram o que havia acontecido, ficaram muito tristes e foram contar ao seu senhor tudo o que havia acontecido. Então o senhor chamou o servo e disse: 'Servo mau, cancelei toda a sua dívida porque você me implorou. Você não devia ter tido misericórdia do seu conservo como eu tive de você?' Irado, seu senhor entregou-o aos torturadores, até que pagasse tudo o que devia. Assim também lhes fará meu Pai celestial, se cada um de vocês não perdoar de coração a seu irmão [ou irmã]".

Quin Sherrer and Ruthanne Garlock (duas das minhas parceiras de oração há anos) apresentam um bom *insight* sobre a necessidade de perdoar:

> O perdão por meio de Cristo é a pedra fundamental da nossa reconciliação e relacionamento com Deus. Por saber disso, Satanás ataca a nossa capacidade de perdoar e ser perdoado. Ele nos provoca a ceder aos nossos ressentimentos e a nos apegar à amargura, dizendo repetidas vezes: "Quem fez isso não merece ser perdoado!". Somente o sacrifício de Cristo tem o poder de nos libertar do pecado e de seus grilhões. No entanto, Jesus impôs uma condição para essa liberdade em sua parábola sobre o servo desumano. Na história, o rei representa Deus e os servos somos nós, seus filhos.[3]

---

[3] **A Woman's Guide to Breaking Bondages**. Ann Harbor. MI: Vine Books-Servant, 1994. p. 181.

> Colocamos o perdão em sua perspectiva correta quando nos damos conta de que qualquer injustiça que tenhamos sofrido da parte de outra pessoa é pequena se for comparada ao nosso pecado contra Deus.[4]

Algumas dores secretas só podem ser perdoadas por meio da graça do Calvário. Uma das histórias mais poderosas que ouvi a respeito do perdão ocorreu na vida de Corrie ten Boom. Se você não conhece a história, Corrie ten Boom e sua família acolheram judeus em sua casa, em Amsterdã, durante a Segunda Guerra Mundial, o que lhes custou um preço muito alto. Quase toda a sua família morreu em campos de concentração, inclusive sua querida irmã, Betsie. A história a seguir é seu relato pessoal de uma ocasião em que, anos depois, Corrie ficou frente a frente com um carcereiro do campo de concentração onde sua irmã havia morrido:

> Foi em um culto da igreja em Munique que eu o vi — o ex-oficial da SS que estivera de guarda diante do chuveiro, no centro de triagem de Ravensbruck. Era o primeiro dos nossos algozes que eu reencontrava desde aquela época. E, de repente, tudo estava ali: a sala cheia de homens zombeteiros, as pilhas de roupas, Betsie com o rosto branco de dor.
>
> Sorridente e respeitoso, ele se dirigiu a mim para me cumprimentar quando a congregação já se dispersava: "Muito obrigado por sua mensagem, *Fraulein*", disse ele. "E pensar que, como a senhora disse: 'Ele apagou todos os meus pecados!' ".
>
> Sua mão estendia-se na minha direção. E eu, que falara tantas vezes em Bloemendaal sobre a necessidade do perdão, conservei a mão abaixada.

---

4 Ibid., p. 125.

> Ao mesmo tempo em que esses pensamentos de raiva e vingança fervilhavam dentro de mim, percebi o pecado que cometia. Jesus Cristo havia morrido por esse homem; poderia eu exigir mais? "Senhor Jesus", orei, "perdoa-me e ajuda-me a perdoá-lo."
>
> Tentei sorrir. Lutei para estender a mão. Não conseguia. Não sentia nada, nem a menor centelha de calor humano ou caridade. Orei de novo, em silêncio. "Jesus, não consigo perdoá-lo. Dá-me o teu perdão."
>
> Assim que apertei sua mão, um fato incrível aconteceu. Uma espécie de corrente elétrica pareceu passar de mim para ele, brotando de meu ombro e descendo pelo meu braço e mão até ele; do meu coração, nasceu um amor tão grande por aquele homem, que quase me sufocou.
>
> Foi assim que aprendi que não é no nosso perdão, nem na nossa bondade que o mundo pode ser curado, mas no perdão e na bondade do Senhor. Quando ele nos ordena que amemos os nossos inimigos, ele nos dá, junto com a ordem, o próprio amor.[5]

Talvez tenha sido a sua própria família que lhe tenha causado mágoa. Muitas pessoas precisam perdoar os pais ou até mesmo os filhos.

Lembro-me de quando não conseguia perdoar os meus filhos quando ainda eram bebês. Mary (ou Kyrin, como prefere ser chamada hoje) pouco dormia durante a noite, e eu vivia exausta na maior parte do tempo. Depois, quando Daniel nasceu, os médicos disseram que provavelmente ele nunca andaria porque lhe faltava tônus muscular na perna esquerda. Eu passava horas umedecendo sua pequena tala de gesso enquanto ele chorava e chorava. Apesar de saber racionalmente que a culpa não

5 **The Hiding Place**. Grand Rapids: Revell, 1996. p. 238. [**O refúgio secreto**. Belo Horizonte: Betânia, 2000.]

era de Mary nem de Daniel e que, na verdade, a situação é que me frustrava, as pequenas coisas que as crianças faziam começaram a irritar-me até o ponto de eu não aguentar mais.

O Senhor mostrou-me que eu precisava perdoar os meus filhos. A princípio, parecia-me loucura ter de perdoar um bebê ou uma criança pequena por coisas pelas quais não eram culpadas, mas fiz o que o Senhor me pediu. Pedi a Deus que me trouxesse à mente cada uma das situações durante a primeira infância dos meus filhos que me deixaram ressentida com o que eles faziam. Perdoei uma após outra. Quando terminei, senti-me limpa por dentro — liberta de frustrações passadas — e consegui ser uma mãe muito mais amorosa e paciente.

Uma das coisas mais difíceis de se fazer é amar um filho adolescente rebelde ou com personalidade forte. A minha filha sempre foi líder desde jovem e, aos poucos, pôs a minha liderança à prova até o ponto máximo! Lembro-me de quando fomos a um estudo bíblico em uma igreja muito grande. Mary tinha apenas 3 anos de idade. Segundos após ter desviado os olhos dela, ouvi uma súbita voz estridente, vinda da direção da livraria da igreja, gritando: "Qual foi a criança que fez isto?".

Para o meu desespero, a minha doce filhinha havia girado uma estante de minilivros de forma tão rápida que todos voaram pelo local. Foi uma total humilhação para mim! Fui tentada a olhar para o outro lado e perguntar: "Criança? Que criança? Será que entrei aqui com uma garotinha loira de 3 anos parecida com essa aí?"

Sherrer e Garlock contam a história de como Audrey perdoou a dor que Vic, seu filho pródigo, lhe causou, em seu livro *How to Forgive Your Children* [Como perdoar os seus filhos]:

Dias antes de Victor, aos 18 anos de idade, receber o diploma de ensino médio, ele ficou sabendo que havia sido reprovado na matéria inglês avançado e não atravessaria o corredor do salão de festas com seus colegas para a colação de grau. Três dias depois, Audrey encontrou um bilhete no para-brisa de sua pequena perua amarela, com estas palavras: "Mãe, pai... tive de fugir. Não se preocupem. Vic".

Foi um choque para Audrey. "Vic nunca me causou problemas", ela me contou. "Fiz grandes planos para que ele servisse ao Senhor de todo o coração em qualquer carreira que escolhesse. Tinha outro filho com doença mental, um marido completamente desorientado e que não servia a Deus, e agora havia perdido um filho. Tive de pedir ajuda a Deus."

Audrey procurou freneticamente por Victor até localizar um de seus amigos próximos. "Se você tiver notícias de Vic, por favor, peça-lhe que ligue para casa", ela implorou.

Naquela noite o telefone tocou. Uma voz fraca do outro lado da linha cochichou uma rápida mensagem: "Mãe, estou bem!". Vic desligou o telefone, deixando-a sem pistas sobre seu paradeiro.

"Eu tinha uma escolha, e sabia qual era", Audrey contou ao recordar a experiência. "Se eu quisesse sobreviver emocionalmente, teria de perdoar Vic pela decepção que sentia por ele não receber o diploma e por ter saído de casa sem ao menos se despedir. Tinha também de pôr o orgulho, a mágoa e finalmente a raiva de lado. Se não fizesse isso, viveria atormentada por tudo o que ele me havia feito e preocupada com seu paradeiro. Decidi, portanto, fazer esta escolha: perdoá-lo, liberando todos os meus sentimentos contidos enquanto entregava mais uma vez a vida dele nas mãos de Deus."[6]

Apesar de Audrey ter mudado seu modo de pensar, o filho pródigo não voltou imediatamente para casa. Na verdade, ele só voltou

6 (Lynnwood, WA: Aglow Publications, 1989), p. 66-67.

depois de três longos meses. Deus conduziu-a até um amigo de um amigo de Vic porque ela sentiu no coração que ele devia estar por ali. Quando finalmente voltou a ver Vic, ele estava magro, morando em uma área feia da cidade e usando roupas esfarrapadas.

As primeiras palavras de Audrey foram simplesmente: — Oi, Vic.

Ele respondeu: — Oi, mãe. Saudades de você. — Palavras que soam como música aos ouvidos de uma mãe.

Às vezes, a restauração é um processo, não a solução rápida de micro-ondas como gostaríamos que fosse. Se você está no meio do processo, recomendo a leitura do excelente livro de Marcia Mitchell, intitulado *Surviving the Prodigal Years* [Sobrevivendo nos anos esbanjados] .[7]

Quando você perdoar e receber cura da próxima mágoa, talvez seja útil estudar alguns dos livros escritos por Quin Sherrer e Ruthanne Garlock. Elas são excelentes e vão fundo na área de perdoar em muitas áreas diferentes. (Veja "Bibliografia recomendada" no fim deste livro.)

O tópico deste capítulo é extremamente crucial porque a mulher nunca alcançará seu maior potencial, em casa ou na igreja, se não for uma pessoa íntegra de todas as formas.

Você vai adorar ler o próximo capítulo. Parte da nossa restauração como pessoa procede dos amigos que Deus traz à nossa vida no dia a dia.

---

7 Emerald Books, 1999.

CAPÍTULO 3

# Amado Deus, preciso de uma amiga

O poder e a força que recebemos de um bom amigo e parceiro de oração não podem ser subestimados. Uma das minhas maiores alegrias é a amizade com líderes mais novas que eu de várias gerações. Talvez você não tenha uma boa amiga pessoal, mas oro neste momento para que Deus lhe conceda não apenas uma, mas muitas!

O meu marido jogava basquete nas tardes de domingo em um pequeno parque perto da nossa casa em Weatherford. Ele dizia, em tom de brincadeira, que ficava embaixo do cesto até os jogadores mais novos jogarem a bola para ele. (A verdade é que Mike é, sim, um bom atleta, mas gosta de atrair um companheiro inocente, inexperiente e fora de forma para a quadra de basquete — mais ou menos assim: "Pode entrar", diz a aranha à mosca!)

Os companheiros do time de Mike foram, na maioria, os mesmos durante quase seis semanas, e uma vez cheguei a ser sua melhor líder de torcida. Um dia, quando o meu marido suado e malcheiroso, mas feliz, chegou à nossa casa depois de um dia cheio de aventuras na quadra de basquete, perguntei: — Querido, qual é o nome dos jogadores do seu time:

Com o rosto totalmente inexpressivo, ele respondeu gaguejando: — Nomes... bem... não sei o nome de nenhum deles.

Ora, aquilo foi chocante para o meu modo de pensar como mulher! Ele não sabia nada sobre seus companheiros de time com quem havia jogado durante *seis semanas*? Inacreditável! Aquilo simplesmente não tinha lógica.

Tive certeza de que não havia entendido bem suas palavras. Era impossível ele não saber *nada* sobre os companheiros, e fui mais fundo ainda: — Eles são casados? Têm filhos? — Ao olhar para o rosto dele, vi a mesma expressão desconcertante. Finalmente me dei conta de que o meu marido não sabia absolutamente nada sobre a vida deles.

## A lacuna entre os gêneros

Você já observou os homens quando jogam basquete? Eles tocam uns nos outros. Depois de uma boa jogada, dão um tapa de leve no traseiro do colega e expressam uma alegria que as mulheres *nunca* pensariam em manifestar. (Concordo que algumas mulheres que jogam no time da faculdade talvez façam isso, mas provavelmente só depois de se conhecerem por muito tempo.) Não acreditei quando soube disso. Eu teria de conhecer a pessoa muito, muito bem para tocá-la dessa maneira, e mesmo assim talvez não conseguisse.

Por outro lado, você já observou as mulheres quando se reúnem pela primeira vez? O objetivo delas é se conhecerem, e, para isso, procuram obter informações. Quando duas mulheres se tornam amigas, sabem praticamente tudo uma da outra — tudo, com exceção talvez do número do R.G.! Descreverei com mais detalhes as diferenças entre homens e mulheres no capítulo 7,

"Relacionamento entre gêneros", mas, por ora, basta dizer que o modo de a maioria dos homens fazer amizade é muito diferente de como a maioria das mulheres cultiva a amizade.

### O amigo de quem você pode depender

O título deste capítulo, "Amado Deus, preciso de uma amiga", ressoou no seu coração? Sim, para a maioria de nós. E é por isso que eu vou lhe dizer que você precisa permitir que Deus seja o seu melhor amigo. Deus, por meio de Jesus, seu Filho, deseja ser a prioridade máxima na nossa vida. Ele é um amigo que nunca o decepcionará. Aliás, ele é um "amigo mais apegado que um irmão" (Provérbios 18.24).

Os atributos de Deus vão muito além do que o nosso melhor amigo é capaz de conseguir. Vamos pensar juntos em alguns desses atributos.

1. Está sempre disponível. (Seu telefone nunca dá sinal de ocupado.)
2. Não é mexeriqueiro nem deseja nos tratar injustamente.
3. É incondicional em sua maneira de amar.
4. É generoso de todas as formas.
5. É o ouvinte mais atento de todos.
6. É o melhor conselheiro e sempre dá conselhos equilibrados e imparciais.
7. Nunca é egoísta ou interesseiro.

Atributos extraordinários, não? Ao examinar a lista, senti que estou muito longe de ser uma boa amiga.

A Bíblia conta que Moisés era amigo de Deus e que o "SENHOR falava com Moisés face a face, como quem fala com seu amigo" (Êxodo 33.11). Imagine ter tal proximidade com Deus!

Talvez Moisés pudesse falar com Deus face a face porque não tinha nada do que se envergonhar. Certamente Moisés andava perante Deus como dizem as Escrituras: com "temor do Senhor" em sua vida.

Então, o que é o temor do Senhor, e como ele se desenvolve em nós? Digo *desenvolve* porque certamente ele não é instintivo à nossa natureza carnal. Joy Dawson, uma mulher que ensina a Palavra de Deus, além de ser autora e intercessora, é uma das pessoas que mais me influenciaram para eu aprender o significado de temor do Senhor.

### O amigo sábio odeia o mal

Joy Dawson ensinou-me que um dos resultados de andar no temor do Senhor é *sabedoria*. Penso que posso dizer com segurança que todos nós queremos ser sábios pa ·a poder ajudar a nossa família e os nossos amigos; a Bíblia diz que "o temor do SENHOR é o princípio da sabedoria" (Provérbios 9.10). Começamos a ter sabedoria quando percebemos que as nossas atitudes são muito negligentes em relação ao pecado e que a nossa cultura contamina muito o nosso modo de pensar sobre o certo e o errado. Você não pode ser amigo de Deus se não entende o que lhe agrada e o que lhe desagrada por ele ser santo; é o pecado que nos separa de Deus.

Em seu livro *Intimate Friendship with God*, Joy Dawson apresenta quatro níveis distintos de atitude em relação ao pecado:

> **Nível 1:** Aquele que não peca porque as consequências são muito graves. Essa pessoa sente um desejo no coração por alguém,

mas não comete o pecado do adultério ou da fornicação com o corpo porque as consequências são graves demais. Ou ele pode odiar alguém e desejar que essa pessoa morra, mas não a mata por causa das consequências. Obviamente, não existe ódio ao mal e, portanto, não existe temor do Senhor.

**Nível 2:** Aquele que vive pela regra de ouro. Essa pessoa deseja a paz a qualquer preço, e não é capaz de entender que uma pessoa seja tão radical a ponto de tentar mudar o *status quo* de sua vida ou da vida de alguém. Esse indivíduo pode estar cheio dos pecados de egoísmo e hipocrisia, sem se dar conta disso.

Talvez frequente a igreja todos os domingos e dê o dízimo, pague suas contas, cultive seis pés de repolho e oferte um ao vizinho por cima da cerca. Em geral, pratica boas obras. Se você se encontrar com ele e disser: — Você teme o Senhor? — ele poderá ficar indignado por você lhe ter feito tal pergunta. — Claro — responderá. — Na verdade, o "claro" pode significar: "Como você pode ser tão desatento? Como é insensível ao óbvio!".

Se você lhe perguntar: — Quanto tempo faz que você passou mais de uma hora em oração constante pelas almas perdidas? Que profundidade tem o seu compromisso com o Senhor Jesus Cristo pelas almas perdidas que deverão ser alcançadas por seu testemunho pessoal a elas? Como anda a sua vida de oração em relação aos milhões de muçulmanos, hindus, xintoístas, animistas, budistas, comunistas, ateus, humanistas e céticos que não têm conhecimento do plano de Deus para salvação nem certeza da vida eterna? Você se preocupa com os milhões de pessoas no mundo que ainda não foram alcançados pelo evangelho? — Com toda sinceridade, ele responderá: — Muito pouco, ou nada.

Não há nenhuma manifestação do temor do Senhor nesses pecados de egoísmo, irreligiosidade, egocentrismo, complacência e hipocrisia. Não há nenhum reconhecimento, muito menos ódio, desses pecados em alguém que vive nesse nível.

> **Nível 3:** O cristão sincero que deseja ardentemente agradar ao Senhor Jesus Cristo. Ele não quer pecar e se preocupa muito quando há pecados persistentes em sua vida. Deseja encontrar uma resposta para explicar por que sempre tem de confessar o mesmo pecado repetidas vezes. Talvez ele cometa o pecado de criticar ou julgar os outros; o pecado do orgulho, sempre atraindo a atenção para si mesmo nas conversas; o pecado de não acreditar que é capaz de confiar em Deus, que se manifesta em forma de medo, dúvida e desobediência. Ou talvez o pecado da luxúria, da cobiça, da inveja ou do ressentimento — para com Deus ou para com o homem. Ele se preocupa muito com a liberdade e anseia por ela.
>
> **Nível 4:** Aquele que tem o temor do Senhor sobre si. Ele odeia o pecado; portanto, raramente peca. Caso peque, há uma rápida conscientização do pecado, um imediato arrependimento e disposição para humilhar-se diante dos outros se for dirigido pelo Espírito Santo a fazer tal coisa.[1]

Joy Dawson prossegue dizendo que "pecamos porque escolhemos pecar, porque amamos o pecado. Mas '[...] com o temor do SENHOR o homem evita o mal.' (Provérbios 16.6)".

Como o filho de Joy e o meu amigo John Dawson diriam: "Isso é um tapa na cara". Tenho *o temor do Senhor* sobre mim só de digitar os quatro níveis!

## Humildade: a solução rápida para a desordem humana

Sempre penso na maneira pela qual os cãezinhos costumam ser treinados com coleira muito curta. Se correm muito à frente,

[1] Grand Rapids: Chosen, 1986. p. 51-53. [**Intimidade com Deus no temor do Senhor**. Belo Horizonte: Betânia, 2019.]

o dono puxa a coleira, e eles caem de quatro no chão. É assim que o Senhor me conduz às vezes. Assim que estabeleço o temor do Senhor como limites para mim, quando eu simplesmente penso em correr na direção errada, o meu Pai celestial, em sua misericórdia, puxa a guia e eu caio com o rosto no chão em uma posição extremamente humilhante.

Sou grata por saber que Deus me ama a ponto de impedir que eu me afaste de seu amor (v. Hebreus 12.10). Quero limpar a minha desordem rapidamente e correr para estar com ele. Quero que Cindy Jacobs seja a pessoa em quem ele pode confiar e que fará com integridade e compaixão tudo o que ele deseja que eu faça. Sei que levarei a vida inteira para ter a mesma amizade que Moisés teve com Deus, mas, como em Deus não há parcialidade, creio que conseguirei.

Aprendi que uma das maneiras de Deus se manifestar a nós é por meio dos amigos que põe no nosso caminho. Embora a nossa necessidade primordial seja ter amizade com Deus, podemos também pedir-lhe um "amigo de verdade", por assim dizer. O amor incondicional de uma amizade recíproca promove cura e é uma ótima fonte de força e conforto (v. Eclesiastes 4.12). O amigo verdadeiro é aquele que o vê nos seus piores momentos e continua pensando que você é especial.

## Rute: um exemplo de amizade

Tanto os homens quanto as mulheres precisam ter amigos, mas há uma grande diferença entre a amizade dos homens e a amizade das mulheres. Por ora, focarei primordialmente no tipo de amizade que as mulheres necessitam. (Os homens não deveriam pular esta parte, e sim deveriam prestar atenção no que vou dizer, porque as informações a seguir serão úteis em seu relacionamento com essas criaturas misteriosas chamadas "mulheres".)

Uma das mais belas histórias de amizade nas Escrituras encontra-se no livro de Rute. Esse livro está repleto de lições que podemos aplicar à nossa vida diária. Ao ler o livro de Rute, observe as características que ela transfere para suas amizades e pergunte a você mesmo quais dessas características você precisa cultivar.

Para começar, vamos estabelecer uma comparação entre as principais personagens do livro —duas mulheres que se unem durante um período muito angustiante por meio de um relacionamento pactual: Rute, a nora jovem e gentia, e Noemi, a sogra amargurada, desiludida, pertencente à linhagem judaica. As diversidades entre as duas viúvas podem provocar em nós todos os tipos de imagens mentais. Provavelmente Rute era muito bonita e tinha grandes possibilidades de conseguir um marido jovem e belo. Não precisava de Noemi.

E mais: Rute conhecia todas as rigorosas leis religiosas judaicas porque, ao se casar, passara a fazer parte de uma família judia. Então, por que escolheu acompanhar Noemi em sua viagem para Belém?

Sem dúvida, Rute sabia que, se acompanhasse Noemi, perderia a proteção do povo ao qual pertencia e, durante a jornada, teria de enfrentar um terreno duro e frio e ambientes hostis. Foi uma escolha séria com consequências possivelmente terríveis. Mesmo assim, Rute fez a escolha.

### *Rute demonstrou amor pactual*

O diálogo entre as duas mulheres é, em geral, cantado em cerimônias de casamento, representando o amor entre marido e esposa, mas foi, na verdade, um amor sadio e estabelecido por uma aliança entre duas mulheres:

> "Não insistas comigo que te deixe
> e que não mais te acompanhe.
> Aonde fores irei,
> onde ficares ficarei!
> O teu povo será o meu povo
> e o teu Deus será o meu Deus!
> Onde morreres morrerei,
> e ali serei sepultada [...]!" (Rute 1.16,17).

Além de Noemi conquistar a afeição pessoal de Rute, seu modo de vida fez a nora passar por uma experiência de conversão, na qual abandonou seus deuses pagãos para adorar o Deus único, verdadeiro e vivo. Que impacto uma amizade é capaz de causar!

Durante a leitura do livro de Rute, notamos que Noemi tinha outra nora, chamada Orfa. As duas noras eram muito diferentes na maneira de demonstrar amor e amizade. *The Woman's Study Bible* apresenta comparações interessantes entre as duas, inclusive "Amor que suporta provação" e "Exercício resoluto da vontade" de Rute *versus* "Amor que desiste na adversidade" e "Fácil mudança de emoções" de Orfa.[2] Vamos analisar o caráter de Rute com mais profundidade.

### *Rute foi paciente*

Em geral, é difícil conviver com pessoas amarguradas, como Noemi. E Noemi deve ter sido grosseira com Rute algumas vezes

---

2 Nashville: Thomas Nelson, 1995. p. 437. [**Bíblia da mulher de fé**. Rio de Janeiro: Thomas Nelson, 2016.]

enquanto lidava com a dor pela morte do marido. Mas o amor de Rute foi tão salutar que chegou a amolecer o coração de Noemi.

Estou convencida de que o amor de Deus pode penetrar a minha alma, por mais magoada ou zangada que esteja. Eu encorajo você a não abandonar os seus amigos quando passam por situações dolorosas como a perda de um filho, do cônjuge ou de um pai ou mãe. É nesse momento que eles mais necessitam de você. E é também o momento em que estão menos propensos a retribuir seu amor. Mas as Escrituras dizem que devemos amar mesmo quando não recebemos nada em troca (v. Mateus 5.44,46).

### *Rute foi diligente*

Pessoalmente, admiro Rute da mesma forma que admiro outras mulheres da Bíblia por causa de seu excelente caráter. A preguiça não fazia parte de sua índole. Em vez de recolher espigas atrás dos ceifeiros, ela poderia ter dito a Noemi: "Faça alguma coisa, minha sogra, e venha me ajudar a encontrar comida. A minha perda foi igual à sua. E mais: estou vivendo nesta terra feia e estranha, e não entendo o costume desta gente!".

### *Rute foi altruísta*

No entanto, Rute foi carinhosa com Noemi, que devia estar profundamente abalada e sentindo muita vergonha e constrangimento por ter de voltar para Belém de mãos vazias. Muito provavelmente, suas antigas amigas mexeriqueiras que tentaram convencê-la a não ir embora com o marido estavam dizendo umas às outras: "Nós bem que avisamos que ela não devia ir morar naquele lugar abandonado por Deus. Recebeu o que merecia!".

Rute foi sensível à dor e vergonha de sua sogra. Havia conhecido o Deus vivo, e suas ações demonstraram isso.

Depois que Rute se tornou filha de Deus, ele a conduziu diretamente ao campo do homem que viria a ser seu marido e parente resgatador (isto é, um tipo de Cristo; resgatador era um parente que podia "redimir" a herança de um falecido membro da família. Não é uma história romântica?). A Bíblia diz que Rute *entrou casualmente* no campo de Boaz (v. Rute 2.3).

### *Rute foi grata*

Rute trabalhava incansavelmente o dia inteiro e, quando conheceu Boaz, prostrou-se diante dele em sinal de gratidão. (É bem provável que ela tenha erguido aqueles belos olhos castanhos, com cílios longos e escuros, e o coração dele se derreteu!) Que homem poderia resistir a uma mulher tão humilde e grata?

### *Rute foi uma mulher de palavra*

Enquanto comia a refeição que Boaz lhe proporcionara, Rute guardou um pouco para Noemi, pois sabia que ela não tinha nada para comer em casa. Rute poderia ter pensado: *Afinal, fui eu que que tive de trabalhar tanto assim*.

No capítulo 3 do livro de Rute, lemos que Noemi estava sendo curada de sua angústia e queria proporcionar segurança a Rute. Aconselhou a nora a apelar a Boaz como seu parente resgatador. Essa estratégia baseava-se na lei do levirato (v. Deuteronômio 25.5-10). De acordo com essa lei, a viúva se casava com o irmão do marido ou com outro parente próximo, a fim de gerar um filho que herdaria a propriedade do falecido e preservaria seu nome. A lealdade de Rute à tradição do povo do marido e seu desejo de cuidar de Noemi ao casar-se com alguém da família foram uma homenagem a seu compromisso com a família de seu falecido marido.[3] Evidentemente, sabemos que Boaz é uma figura simbólica de Jesus, o nosso Parente Resgatador — o Senhor que nos redime dos nossos pecados e proporciona descanso e comunhão a todos os que põem a vida a seus pés em submissão à sua soberania.

### *Rute aceitou receber instruções*

Rute fez exatamente o que Noemi lhe pedira, o que mostra sua disposição em receber e ouvir instruções dos mais velhos e aprender com eles. Quando Noemi tentou instruí-la sobre como aproximar-se de Boaz, Rute poderia ter dito: "Veja bem, Noemi, admito que você conheça muita coisa a respeito de Israel, mas conheço mais os homens que você. Você vem de uma geração errada e claramente não sabe nada como atrair a atenção de um homem".

### *Rute foi obediente*

Há grandes bênçãos provenientes da obediência — não da obediência cega, mas da obediência amorosa e consagrada. A Bíblia diz que a "obediência é melhor do que o sacrifício" (1Samuel 15.22).

Gosto muito de ler *a Bíblia de estudo da mulher* por causa da riqueza que encontramos nas notas marginais a respeito da correlação entre as mulheres. Em um determinado ponto, trata do compromisso mútuo entre Rute e Noemi — por exemplo, como a amargura no coração de Noemi abriu caminho para a

---

[3] Ibid.

criatividade em Rute, e como o conselho de Noemi produziu fruto quando Rute o aceitou e o respeitou.[4]

Um dos grandes temas do livro de Rute é o da restauração. A dra. Fuchsia Pickett diz: "O livro de Rute enquadra-se na categoria dos melhores livros da Bíblia porque ensina a verdadeira restauração espiritual, anunciada antecipadamente no amor redentor de Boaz por Rute".[5]

## Amizades consagradas beneficiam ambas as mulheres

Noemi instruiu Rute para que fosse até a eira, se deitasse aos pés de Boaz e lhe dissesse: " 'Sou sua serva Rute [...]. Estenda a sua capa sobre a sua serva, pois o senhor é resgatador' " (3.9).

Na antiga cultura oriental, "estender a capa", ou cobrir alguém, era um ato simbólico de oferecer proteção à pessoa. Mais que isso, incluía fazer um pacto com a pessoa para que ela recebesse redenção. Até hoje, em muitos países orientais, dizer que um homem colocou sua capa sobre uma mulher significa que se casou com ela.[6] (Como Rute foi corajosa! Estava praticamente propondo casamento a Boaz.)

Ao pedir que Boaz a cobrisse, Rute declarou: "Necessito de um redentor. Sou viúva, desfavorecida, sem nenhuma herança. Você pode tomar a minha vergonha, a minha pobreza, a desolação do meu futuro e dar-me uma herança. Você pode me redimir totalmente, se quiser".[7]

---

4 Ibid., p. 440.

5 **The Prophetic Romance**. Lake Mary, FL: Creation House, 1996. p. 29.

6 Ibid., p. 108.

7 Ibid.

Essa bela amizade trouxe redenção e restauração às *duas* mulheres. Rute casou-se novamente e teve um filho. Passou a ser a dona da casa na qual recolhia as espigas deixadas pelos ceifeiros. Noemi recebeu uma herança, e a descendência de seu filho foi passada adiante. Além de as duas mulheres terem sido totalmente restauradas, as gerações também mostram que o rei Davi e o Messias, Jesus Cristo, que redimiu os pecados do mundo, vieram dessa mesma linhagem.

Essa história me comove profundamente porque os meus amigos estão entre os maiores tesouros que Deus me concedeu. Tenho amigos em quem posso confiar para que venham ao meu socorro em muitos níveis diferentes, da mesma forma que eu faria por eles. Esse é um amor de aliança.

Algumas amizades, como a de Rute e Noemi, vão além de um simples relacionamento satisfatório apenas por uns tempos — são ordenadas por Deus. Joy Dawson ensina que Deus designa os períodos das nossas amizades. Novos amigos podem ser incluídos na nossa vida apenas por algum tempo, ou podem ser ordenados por Deus, e esse elo permanente mudará o rumo do nosso destino.

*Novos amigos podem ser incluídos na nossa vida apenas por algum tempo, ou podem ser ordenados por Deus, e esse elo permanente mudará o rumo do nosso destino.*

A seguir, há alguns exemplos de amizades na Bíblia:

- Ester e Mordecai: prima e primo
- Davi e Jônatas: rapaz pastor e príncipe
- Maria e Isabel: mãe de Jesus e mãe de João

Os tipos de amizades de aliança são sobrenaturais em seu propósito. Você já conheceu alguém por quem sentiu uma amizade imediata? É um indicador de que Deus realizará algo importante por meio desse encontro. Evidentemente, isso vai além do gênero feminino. Mike e eu temos uma aproximação muito grande com vários outros ministros do evangelho e suas famílias, e eles causam um impacto tremendo na nossa vida: Chuck e Pam Pierce, Peter e Doris Wagner, Ed e Ruth Silvoso, Dutch e Ceci Sheets, Lou e Therese Engle, o casal de pastores Jim e Beckey Hennesy e outros.

Não hesito em dizer que somos uma só família em todos os sentidos. Rimos, oramos e choramos juntos. Muitos de nós já estivemos na linha de frente do campo de batalha e fomos atingidos tantas vezes que tivemos de orar uns pelos outros como se estivéssemos em uma unidade de terapia intensiva. Sabemos que podemos ligar uns para os outros a qualquer hora do dia ou da noite, mas não abusamos desse privilégio.

## Cultivando a proximidade

Uma das minhas amigas íntimas de muitos anos é Beth Alves da Increase International. Temos tido numerosas aventuras juntas com a presença do Espírito Santo. Vários anos atrás, por exemplo, atravessei um vale profundo de desespero. Finalmente, diante de um intenso desânimo, decidi desistir do ministério. Nunca me esquecerei de quando liguei para Beth e deixei-lhe um recado, soluçando ao telefone. Chorava tão alto que as palavras eram indistinguíveis. Beth contou-me depois que seu marido, Floyd, ouviu meu recado e disse:

— Beth, quem é essa mulher tão estranha?

Embora a minha voz estivesse quase irreconhecível, Beth sabia que era eu. Beth é minha amiga, e não foi a primeira vez que me ouviu chorar.

— Floyd, é a Cindy, e deve ter acontecido algo terrível! — ela exclamou. — Beth ligou várias vezes até me encontrar. Quando expliquei a situação e a minha decisão, ela disse:

— Cindy, não tome nenhuma atitude precipitada. Vá descansar e deixe que eu ore por você nos próximos três dias.

Além de orar, Beth *jejuou*. Depois de três dias, consegui dar continuidade ao ministério.

Talvez você esteja pensando neste momento: *Eu gostaria muito de ter uma amiga assim.* Bom, amizades como essa, entre Beth e mim, são formadas nas trincheiras da vida. Atravessamos tantas coisas juntas que construímos um alicerce de confiança. Já passei noites acordada orando por ela e seus filhos, e vice-versa. Amizades como a nossa exigem um investimento substancial de tempo e energia. Não acontecem do nada — são cultivadas com o passar do tempo.

Tenho uma grande amiga e parceira de oração chamada Cheryl Sacks. Ela é ministra do evangelho e autora, como eu. Somos amigas há mais de trinta anos. É maravilhoso ter uma amiga a quem posso ligar e passar um tempo de oração com ela. Embora eu more no Texas e Cheryl more no Arizona, ela nunca parece estar distante demais. E o melhor é que Mike e eu também somos muito amigos de seu marido, portanto costumamos orar juntos como casais e até passamos as férias juntos.

A minha irmã foi uma das mulheres mais sábias que conheci, e era sempre muito agradável conversar com ela por telefone. Lucy faleceu em 2012 de câncer de pele. Sinto saudades dela até hoje.

Muitas pessoas esperam que alguém bata à sua porta com um bolo na mão e anuncie: "Oi, sou seu novo amigo, e vim para livrá-lo da sua depressão!". Embora isso não esteja fora de cogitação, em geral as amizades não acontecem dessa maneira. As Escrituras dizem que "um homem [ou mulher] que tem amigos deve mostrar-se amigável" (Provérbios 18.24, *Bíblia King James Fiel*).

## Semeando e colhendo

Em razão das nossas mudanças frequentes quando eu era criança, lembro que me sentia terrivelmente sozinha. Um dia, no quinto ano, decidi que, se quisesse ter amigas, cabia a mim começar a procurá-las. Não sabia que, na verdade, estava usando um princípio bíblico. Deu certo! Quando conhecia uma colega com quem simpatizava, eu a convidava para ir à minha casa depois das aulas. Comecei também a pensar no que poderia fazer para agradá-la e, logo depois, passávamos a nos dar bem. Não estava interessada em fazer parte do grupo mais popular do colégio — queria apenas encontrar pessoas com interesses semelhantes, que gostassem de ler e falar sobre livros ou andar de bicicleta comigo.

Quando minha família mudava de cidade, eu me correspondia com as amigas de lá até pararem de responder, para não me desligar por completo do relacionamento. Apresentava as minhas novas amigas às mais antigas por meio de cartas, e o ciclo de amizade expandiu-se.

Aprendi também a fazer amizade com pessoas de todas as idades. Conversava com vizinhos quando saíam de casa — principalmente com os idosos. Passava horas me divertindo com eles enquanto varria as folhas secas em sua calçada, levava seus cães para passear ou comíamos biscoitos juntos. Uma das minhas vizinhas avós, cujo nome era sra. Lippy — eu sempre a chamava de "sra. Mississippi" —, deixou-me um prato de cem anos quando morreu. Que tesouro!

Agora estou aprendendo com a nova geração e sinto um grande chamado para esses moços e moças. Eles me falam de seus medos e desafios e, apesar da diferença de idade — alguns me chamam de "mãe" —, eles enriquecem a minha vida. Certa vez, ao chegar de viagem, encontrei oito deles em casa enquanto o meu filho fazia uma tarefa qualquer. "Oi, mãe", disseram em coro. Espantada, tentei ver se reconhecia um deles. Não consegui. Mas eles disseram que os meus filhos lhes haviam contado que gostariam muito de mim e que podiam me chamar de "mãe".

Nos últimos anos, convoquei uma mesa-redonda de líderes emergentes do sexo feminino. São mulheres extraordinárias que trabalham para impedir o tráfico humano e o aborto, e possuem uma casa de oração em Hollywood, Califórnia, aberta 24 horas por dia. Todas são excelentes palestrantes por direito próprio. Sinto orgulho delas e de sua obra para Deus.

### Permitindo que Deus seja o Senhor das nossas amizades

As amizades passam por períodos de aproximação e afastamento, e essas transições não devem ser ameaçadoras. Se, ao menos, as meninas percebessem isso quando sentem que a vida acabou porque "Fulana" tem uma nova melhor amiga. Há ocasiões em que estou extremamente perto de uma determinada pessoa, mas então parece que o Senhor deseja nos levar a direções diferentes por um período da nossa vida. Não significa que perdemos a profunda afeição uma pela outra; significa simplesmente que vamos percorrer caminhos diferentes. Um ou dois anos depois, poderemos estar no mesmo lugar de novo. De uma coisa você pode ter certeza: se Deus está lhe dando um amigo que fará parte de seu destino, ele providenciará para que vocês se encontrem novamente.

Amigas como Laurie Cole e Margarita Jones ajudam-me tanto a ponto de tornar a minha vida mais fácil quando viajo como ministra do evangelho. Outra amiga, JoAnna Cinanni, socorreu-me antes de eu partir para uma jornada de oração no Vietnã. Pouco antes da viagem, fiquei muito, muito doente. Na véspera da partida, estava tão mal que não conseguia sair da cama para fazer as malas. JoAnna veio à minha casa, abriu meu armário e colocou tudo o que era necessário para a viagem. Foi uma aventura descobrir o que havia na mala naquela viagem! Graças a Deus pela dádiva da amizade. Cheryl Sacks é minha parceira de oração há anos. Julie Zylstra é minha companheira de férias e intercessora também.

O que impede as pessoas de ter amigos íntimos? Às vezes é o medo. Talvez fiquem muito, muito ofendidas por causa do que poderia ser chamado de "fogo amigo".

Talvez você tenha sido "ferido na casa de [seus] amigos" (Zacarias 13.6). O sofrimento é muito grande; contudo, sairá perdendo se não abrir o coração e receber a cura do Senhor que vem das amizades. Vale a pena correr esse risco.

Algumas mulheres casadas esperam que os maridos lhes deem a amizade que necessitam receber de mulheres. Essa expectativa pode, sim, exigir demais do casamento. Embora eu considere o meu marido o meu melhor amigo, sei que ele não gosta de ficar analisando repetidas vezes os detalhes de uma situação até o ponto de eu me acalmar. Quando fica magoada, a mulher precisa falar sobre o assunto e, quase sempre, mais de uma vez. Isso alivia seu sofrimento, mas pode irritar demasiadamente os homens, porque, na maioria dos casos, eles discutem o problema só uma vez, dão-se por satisfeitos e esquecem o assunto.

### Amizades que enriquecem a nossa vida

As mulheres que não moram nos Estados Unidos expressam, às vezes, a amizade de forma diferente de nós, as estado-unidenses. Na Argentina, eu não me importava de andar de mãos dadas pelas ruas com minha boa amiga Marfa Cabrera. No entanto, nos Estados Unidos, não consigo fazer isso. Penso que as americanas não se permitem conhecer a doçura dos relacionamentos puros nos quais podem se abraçar ou dar um beijo no rosto de alguém sem que se sintam estranhas. Eu adorava andar de mãos dadas com a minha mãe. Quando estávamos na igreja e alguém orava, ela segurava a minha mão. Aquilo era muito, muito precioso!

Será que consegui convencer você a enriquecer a sua vida com amizades mais profundas? Espero que sim. Apresento a seguir algumas sugestões para e cultivar e encontrar novas amizades:

1. Ore e seja sincera diante do Senhor. Diga-lhe: "Deus, preciso de uma amiga". Talvez você queira ser mais específica, como fui quando necessitei de uma amiga — Beth Alves — para ajudar-me em casa durante aquela crise pessoal.
2. Disponha-se a analisar as amizades passadas e permita que o Senhor a cure de qualquer amargura, dor ou abandono que a levou a construir muros e a não receber as dádivas que Deus deseja pôr no seu caminho.

3. Procure encontrar pessoas no seu bairro ou igreja que estejam sozinhas. Muitas pessoas solteiras, divorciadas ou viúvas necessitam viver em comunidade e quem sabe gostariam de passar feriados ou outras datas especiais com você.
4. Ore pelos seus vizinhos ou talvez por seus colegas de trabalho, perguntando como apresentar Cristo a eles por meio da amizade.

Uma das mulheres mais extraordinárias que conheci foi Mary Lance Sisk. Mary Lance ensinava como orar pelos vizinhos. Contou-me a história de uma jovem mãe que se mudou para um bairro recém-formado, onde havia poucas casas construídas. Ela "amontoava" os filhos pequenos em um carrinho e percorria a vizinhança para orar pelos terrenos vazios de sua rua. Pedia ao Senhor pela salvação de cada pessoa que se mudasse para aqueles terrenos. Anos depois, Mary Lance contou-me que quase todos os que passaram a morar em sua quadra eram cristãos.

Oro para que Deus lhe apresente uma estratégia para o bairro onde mora. Talvez você possa exercer o ministério de oferecer pães assados aos novos vizinhos ou organizar festas para o quarteirão, abrindo sua casa para recebê-los. Você poderá fazer diferença no mundo por meio de amizades interativas e amorosas. Não espere que a iniciativa parta da outra pessoa; é você quem deve estender a mão primeiro. Há muitas pessoas solitárias no mundo que gostariam de ter grandes amigos se você estiver disposto a investir um pouco de tempo com elas.

Com este tema sobre permitir que Deus use você para fazer diferença no mundo em que vive, eu a convido a ler o próximo capítulo, "Mulheres de destino".

CAPÍTULO 4

# Mulheres de destino

Você já se perguntou: *Por que nasci?* Luta com o senso de propósito e pertencimento? Cada pessoa foi formada de maneira única e é destinada por Deus a realizar tarefas e metas específicas. No entanto, tenho conversado com muitas mulheres que me dizem que gostariam de ter nascido homem! Elas me dizem: "A vida seria muito mais fácil" ou "A vida é boa para os homens, e muito mais difícil para as mulheres".

A questão é esta: se você nasceu mulher, foi porque Deus assim o desejou. Deus lhe concedeu vida para ser uma mulher de destino e causar impacto na vida dos que a rodeiam. Mas, para conseguir isso, você precisa descobrir qual é o propósito de Deus para a sua vida e cumpri-lo da melhor maneira possível. Infelizmente, tenho ministrado a mulheres do mundo inteiro que acham que foi uma maldição, não uma bênção, terem nascido mulher em razão da cultura de onde vivem.

Talvez você possa causar impacto como Susanna Wesley, cujos filhos John e Charles cresceram e se tornaram grandes reformadores em prol do Reino de Deus. Lembre-se: o Senhor a chamou "para um momento como este", da mesma forma que chamou a rainha Ester (v. Ester 4.14).

É verdade que algumas mulheres têm montanhas mais altas para escalar e desafios maiores para enfrentar que outras. Algumas foram criadas em lares abusivos, em meio a drogas ou em outros lugares difíceis. Outras têm a vantagem de possuir mais dinheiro ou maiores oportunidades de estudo. Felizmente, o que faz a diferença não é o que você possui, mas *Quem* você conhece.

## O pouco se torna muito nas mãos de Deus

A História está repleta de exemplos de mulheres que acreditaram que Deus mudaria as circunstâncias terríveis de sua vida e consequentemente viram milagres estarrecedores. Pense na mulher cuja história está registrada em 2Reis 4.1-7. Imagine o horror da situação! O marido havia morrido, e os credores ameaçavam levar seus dois filhos como escravos se ela não pagasse a dívida que o marido deixara. (Talvez você esteja em circunstância semelhante, embora corra mais o risco de ser despejada do que ver seus filhos escravizados.) Aquela mulher necessitava de um milagre. O que ela fez? Recorreu ao profeta de Deus, que perguntou: " 'O que você tem em casa?' ".

A pergunta pode ter parecido estranha à viúva, mas ela respondeu com delicadeza: " 'Nada além de uma vasilha de azeite' ".

Às vezes, imaginamos estar em um lugar deserto, sem esperança, mas eu garanto que há alguma coisa em sua casa: talento, habilidade ou um item tangível, como uma vasilha de azeite, que Deus pode multiplicar para abençoá-la. Ele não a deixará desamparada.

A viúva estava em uma situação aparentemente sem saída, mas Deus tinha um plano para ela. O profeta ordenou-lhe que pedisse emprestadas muitas vasilhas a todos os seus vizinhos. Depois a instruiu a trancar-se em casa e derramar nas vasilhas dos vizinhos o azeite que possuía. Ao obedecer ao profeta, ela entrou no reino dos milagres.

Imagine a cena... os meninos saindo correndo e voltando com as vasilhas emprestadas, olhos arregalados de espanto enquanto o azeite continuava a ser derramado sem parar. Finalmente, talvez um pouco assustados, os meninos disseram: "Mãe, esta é a última vasilha". Certamente a mulher deve ter olhado para as vasilhas cheias de azeite e se maravilhado!

Talvez tenha segurado a saia comprida para conseguir correr e encontrar Eliseu. Tenho certeza de que ele abriu um largo sorriso quando ele ordenou que ela vendesse o azeite, pagasse a dívida e vivesse com o dinheiro que sobraria da venda.

## Deus sabe o seu endereço

Vários anos atrás, ministrei na Argentina em uma grande igreja. O local estava lotado, e não cabia mais ninguém nas galerias. Bem no meio da mensagem, parei, e o Senhor falou tranquilamente ao meu coração: *Cindy, há alguém aqui que está pensando em cometer suicídio. Diga a essa pessoa que ela não deve fazer isso.*

Sentindo a urgência da situação, interrompi a mensagem e anunciei a palavra do Senhor. Quando terminei o sermão, o pastor fez um apelo para que a pessoa com aquele pensamento fosse à frente. Uma mulher de cerca de 30 anos, trajando blusa branca e saia escura, saiu do lugar e começou a caminhar lentamente. Com voz suave, um pouco abafada, ela contou que estava sendo despejada e que planejava matar os três filhos e suicidar-se assim que voltasse para casa.

Em seguida, tirou uma arma da bolsa e entregou-a ao pastor. "Pastor", ela disse, "quando ouvi Deus me falar por intermédio da Cindy, tive certeza de que ele tinha uma solução, e que meus filhos não ficariam na rua".

Sem dúvida, a mulher orou e Deus interveio. Fiquei muito feliz por ter obedecido ao cutucão do Espírito Santo e parado no meio da mensagem para dizer-lhe que Deus tinha um caminho melhor!

## Ancoradas nos propósitos de Deus

Talvez você se sinta paralisada ou controlada pelas circunstâncias ao redor quando, na verdade, Deus tem um plano para tirá-la do meio de seus problemas ou desespero. O apóstolo Paulo escreveu: "Sabemos que Deus age em todas as coisas para o bem daqueles que o amam, dos que foram chamados de acordo com o seu propósito" (Romanos 8.28).

Se você estudar esse versículo atentamente, verá que as coisas trabalham juntas para o bem daqueles que possuem a âncora do "propósito". Talvez, nem todas as coisas cooperem para o bem, porque não temos um alvo e não sabemos qual é o nosso propósito. Poderíamos trocar a palavra *propósito* por *destino*.

Ao longo dos séculos, Deus tem usado as mulheres de maneiras poderosas para influenciar suas famílias, igrejas e nações. Muitas me contaram: "Sei que Deus me chamou para ser mãe". Outras, como Rosi Orosco, minha amiga mexicana e ex-membro do Congresso, entende que seu lugar é combater o tráfico humano. A questão não é o que você está fazendo, mas se está cumprindo a ordem de Deus para a sua vida neste momento. Romanos 8 promete que nada poderá nos separar do amor de Deus, mas, às vezes, fracassamos e nos sentimos infelizes porque não estamos no lugar certo para cumprir nosso propósito ou destino.

## Mulheres de coragem e valor

A História revela que, não importa como começaram, as mulheres têm conseguido chegar à linha de frente quando Deus está envolvido. Catherine Booth, por exemplo, era uma mulher enferma que, de vez em quando, passava dias na cama, mas nunca permitiu que sua saúde debilitada a impedisse de realizar a obra do Senhor. Ela se sacrificou para "tirar" mulheres da prostituição e perseverou até 1890, quando morreu de câncer aos 61 anos de idade. Quando o Senhor a chamou, Catherine Booth havia impactado o mundo inteiro por meio do Exército de Salvação.

Outra mulher que promoveu um forte impacto na nossa nação foi Frances Willard. Quando fiz uma turnê de oração no edifício do Capitólio em Washington, D.C., fiquei impressionada ao ver sua estátua em mármore, em pé ao lado de um púlpito, com estas palavras gravadas: *Por Deus e pelo país*. Senti o desejo de sair apressada à procura de livros de história, nos quais aprendi que essa grande mulher de Deus viveu de 1839 a 1898 e foi uma das líderes mais conhecidas por sua moderação do século XIX. Trabalhou ativamente na fundação e direção da Woman's Christian Temperance Union (WCTU), a maior organização feminina do século XIX, que tinha como alvo desenvolver o domínio próprio.

A vida e o ministério de Frances Willard ilustram a grande proximidade do movimento de temperança em relação às atividades religiosas. Apesar de intensa oposição, o trabalho sobre temperança ofereceu o único ministério público viável para muitas mulheres do século XIX. Frequentemente, as atividades religiosas associadas à WCTU incluíam obra evangelística para alcançar os homens.

O departamento de obra evangelística da WCTU patrocinou leitura da Bíblia e evangelização em prisões e delegacias de polícia, bem como entre funcionários de ferrovias, soldados, marinheiros e lenhadores.

O trabalho de Willard não se restringiu aos Estados Unidos. Na verdade, a WCTU foi provavelmente a primeira organização feminina em larga escala que se espalhou pelo mundo. Na década de 1880, os White Ribbon Missionaries[1] [Missionários do Laço Branco] estavam organizando filiais na Ásia, África, América do Sul e em outros lugares no mundo.

Intimamente ligado ao trabalho de Willard em prol do domínio próprio, foi seu apoio ao sufrágio feminino, porque ela acreditava que as leis que sustentavam a proibição [da Lei Seca nos Estados Unidos] seriam promulgadas somente se as mulheres tivessem direito ao voto. Quanto a seu trabalho a respeito da temperança, Frances Willard alegava que recebia orientação direta de Deus:

> Sozinha e ajoelhada em um sábado, na capital do estado da Cruzada, enquanto elevava o meu coração a Deus, clamando: "O que desejas que eu faça?", surgiu na minha mente, e acredito que veio das regiões lá do alto, esta declaração: "*Você vai defender o voto das mulheres como arma para proteger a casa delas*".[2]

---

1 White Ribbon é o maior movimento mundial de homens e rapazes que lutam para pôr fim à violência contra mulheres e moças, promover igualdade de gêneros, relacionamentos sadios e uma nova visão da masculinidade. [N. do T.]

2 Tucker, Ruth A.; Liefeld, Walter. **Daughters of the Church**. Grand Rapids; Zondervan, 1987. p. 272-273.

Frances trabalhou com Dwight L. Moody durante a campanha do evangelista em Boston, e Moody chegou a convidá-la para pregar em um culto dominical vespertino. Com o passar do tempo, ela sentiu que esse não era o chamado de Deus para sua vida, mas disse posteriormente: "Considero uma das confirmações mais primorosas do meu chamado o fato de Dwight L. Moody ter me convidado para adicionar a minha pequena contribuição à sua grande contribuição como evangelista".[3]

Hoje, as organizações femininas como Justice Speaks [A voz da justiça], iniciada por Sharon Ngai em Hollywood, Califórnia, e Unlikely Heroes [Heróis Improváveis], fundada por Erica Greve, são plataformas para que as mulheres lutem contra o abuso dirigido a homens, mulheres e crianças. Tais organizações estão se levantando para opor-se à injustiça.

## "Mulher de carreira" não é uma expressão nova

Algumas mulheres de destino são chamadas para cuidar de negócios, como a mulher mencionada em Provérbios 31.16, que comprou um campo e plantou uma vinha. Nessa família bíblica, parece que a mãe e o pai trabalhavam fora. As mulheres de hoje (principalmente as cristãs) sentem-se, em geral, culpadas por seguir uma carreira profissional, mas essa mulher de Provérbios 31 foi claramente elogiada por sua contribuição.

Creio que Deus está levantando um exército de mulheres no ministério, bem como de mulheres que cuidam do próprio negócio. Ao longo dos anos, o nosso ministério, agora chamado

[3] Ibid., p. 273.

Generals International, trabalha com empresárias líderes para ajudá-las a criar estratégias de oração em suas empresas. Isso, em parte, me levou a estudar uma personagem asiática chamada Lídia, uma das mulheres mais fascinantes e menos comentadas na Bíblia. Sua história está em Atos 16.13-15.

Os eventos que precederam a conversão de Lídia foram significativos. Paulo havia recebido uma visão do Senhor na qual um homem disse: " 'Passe à Macedônia e ajude-nos' " (cf. v. 9). Antes dessa visão, Paulo tinha a intenção de ir à Ásia. Apesar de tê-lo impedido de seguir para lá, o Senhor tinha um plano para começar a tocar a Ásia por meio de uma mulher.

Lídia recebeu o nome de uma província na Ásia Menor, na qual se localizava a cidade de onde provinha, Tiatira. As mulheres da província de Lídia eram famosas por fabricarem belos tecidos feitos com corante púrpura do múrice ou múrex, um molusco.[4] E eu fico imaginando como Lídia passara a morar em Filipos, na Macedônia, porque aparentemente há uma distância de quase 500 km entre as duas cidades. Teria ela vindo com uma caravana, montada em um camelo? Por ser uma mulher só, como conseguiu superar os obstáculos que podem ter surgido em seu caminho? Evidentemente, Deus tinha um plano para sua vida que incluía estar em Filipos, à beira de um rio, querendo saber mais sobre ele — no mesmo momento em que Paulo chegara à cidade.

O próprio fato de Lídia estar adorando ao Senhor à beira de um rio é historicamente importante. É provável que o lugar fosse um *proseucha*, um local de oração e adoração onde não havia

---

[4] DAKE, Finis Jennings. **Dake's Annotated Reference Bible**. Lawrenceville, GA: Dake Bible Sales, 1963. p. 142.

uma sinagoga. Em geral, tratava-se de um anfiteatro amplo e descoberto.[5] A sinagoga só podia receber esse nome quando houvesse um grupo de dez homens adultos presentes. Por algum motivo, havia somente mulheres presentes quando Paulo entrou em cena.

Lídia estava sedenta por conhecer a verdade. Observe a estratégia de Deus. Paulo não foi à Ásia, mas sua primeira convertida na Europa foi uma asiática! O Senhor sabe quando o coração está pronto para receber a verdade. Além de Lídia ter nascido de novo, todos os de sua casa aceitaram Jesus Cristo e foram batizados com ela.

Creio que Lídia tinha o dom da generosidade que influenciou a igreja em Filipos, cujo início se deu em sua casa. Você se lembra da carta de Paulo à igreja em Filipos?

> Como vocês sabem, filipenses, nos seus primeiros dias no evangelho, quando parti da Macedônia, nenhuma igreja partilhou comigo no que se refere a dar e receber, exceto vocês; pois, estando eu em Tessalônica, vocês me mandaram ajuda, não apenas uma vez, mas duas [...]. Recebi tudo, e o que tenho é mais que suficiente. Estou amplamente suprido, agora que recebi de Epafrodito os donativos que vocês enviaram. São uma oferta de aroma suave, um sacrifício aceitável e agradável a Deus. O meu Deus suprirá todas as necessidades de vocês, de acordo com as suas gloriosas riquezas em Cristo Jesus (4.15,16,18,19).

É bem possível que Lídia tenha ajudado, de alguma forma, a dar início à igreja em Tiatira mencionada em Apocalipse. A carta ao líder de lá diz: " 'Conheço as suas obras, o seu amor, a sua fé, o seu serviço e a sua perseverança [...]' " (2.19).

---

5 Ibid.

É também interessante notar que a igreja em Tiatira havia permitido que a falsa profetisa Jezabel introduzisse heresia na igreja. Essa é certamente uma observação séria. Nós, mulheres, precisamos tomar muito cuidado para permanecer fiéis e espirituais, sem manipular nem tentar controlar.

### Quando Deus chamou, ela foi e levou sua machadinha

Uma das líderes mais vibrantes da história norte-americana foi uma mulher chamada Carrie A. Nation. Ela ficou mais conhecida por sua fama de "estraçalhar" bares com uma machadinha. Esse modo de agir foi resultado do que ela descrevia como um "chamado divino", dizendo: "Um dia [...] abri a Bíblia com uma oração pedindo lucidez, e vi estas palavras: Levanta-te, resplandece, porque vem a tua luz, e a glória do Senhor brilha sobre ti".[6]

Na ocasião, Carrie trabalhava com a WCTU em Medicine Lodge, Kansas. A destruição dos bares era quase sempre acompanhada da pregação de uma mensagem evangelística. O que significava "estraçalhar" um bar? Ela mesma explica:

> Eu atirava [a machadinha] com toda força e o mais rápido que podia, estilhaçando espelhos, garrafas e vidros, e era impressionante a velocidade com que aquilo era feito. Os homens ficavam aterrorizados, levantavam as mãos e amontoavam-se num canto. Minha força era como a de um gigante. Sentia-me invencível. Certamente Deus estava ao meu lado.[7]

---

6 TUCKER, **Daughters of the Church**, p. 274.

7 Ibid., p. 275.

Lembre-se: esse fato ocorreu por volta do início do século XX, na época do Oeste sem Lei, quando os bares eram lugar de exploração sexual e alcoolismo. Não recomendo que você use esse mesmo método hoje! Mas, e se Deus a chamou para orar com fervor todos os dias para que as lojas de artigos pornográficos fechem as portas na sua cidade? Você não estaria disposta a responder a esse chamado?

De acordo com Darrow Miller, os estúdios que vivem da pornografia nos Estados Unidos produzem 11 mil filmes por ano. Trata-se de uma indústria que lucra de 10 a 14 bilhões de dólares por ano. Aproximadamente 28.258 internautas veem pornografia a cada segundo, escolhendo entre mais de 4,2 milhões de possíveis sites pornográficos. Só o fato de escrever essas estatísticas — e há grande probabilidade de que sejam muito mais altas — faz o meu coração gritar: "Essa não é uma causa que nos motiva a lutar?". Enquanto você lê essas estatísticas, oro para que muitas pessoas se levantem e se tornem uma força ativa para combater um problema tão horripilante como a pornografia.[8]

Muitas mulheres estão sendo chamadas por Deus para defender a justiça em seus países. Se você tivesse a oportunidade de conhecer algumas delas, talvez não chamassem muita atenção à primeira vista. Muitas são avós de cabelos grisalhos. Outras são adolescentes que se declaram a favor da abstinência em suas escolas. Gosto do que a Aglow International diz: "Mulheres comuns — um Deus extraordinário!".

---

[8] MILLER, Darrow. **Nurturing the Nations**. Downers Grove, IL: InterVarsity, 2012. Kindle Edition.

## Unidas permaneceremos em pé, divididas cairemos

Em 1985, dediquei um tempo de oração e jejum pelos Estados Unidos. No terceiro dia do jejum, perguntei ao Senhor: "Como Satanás fez tais incursões nos Estados Unidos? Ele não é onipotente nem onisciente!".

O Senhor respondeu: *Ele tem uma estratégia, e o meu povo não. Reúna os "generais"* [*líderes de oração*], *e, quando cada um apresentar uma parte da estratégia, eu me revelarei no meio deles.*

O meu primeiro livro, *Possessing the Gates of the Enemy*,[9] registra as instruções específicas que recebi. O que desejo ressaltar aqui é que o Senhor me contou que seríamos como João Batista, preparando o caminho para um movimento de união. Ele disse: *Se os intercessores se unirem na década de 1980, os pastores se unirão na década de 1990*. Foi exatamente o que aconteceu, claro!

Com a ajuda de muitos amigos como Sally Horton, B. J. Willhite e outros, nós os "generais", realizamos a primeira grande reunião. Jamais esquecerei que, naquela noite, ao ver tantos excelentes líderes de oração no recinto, pensei: *Senhor, vai ocorrer um grande milagre!*. Veja bem, algumas pessoas haviam tentado nos desencorajar até de tentar reunir homens e mulheres de diferentes níveis culturais para orarmos juntos. Achavam que jamais daria certo.

Foi um desafio. Enquanto percorria o auditório com o olhar, refleti no que sabia sobre as organizações e igrejas que as pessoas representavam. Uma pensava que tudo resultava de demônios; outra, que os cristãos não podiam ser oprimidos por demônios de forma alguma. Outra acreditava que o sofrimento nos

---

[9] Chosen, 1991. [**Possuindo as portas do inimigo**. Belo Horizonte: Atos, 1997.]

aperfeiçoava; e havia uma que achava que os cristãos jamais deveriam sofrer. Interessante... muito interessante.

Deus esteve presente conosco de maneira poderosa, e na manhã seguinte eu ainda me deliciava com a bondade de Deus. O sentimento geral era de que precisávamos nos reunir novamente para orar e desenvolver estratégias. No entanto, bem no meio do brilho do sucesso, enquanto ainda o saboreávamos, o telefone tocou. Você já notou que o Diabo começa a nos seguir de perto logo após uma grande bênção?

Um parente distante de um dos amigos de Jó estava ao telefone: "Cindy, o meu pastor disse que, se Deus quisesse reunir líderes de oração, com certeza não usaria uma mulher".

Não acreditei no que estava ouvindo! Fiquei profundamente abalada com a ligação. Naquela noite, não mencionei nada a Mike porque ele estava muito cansado quando chegou após o trabalho. Disse a mim mesma: *Você é capaz de lidar com esta situação. Não faça dela um grande problema.*

No dia seguinte, enquanto cuidava dos meus negócios, o telefone tocou de novo. Era uma mulher. (Descobri que, na maioria dos casos, as mulheres são muito mais cruéis comigo a respeito do ministério que os homens.)

A voz do outro lado da linha disse: "Cindy, o meu pastor disse que [Ah, não! Cheguei a ouvir o que viria em seguida, e sabia que não era nada bom!], *mesmo que* Deus quisesse usar uma mulher para reunir os generais, ele não usaria uma mulher da sua idade".

Na época, eu tinha 33 anos. (O ano da crucificação e da ressurreição. Naquele momento, estávamos na parte da crucificação.) Imediatamente, mentalizei um quadro de mim mesma, com um coque na cabeça, cabelo todo grisalho, meias enroladas no tornozelo e varizes.

Senti-me em cacos por dentro. Um dos meus maiores medos era ser prepotente e afastar-me da vontade de Deus. *O que eu fiz?*, pensei atabalhoadamente. *Como pude ter sido tão idiota e ignorante?*

Em qualquer momento que Deus nos chama para realizar algo novo, parece que o coisa-ruim se senta no nosso ombro e pergunta: "Quem você pensa que é?". Quando escrevi *Possessing the Gates of the Enemy*, o Diabo tentou me dizer repetidas vezes que ninguém leria o livro. Enquanto escrevo este livro, aquele já foi traduzido para mais de 30 idiomas. Depois que o escrevi, várias pessoas me disseram: — Eu sabia tudo o que está naquele livro, e poderia tê-lo escrito. — E eu respondia: — Mas você não o fez! Deus dá muitas revelações importantes às pessoas, mas elas não estão dispostas a ser disciplinadas a ponto de sentar-se e começar a escrever.

Lembro-me de quando Peter Wagner estava me incentivando a escrever sobre o que se tornaria *Possessing the Gates of the Enemy*, e eu lhe disse, pesarosa: — Estou atarefada demais para escrever um livro. — Peter Wagner lançou-me aquele olhar que só ele sabia dar quando estava um pouco decepcionado e disparou enfaticamente: — Você não está mais atarefada que eu! As pessoas fazem o que têm vontade de fazer!

Quando escrevi o segundo livro, *The Voice of God*[10], uma "amiga" disse com ar solene: "Cindy, você sabe que algumas pessoas conseguem escrever apenas um único livro bom". Entrei em pânico! Assinara um contrato sem ser esclarecida sobre aquela pequena informação.

---

10 Regal, 2004.

Liguei novamente para o meu mentor e pai espiritual, Peter Wagner, e abri meu coração: — Você acha que não sou capaz de escrever outro livro bom? — perguntei, receosa. — Estou exagerando?

Graças a Deus, Peter estava em casa para me ouvir e me ajudar a atravessar aquele vale de dúvidas. Peter explicou que muitas pessoas têm essa mesma sensação quando escrevem o segundo livro. Dizer que fiquei aliviada é um enorme eufemismo. Quando encerramos a conversa, a paz de Deus instalou-se no meu coração. *The Voice of God* tem sido usado para organizar Escolas de Profetas ao redor do mundo. Fiquei muito feliz por ter aceitado o bom conselho de Peter. Fui em frente e escrevi o livro.

## O sarcástico Golias desaba no chão

Na época em que recebi o segundo telefonema após a primeira reunião dos generais, estava lutando intensamente. Lembro-me de ter pensado: *Oh, Deus, sou muito arrogante. Como pude fazer tal coisa?*. Mentalmente, comecei a fazer uma lista com os nomes de homens e mulheres mais velhos que eu e que poderiam pôr a visão em prática.

Quando Mike chegou à nossa casa naquela noite, eu estava em profundo estado espiritual, mas não em um estado espiritual correto! Estava deprimida, desanimada e chorando descontroladamente. (Acredite em mim, não era uma cena boa de se ver: rosto manchado de rímel, olhos inchados e nariz escorrendo.)

Mike olhou para mim e perguntou: — O que houve com você?

Ele pegou um punhado de lenços de papel, colocou-os em minha mão e me disse que assoasse o nariz.

— Ah, Mike — eu disse, soluçando com aquela voz esganiçada de uma mulher que havia chorado. — Cometi um erro terrível. Imaginei ter ouvido a voz de Deus dizer que eu devia reunir os generais de intercessão para orarem pelo país. — E prossegui contando-lhes sobre os dois telefonemas.

Pobre Mike! Já havia suportado as minhas muitas reclamações durante anos. Em sua coroa, haverá uma estrela especial por ter se casado comigo. Depois de ouvir o meu desabafo, ele disse: — Vou orar e pedir orientação ao Senhor sobre essa situação. Aguarde uns dias para eu lhe contar o que ele disse.

Cumpridor de sua palavra, alguns dias depois Mike me contou o que recebera. — Querida, vou lhe contar o que o Senhor me disse. Quando o pequeno Davi chegou ao acampamento dos israelitas, todos os homens estavam posicionados para a batalha. Golias aparecia todos os dias, dirigindo-lhes palavras sarcásticas e zombando do Deus de Israel. Só Davi se levantou para enfrentar o gigante com estas palavras: "Quem é você, filisteu incircunciso, para ter a ousadia de desafiar os exércitos do Deus Altíssimo?".

E prosseguiu: — Cindy, você não foi a primeira escolha de Deus. Ele tentou chamar um homem. Você não foi a segunda escolha de Deus. Ele tentou usar alguém mais velho que você. [Suas palavras foram me encorajando o tempo todo.] Você foi a terceira escolha de Deus, e ele sabia que, se lhe pedisse, você aceitaria por causa da sua obediência. Sabia que você faria qualquer coisa que ele lhe pedisse.

Desde então, Mike e eu fizemos uma nova parceria, fundando em conjunto, como já mencionei, o Generals of Intercession em 1985. Apesar de Mike ter trabalhado na América Airlines até 1991, dirigimos muitas reuniões de líderes, para interceder e trazer cura a seus países. Hoje temos uma rede de oração em 50 estados e a United States Reformation Prayer Network (usrpn.org), e trabalhamos em conjunto.

O Senhor também enviou algumas profecias encorajadoras no meu caminho, vindas de pessoas que eu mal conhecia. Uma delas advertiu-me que eu não deveria transferir a outra pessoa a visão que Deus me havia dado. A guerra espiritual nos primeiros dias foi tão intensa (devo dizer que ainda há muitas guerras) que todas as vezes que realizávamos uma reunião, Mike e eu decidíamos que aquela seria a última. Em seguida, um profeta me mostrava o lugar e começava a profetizar: "E o Senhor diz: quero que você leve essa visão ao mundo inteiro". Você já se sentiu sem nenhuma espiritualidade, como se desejasse dar um pontapé no profeta? Não queríamos andar pelo mundo. A dificuldade de reunir aquele pequeno grupo era tão grande que queríamos desistir.

Estou feliz por termos perseverado, porque hoje temos um ministério mundial com o programa de televisão *God Knows* [Deus sabe], transmitido em um grande número de línguas diferentes.

### Desenvolvendo os músculos da fé

Preciso dizer que a fé aumenta com a visão. Embora a nossa fé tenha falhado várias vezes, ela é muito maior agora que no início. Lembro-me de quando abrimos um escritório fora de casa, em 1991. Ficávamos imaginando como conseguiríamos pagar 200 dólares por mês. Hoje temos de pagar centenas de milhares de dólares para projetos regularmente. Enquanto escrevo este livro, o boletim informativo que iniciamos em 1992 percorre o mundo pelo site generals.org. Aprendemos também que fé é estar "sempre no vermelho". Quando nos sentimos confortáveis acreditando que Deus está fazendo algo, ele nos tira da zona de conforto e diz: "Agora faça isto".

*Neste momento, Deus está chamando mulheres, não feministas militantes que insistem em defender seus direitos e exigem um local de serviço, mas mulheres que encontram o lugar que lhes pertence em seu Reino.*

Neste momento, Deus está chamando mulheres, não feministas militantes que insistem em defender seus direitos e exigem um local de serviço, mas mulheres que encontram o lugar que lhes pertence em seu Reino.

Qual é a diferença entre um movimento de mulheres consagradas e um movimento feminista militante? Antes de tudo, não somos iradas nem mandonas. Somos a favor, não contra, os homens. Estamos sempre esperando que Deus abra portas, e temos coragem de atravessá-las, mesmo diante da oposição, mas não as derrubamos com pontapés.

Se Deus não lhe abrir a porta, então não é essa que você deve atravessar (v. Apocalipse 3.7). Beverly LaHaye descreve o chamado de Deus para as mulheres em seu livro *The Desires of a Woman's Heart* [Os desejos do coração de uma mulher]:

> O chamado de cada mulher é único. Para umas, obedecer a Deus significa ser "atirada aos leões", por assim dizer, ou lançada em um ambiente hostil no qual os cristãos e a Bíblia são ridicularizados como antiquados ou puritanos. Para outras, a obediência a Deus pode produzir uma existência mais tranquila e reservada. O importante, contudo, é ser obediente a Deus. E "mantenham-se firmes, e que nada os abale. Sejam sempre dedicados à obra do Senhor, pois vocês sabem que, no Senhor, o trabalho de vocês não será inútil" (1Coríntios 15.58).[11]

[11] (Wheaton, IL: Tyndale, 1993), p. 87.

LaHaye prossegue:

> Hoje, centenas de milhares de mulheres estão envolvidas em organizações como Concerned Women for America [Mulheres preocupadas com os Estados Unidos], Christian Action Council [Conselho de Ação Cristã], Eagle Forum [Fórum da águia], American Life League [Liga da vida americana], Enough is Enough [Bastante é o bastante] e Mothers Against Drunk Driving [Mães contra motoristas embriagados], só para citar algumas. Essas mulheres sabem quem elas são. Confiam em seu valor; veem o declínio na sociedade americana e estão ativamente envolvidas em tentar detê-lo.
>
> As mulheres comprometidas do Concerned Women for America [organização fundada por LaHaye], por exemplo, estão trabalhando em igrejas e na vizinhança para organizar uma rede de oração e ação. Trabalham ativamente em âmbito municipal, estadual e nacional para obstruir e modificar a legislação e a educação que possam prejudicar suas famílias. Estão preocupadas em proteger os direitos da família, não seus próprios direitos. Sua principal preocupação não se refere a realizações pessoais, e não estão à procura de um ideal nebuloso de felicidade. Estão procurando preencher uma necessidade concreta: preservar a família nuclear e a sociedade da destruição.[12]

Lembra-se da história no capítulo 1 sobre a macieira que imaginava ser uma árvore florífera? A história é simbólica de muitas etapas ou estágios que os homens e as mulheres atravessam na vida. No decorrer dos anos, todos nós passamos por mudanças de foco, na profissão e até mesmo nas funções. Poucos de nós sabemos o que faremos um dia; no entanto, a palavra profética às vezes nos dá uma noção.

---

[12] Ibid., p. 86-87.

## Tenham fé nos profetas e serão vitoriosas (v. 2Crônicas 20.20)

Quando Dick Mills profetizou em 1984 que eu ministraria o evangelho ao mundo inteiro, mal entendi sobre o que ele estava falando. Na ocasião, eu fazia palestras para as mulheres da cidade onde morava, recebia muitos convites e, fora dos Estados Unidos, havia ministrado somente uma no Canadá. Tive de começar a entender a profecia de Dick Mills, que não me dava nenhum detalhe como: "No próximo ano vou falar com você sobre um exército de oração ao qual você vai dar o nome de Generals International; depois você vai falar em congressos de âmbito nacional e reunir-se com presidentes do mundo inteiro".

No entanto, foi bom eu não conhecer os detalhes. Ainda não estava pronta. Francamente, se soubesse, teria ficado apavorada. Para dar uma ideia do longo caminho que tive de percorrer até palestrar diante de grandes auditórios, preciso explicar como era a época em que realizávamos "períodos de oração" na minha igreja nas quartas-feiras à noite. Eu tinha 20 e poucos anos e lutava para vencer a timidez. Todas as quartas-feiras, a congregação fazia orações de uma só frase em voz alta. Semana após semana, eu dizia a mim mesma: *Na próxima vez que houver orações de intercessão, vou orar em voz alta.* E, quando chegava a hora, minha língua parecia grudar no céu da boca. As palavras não saíam.

Se alguém me tivesse dito naquela ocasião que eu falaria em reuniões com 20 mil pessoas presentes, teria entrado em estado catatônico! Graças a Deus, ele me dá somente aquilo que sou capaz de suportar no momento.

Mais tarde, depois que tive filhos, eu me sentia frustrada por não ter mais tempo para orar e interceder. O Senhor sempre me assegurava: *Cindy, vai chegar o dia em que os seus filhos irão para a escola e você conseguirá passar horas em oração.* Aprendi a abrir pequenos espaços para oração enquanto lavava os pratos ou carregava um filho no colo. Em geral, orava tarde da noite ou me levantava mais cedo para os meus períodos devocionais.

Talvez você seja uma jovem mãe frustrada ou talvez esteja passando horas a fio abrindo uma empresa ou cuidando de parentes necessitados, e se sente terrivelmente culpada porque deseja trabalhar mais para o Reino de Deus. Eu lhe garanto que, se você sente um chamado de Deus e está disposta a ser obediente, chegará o dia em que conseguirá fazer tudo o que o seu coração deseja.

## Confiando ao longo das estações da vida

A vida apresenta uma série de estações, e todos atravessamos invernos, primaveras, verões e outonos. Enquanto lê a respeito dessas quatro estações, peça a Deus que mostre onde você está e o que ele deseja ensinar neste período para você.

### *O inverno na terra do "eu queria saber por que nada acontece"*

Se você está atravessando o inverno da vida, talvez se sinta inútil ou improdutiva. Pode ser que Deus queira que você descanse um pouco, para permitir que o solo da sua vida se reabasteça. Essa é uma das estações mais difíceis para pessoas do "tipo A" (eu, por exemplo).

Depois que finalmente parei de lutar e aceitei o chamado de Deus para a minha vida, ele me pediu que a entregasse a ele e assumisse a discreta função de intercessora. Senti-me como uma bola de pingue-pongue espiritual. Assim que aceitei o chamado, a chama acendeu-se em mim e eu queria abraçar o mundo para falar de Jesus Cristo. Mas ele disse: *Cindy, aquiete-se e saiba que eu sou Deus. Eu não desperdiço a unção. Garanto-lhe que sei onde você mora e a usarei no tempo certo.*

Às vezes, eu clamava a ele: "Deus, receio que voltes novamente antes de eu conseguir pregar pelo menos uma vez". Há, como foi difícil esperar! Quando vivemos essa fase, parece que Deus se mudou e perdeu o nosso endereço. Os céus se tornam metalizados, e não conseguimos sequer lutar contra sentimentos de abandono. Mas esses períodos de preparação são necessários porque desenvolvem o caráter e aprofundam as raízes no solo da Palavra.

Tão logo o plano de Deus é revelado, temos a sensação de estar correndo em alta velocidade. É aí que necessitamos de toda a Palavra que foi depositada dentro de nós para aproveitarmos as bênçãos das outras estações.

### *A primavera está fervilhando por toda parte*

A vida parece mais empolgante na primavera. Essa estação é, em geral, acompanhada de um senso de grande expectativa, como se uma nova vida estivesse brotando dentro de nós. Há uma sensação de que algo maravilhoso vai acontecer, mas não sabemos exatamente o que é. Foi assim que me senti em 1989, quando Mike e eu fomos a uma reunião de líderes de oração em Washington, D.C., patrocinada pelo falecido Ray Bringham.

Certa noite, durante o evento, tentei dormir, mas não consegui em razão de todo o entusiasmo que sentia. (Penso que a única experiência semelhante é como eu me sentia na véspera do Natal quando era criança. Abríamos os presentes na manhã do dia de Natal, e eu mal conseguia esperar para bater com força na porta do quarto dos meus pais, exaustos pelos afazeres do dia anterior, e tirá-los da cama.) Na manhã seguinte, fomos de carro até uma reunião do conselho executivo da National Prayer Embassy [Embaixada Nacional de Oração] com Peter Wagner, sua esposa, Doris, e Leonard LeSourd, vice-presidente da Chosen Books, que acabáramos de conhecer. Na presença de Peter e Doris, apresentamos um exemplo de oração entre a Inglaterra e os Estados Unidos de algo que hoje chamamos de "arrependimento por identificação". Eles ficaram fascinados e nos encheram de perguntas sobre como curar nações.

Eu havia começado a escrever um livro sobre oração e havia feito alguns pedidos radicais a Deus como: "Senhor, se queres que eu escreva um livro, terás de ajudar-me. Necessito de um mentor, e não tenho ideia de como encontrar uma editora". Bem no meio da conversa, Len inclinou-se para mim e perguntou: — Você já escreveu um livro? — e entregou-me seu cartão de visita.

Peter deu continuidade ao assunto. — Cindy, tenho um encontro hoje com Jane Campbell, editora-chefe da Chosen Books, às 16h30, porque eles querem publicar um livro sobre oração. Eles não precisam do meu livro; precisam do seu. Venha ao nosso encontro na cafeteria às 16h40 e eu a apresentarei.

Desde então, a minha vida passou a ser um redemoinho. Peter Wagner tornou-se o meu mentor e deu-me orientação sobre o meu primeiro livro. Na verdade (e fiquei totalmente apavorada), ele jogou no lixo os três primeiros capítulos do livro que eu escrevera! O que quero dizer é que a primavera é um tempo de renascimento na nossa vida.

Às vezes, durante a primavera da sua vida, talvez você esteja a um passo de um acontecimento novo e se sinta como se estivesse no nono mês de gravidez: irritada e sensível. Sabe que Deus está prestes a realizar algo, e sente uma movimentação dentro de você, mas não faz ideia do que é. Acorda todos os dias com a esperança de que Deus revele o que é, para prosseguir na vida.

### *O fruto do verão é doce, mas alguns dias são quentes!*

O verão é a época mais frutífera. Embora possa ser bem quente no número de guerras espirituais que você enfrente, o verão é quase sempre bastante produtivo. É também o momento em que você sente o toque refrescante e as bênçãos de Deus. E durante esse tempo que você sente a riqueza de amigos experientes.

### *As folhas do outono deixam-me em frangalhos*

O outono é tempo de colheita, quando as sementes que plantamos amadureceram sob o sol do verão e estão prontas para ser colhidas. A vastidão das nossas responsabilidades durante esse período, quer pessoais quer no Corpo de Cristo como um todo, pode nos deixar exaustas. Tome cuidado com a arrogância. Se você agir com muita rapidez em relação aos planos de Deus para a colheita, poderá ser precipitada e causar grande destruição à colheita. E, se não observar sinais de tempestades nos relacionamentos, poderá ver a destruição de grande parte do trabalho da sua vida. Esse é um tempo crítico para reunir pessoas ao seu redor que possam ajudar você.

Faço isso de várias maneiras, como ministra do evangelho e como mulher. Tenho amigos que amam a minha família, com quem posso abrir o coração quando estou com problema.

Outros sabem mais a respeito do que se passa comigo como ministra do evangelho.

Nem sempre foi assim. Logo no início do ministério, eu não conhecia nenhuma mulher que ocupasse cargo de liderança. Mesmo algum tempo depois, as que eu conhecia não tinham filhos ou eram muito mais velhas que eu, portanto havia fatores diferentes a serem considerados. Por ser, em geral, a mais nova do grupo, sentia-me um pouco "fora de sintonia", por assim dizer, com os outros da equipe. Tinha responsabilidades únicas e sempre imaginava estar fazendo um tipo de malabarismo: tentando ser supermãe, a melhor esposa do mundo e passar tempo suficiente com Deus. Sim, o outono pode ser agitado.

Além da colheita, o outono é também um tempo para morrer para si mesmo. Da mesma forma que a natureza reflete mudanças em suas estações, Deus costuma promover as maiores mudanças na nossa vida durante o outono. Quase sempre ele nos reposiciona para sermos mais eficientes. Às vezes, ele nos tira de um ministério para trabalharmos em outro ou pede que abandonemos o emprego para permanecer mais tempo em casa. Parece-me que atualmente Deus está reposicionando uma grande parte do Corpo de Cristo a fim de preparar sua Igreja para impulsionar o evangelho no fim dos tempos. Muitas pessoas estão mudando de cidade, e esse tipo de mudança exige grande flexibilidade e paciência. Mas o resultado será maior eficiência para seu povo e maior glória para o Reino.

### Quebrando o molde para refazer o sistema

As mulheres de destino têm grande desafios pela frente. Às vezes, Deus não escolhe a mais provável nem a mais talentosa para ocupar lugares importantes. Há algumas mulheres que estiveram na estação do inverno — aparentemente escondidas por um tempo — e que Deus está preparando para lançar como uma grande bênção ao Corpo de Cristo.

A jovem Ester é um exemplo desse tipo de mulher. A Bíblia diz que ela era órfã. Além disso, havia sofrido o trauma do exílio, sem mencionar o fato de que pertencia a uma etnia errada. Tinha pelo menos três pontos contra ela. Evidentemente, Ester não possuía nenhuma característica que Deus pudesse usar para uma missão importante. Certo? Errado. Deus a criou com grande beleza física, e Mordecai, seu pai adotivo, deve ter se esforçado muito para desenvolver nela a beleza interior. Será que, na infância, ela imaginava que seria uma rainha? Talvez, mas é bem provável que não.

Ester foi uma mulher que quebrou o molde de como uma garota judia deveria ser. Ela deve ter tido muita coragem e flexibilidade para atender aos chamados do rei. E, no entanto, hoje Deus está chamando mulheres que estejam dispostas a dar esta simples resposta a qualquer coisa que ele lhes pedir: "Aqui estou, Senhor, envia-me".

Essa resposta pode significar quebrar o molde dos estereótipos da sociedade. As feministas gritam: "Você nunca será uma mulher realizada se não trabalhar fora de casa". Outras vozes dizem: "Você está enganada se pensa que Deus tem algo para você fazer além de cuidar da sua casa".

Em seu livro *Women at the Crossroads* [Mulheres nas encruzilhadas da vida], Kari Torjesen Malcolm discute algumas questões que impedem que as mulheres atendam ao chamado de Deus e ocupem o lugar que ele planejou para elas. Gosto de sua perspectiva quando ela diz:

Esquecemos com muita facilidade que Jesus prometeu que, se buscarmos em primeiro lugar o seu Reino e a sua justiça, todas as outras coisas nos serão acrescentadas (v. Mateus 6.33). Se o nosso relacionamento de amor com ele tiver prioridade máxima, todos os outros relacionamentos encontrarão o lugar certo no nosso coração e agenda. A mulher que tem o foco em Cristo será, portanto, uma esposa melhor e uma mãe melhor do que aquela que fica em casa o dia todo por um senso de dever, como reação ou como fuga. Para a mulher que ama o Senhor, a Palavra de Deus queima seus ossos como fogo, de modo que ela precisa falar em nome de seu Senhor, seja para um grupo grande ou pequeno, seja para pessoas de sua cultura ou para pessoas de culturas diferentes.[13]

## Quebrando as fortalezas que estrangulam o destino

Ao fazer uma retrospectiva da minha vida, sou capaz de identificar pelo menos cinco grandes fortalezas com as quais preciso lidar a fim de ser liberada para cumprir o meu destino. Penso que muitas mulheres se identificarão com algumas delas em diferentes níveis.[14]

### *1. Fortaleza da mente*

Gosto da forma segundo a qual Ed Silvoso descreve a fortaleza da mente: "uma mentalidade impregnada na qual não existe esperança e que leva o cristão a aceitar como imutáveis as situações que nós sabemos serem contrárias à vontade de Deus".[15]

---

[13] (Downers Grove, IL: InterVarsity, 1982) p. 30-31.

[14] Escrevi pela primeira vez a respeito dessas cinco fortalezas para um capítulo intitulado "Destronando fortalezas" em **Woman of Prayer**, publicado pela Aglow International. Para um estudo mais completo, consulte, por favor, as páginas 85-89 desse livro.

[15] **That None Should Perish**. Ventura, CA: Regal, 1994. p. 155. Memorizei esta citação de Ed muito tempo antes de ele ter escrito o livro.

Em outras palavras, algumas formas de pensar e sentir a respeito de nós e das nossas situações contrariam a vontade de Deus. Basicamente, há formas de pensar e sentir a nosso respeito que nos impedem de alcançar o nosso destino em Deus, como traumas de infância, sentimento de insegurança ou inferioridade.

Na minha opinião, um dos principais ministérios do qual todas as mulheres devem participar é o ministério da oração. O inimigo deseja fazer você sentir que não existe esperança para sua situação, que o seu marido jamais nascerá de novo, que o seu filho será sempre rebelde e assim por diante. Essas fortalezas precisam ser demolidas como imaginações inúteis, para que possamos participar da corrida com diligência na intercessão.

### *2. Fortaleza do medo*

Uma das maiores fortalezas com as quais as mulheres lutam é o medo. O medo surge de muitas formas e esconde-se atrás das mentiras. Às vezes, disfarçamos hipocritamente os nossos medos, dizendo: "Não faz parte da *minha* personalidade levantar-me para orar em público".

Em geral, temos medo das opiniões dos outros. Lembre-se: chegará o dia em que o Senhor perguntará a cada um de nós o que fizemos com os talentos que ele nos deu. Espero que ninguém tenha um quintal repleto de talentos enterrados, como dons de música, escrita, organização, serviço e outros. O medo não será uma desculpa aceitável quando estivermos diante do Rei do Universo, porque ele deu a todos nós a capacidade de ser vencedores por meio do sangue do Cordeiro. Se o medo está tomando conta de nós, ele não vem de Deus! Deus sempre nos dá poder, amor e equilíbrio (v. 2Timóteo 1.7).

Algumas de vocês precisam tirar o pó dos talentos e sonhos que têm e entregá-los ao Senhor. A diferença entre as mulheres que encontram seu lugar no Reino de Deus e as que nunca o encontram talvez esteja na disposição de serem usadas por Deus. Cada uma pode fazer algo. Você pode participar de um grupo que intercede pelas escolas locais ou que prepara refeições para enfermos que não podem sair de casa ou ajudar de outra forma que a leve a se desprender de você mesma.

### *3. Fortaleza da intimidação*

A intimidação quase sempre restringe as mulheres. Ocorre quando olhamos para as nossas limitações em vez de olhar para a grandeza de Deus. Se somos chamadas para cantar ou testemunhar, o inimigo diz mais ou menos estas palavras: "Se fizer isso, as pessoas vão achar que o orgulho tomou conta de você". Ele costuma apontar as nossas fraquezas na vida pessoal e familiar ou tenta comparar a nossa capacidade com a dos outros, a fim de provocar um sentimento opressivo que nos impede de alcançar pleno potencial em Deus.

### *4. Fortaleza geracional*

Existem algumas fortalezas em nós antes de nascermos. Nós as herdamos. Talvez você diga: "Espere um pouco, Cindy, isso não é justo!". Êxodo 20.5 diz que Deus castiga os filhos pelos pecados dos pais até a terceira e quarta gerações. Apesar de redimidos desses pecados, precisamos nos apropriar da liberdade que temos por meio do nome de Jesus Cristo. Apresento esse assunto em detalhes no livro *A voz de Deus*. Essas fortalezas podem produzir maldições como enfermidade, pobreza, insanidade e assim por diante.

*5. Fortaleza da tradição*

Por ter sido criada no sul dos Estados Unidos, descobri que a tradição era outra de minhas grandes fortalezas. As mulheres cristãs e fervorosas do sul não viajavam pelo mundo para pregar o evangelho! Ao ler este livro, você passou a conhecer a minha luta para aceitar o chamado de Deus para ser ministra do evangelho. Demorei dois anos para ter coragem de admitir a alguém que era ministra do evangelho — mesmo depois de legalmente formada. A palavra "ministra" parecia não querer sair da minha boca, talvez por medo da reação dos outros. Hoje tenho orgulho (no bom sentido da palavra) de falar abertamente a respeito do meu trabalho no Reino de Deus. Digo às pessoas: "Tenho um chefe maravilhoso e a minha aposentadoria não pertence a este mundo".

Sempre questionei a atitude da rainha Vasti, no livro de Ester, quando ela se recusou a comparecer diante do rei quando chamada porque isso não fazia parte de suas tradições. Quando o Rei nos chama, a tradição não pode nos impedir de atender a seu chamado.

## Senhor, envia-me ao lugar para o qual fui chamada

Talvez você tenha um desejo sincero de tornar-se uma mulher de destino e cumprir o sublime chamado de Cristo Jesus para a sua vida. Eu garanto que o Senhor está levantando um exército imenso de mulheres ao redor do mundo. Nunca se prenda às opiniões dos homens (ou das mulheres). Simplesmente siga a orientação de Deus. Se Deus a chamou para continuar em casa mesmo depois que os seus filhos cresceram, obedeça-lhe! Talvez você seja solteira, e Deus a está chamando para o campo de missões. Dê o primeiro passo! (Falaremos muito sobre esse assunto nos próximos capítulos.)

Por favor, ore comigo neste instante:

> *Senhor, quero ser uma mulher de destino. Entrego-te toda a minha vida, a minha família e as opiniões dos outros a meu respeito. Aqui estou, Senhor. Envia-me ao lugar para o qual fui chamada. Ajuda-me a derrubar as fortalezas que me impedem de servir-te completamente. Irei aonde quer que me pedires e farei qualquer coisa que me pedires, desde que eu saiba que essa é a tua vontade para a minha vida. Oro em nome de Jesus. Amém.*

Uma das formas de fortalecer a sua decisão de ser uma mulher de destino é estudar a vida de outras heroínas da fé. Reflita um pouco no próximo capítulo como uma maravilhosa "Galeria da Fé" das pioneiras abriram o caminho para as gerações futuras. Talvez você encontre uma sobre a qual possa dizer: "Senhor, quero ser igual a ela. Ela é a minha heroína. Se ela conseguiu e foi até o fim, eu também conseguirei!".

CAPÍTULO 5

# Heroínas da fé

Não é maravilhoso como Deus escolhe as coisas loucas para confundir os sábios? Algumas das maiores obras para o Senhor foram realizadas por mulheres que, pela estrutura física, origem e outras circunstâncias, pareciam as menos prováveis para serem usadas nos propósitos do Reino de Deus.

Os que se opuseram a elas subestimaram a força e a determinação dessas mulheres. Elas eram destemidas — mesmo quando o comprometimento com o Reino significava sacrificar a própria vida. Neste capítulo, vamos conhecer algumas.

## Lottie Moon

Durante a época de reconstrução nos Estados Unidos após a Guerra Civil, uma jovem encantadora, medindo apenas 1,30 metro de altura, recebeu um chamado de Deus para ir ao norte da China. A jovem pertencia a uma família aristocrática e abastada durante uma época em que as mulheres eram consideradas belos ornamentos. Sua casa, Viewmont, no condado de Albemarle, Virgínia, não era muito diferente das casas de três presidentes dos Estados Unidos. Se você assistiu ao filme *E o vento levou*, tem uma ideia da cultura durante esse período. As moças de sua época transformavam os namoricos em uma forma de arte, que usavam para enrolar o coração de rapazes inocentes em volta de seus dedos frágeis.

Esse, porém, não era o caso de Lottie Moon.

Lottie recebeu de sua família não apenas uma forte herança religiosa (o pai descendia de um ilustre teólogo quacre e a mãe era uma fiel batista do sul), como também uma atenção total à educação. Na época, ela foi uma das primeiras mulheres do sul dos Estados Unidos a receber grau de mestrado.[1]

Quando sua irmã mais nova, Edmonia, partiu para a China em 1872, o coração de Lottie voltou-se também para o campo missionário. Ela recebeu o chamado para a China na primavera de 1873, aos 33 anos de idade. Lottie apaixonou-se por um jovem professor, mas, quando ele aderiu ao darwinismo, ela rompeu o relacionamento e nunca se casou. Às vezes, ela se sentia atormentada por intensas angústias de solidão no campo missionário.[2]

Lottie montou uma casa com a irmã e adotou rapidamente a vestimenta e os costumes chineses. Com o passar do tempo, parecia uma chinesa. Usava vestido chinês simples e sapatos de cetim bordados, dormia em uma cama de tijolos e preparava a comida em vasilhas chinesas. Viajava pelos vilarejos em uma liteira puxada por mula e geralmente dormia em estalagens infestadas de insetos.[3]

---

1 IMB. Lottie Moon. **International Mission Board**, 2018. Disponível em: <https://www.imb.org/who-was-lottie-moon>.

2 DEEN, Edith. **Great Women of the Christian Faith**. Uhrichsville, OH: Barbour and Company, Inc., 1959. p. 241.

3 Ibid., p. 243.

Lottie provocou a ira de muita gente quando sugeriu que as chinesas tinham o direito de exigir igualdade com os homens. Recebeu críticas de outros missionários, como a esposa de um missionário da igreja congregacional que deu a entender que Lottie Moon era desequilibrada mentalmente por causa de seu "comportamento indisciplinado e arrogante por todo o terreno da missão".[4]

Ainda assim, os batistas do sul atenderam ao pedido de Lottie quando ela solicitou dinheiro para ajudar a aliviar o sofrimento na China. Após a primeira oferta de 3 mil dólares em 1888, os valores doados às missões mundiais em nome de Lottie chegariam hoje a quase 1 bilhão de dólares.

Lottie passou por muitas aflições, e sofreu com o martírio de um grande número de chineses cristãos durante a Guerra dos Boxers.[5] A vida tornou-se cada vez mais difícil financeiramente até o início da revolução em 1911. No entanto, quanto mais seus amigos chineses sofriam com a guerra, a doença e a miséria, mais Lottie Moon alimentava os pobres. Finalmente, com mais de 70 anos de idade, ela parou de comer.

Em dezembro de 1912, Lottie cedeu à pressão para retornar aos Estados Unidos. Debilitada e morrendo de fome, embarcou no navio. Quatro dias depois, essa fiel guerreira da cruz foi morar na glória.

Dez anos antes, Lottie Moon havia dito: "Se eu tivesse mil vidas eu as daria às mulheres da China". Em sua lápide, na Virgínia, foram escritas estas palavras: "Fiel até a morte".

---

4 TUCKER, **Daughters of the Church**, p. 303.

5 Levante popular anticristão e antiocidental promovido por praticantes do boxe chinês. [N. do T.]

Lágrimas descem-me pelo rosto enquanto termino de contar esta história. Dentro de mim há uma resposta em tom de grito: "Oh, Deus, quero ser uma heroína da fé como Lottie Moon! Quero ser fiel até a morte". De fato, estive no lugar em Cartersville, Geórgia, onde Lottie entregou sua vida em favor da China, e prometi entregar a minha vida em favor das nações. Não que eu desejasse ser mártir, mas, se chegasse o momento em que eu teria de escolher entre negar Cristo ou viver... bom, já resolvi esse assunto há muito tempo. Na verdade, o fato ocorreu em um acampamento da igreja quando eu tinha apenas 12 anos de idade.

Nunca me esquecerei da noite em que a minha conselheira me escolheu para fazer parte de um esquete que descrevia a questão do martírio. O esquete foi encenado à noite no anfiteatro ao ar livre no terreno do acampamento. Holofotes iluminaram diferentes situações em países ao redor do mundo nos quais os cristãos tinham de escolher entre morrer e negar Cristo.

A minha parte seria encenada em um país comunista onde receberíamos a ordem de nos ajoelhar, com armas apontadas para nossa cabeça, e este ultimato: "Negue Cristo ou morra onde está!". Naquela noite, enquanto me aprontava para o esquete, estas palavras pipocavam na minha mente: *Negue ou morra... negue ou morra!*. O que eu faria se a situação fosse real? Escolheria Cristo ou tomaria a covarde decisão de negá-lo?

Mais tarde naquela noite, a peça pareceu adquirir vida diante de mim, e, quanto me ajoelhei no chão duro e pedregoso, de repente não tive dúvida alguma de qual seria a minha resposta. Eu jamais, jamais, jamais o negaria! Daquela noite em diante, tornei-me uma "mártir viva". De certa forma, morri naquela noite quando fiz a escolha.

## Vibia Perpétua

A História está repleta de mulheres que entregaram a vida pela causa de Cristo. Uma das primeiras foi Vibia Perpétua (c. 181-203 d.C.). Perpétua, uma cristã de linhagem nobre, morava em Cartago, norte da África.[6] Essa história me fascina especialmente porque o norte da África é, enquanto escrevo este livro, uma fortaleza dos fundamentalistas muçulmanos. (Estamos orando fervorosamente e crendo que essa situação vai mudar!)

Os cristãos romanos levaram o evangelho a essa parte do mundo durante o reinado do imperador Septímio Severo. Severo temia a ascensão do cristianismo (uma forte comunidade cristã residia no norte da África), portanto emitiu um decreto proibindo o ensino do evangelho ou a conversão ao cristianismo. Os novos cristãos aceitaram Cristo imaginando que teriam poucas chances de viver por muito tempo.

É inspirador estudar os escritos desses cristãos primitivos, pois eles sabiam que o martírio fazia parte da vida. Na verdade, ser mártir era considerado um privilégio. Os primeiros escritos falam da conversão de Paulo após a morte de Estêvão, que morreu como mártir. A maioria de nós não considera que martírio seja sinônimo de evangelismo, mas a igreja primitiva pensava exatamente dessa maneira.

Perpétua estava bem consciente disso por ocasião de seu batismo. Ao sair da água, ela disse: "O Espírito Santo inspirou-me a orar apenas por paciência ao passar por dores físicas".[7]

Perpétua foi presa logo depois. Você pode imaginar-se no lugar dessa jovem com pouco mais de 20 anos de idade?

---

[6] Perpetua. **Christianity Today**, 2018. Disponível em: <https://www.christianitytoday.com/history/people/martyrs/perpetua.html>.

[7] Deen, **Great Women of the Christian Faith**, p. 4.

Como reagiria se fosse presa? O pai de Perpétua suplicou-lhe que renegasse sua fé. Para piorar a situação, ela estava amamentando seu bebê!

As palavras de Perpétua estão registradas em diários que ela manteve até o momento de sua morte. Ao ler suas palavras descrevendo o que sentiu ao ver o sofrimento do bebê, o meu coração ficou apertado enquanto pensava nos meus dois filhos. Ela entregou o filho para ser criado pela irmã, e, quando o bebê lhe foi levado pela última vez, ela confessou: "Deus assim ordenou que não havia mais necessidade de sucção, nem meu leite me incomodou".[8]

Enquanto estudava a vida de Perpétua, a seguinte passagem das Escrituras veio-me várias vezes à mente:

> "Não pensem que vim trazer paz à terra; não vim trazer paz, mas espada. Pois eu vim para fazer que
> 'o homem fique contra seu pai,
> a filha contra sua mãe,
> a nora contra sua sogra' [...].
> Quem ama *seu pai ou sua mãe* mais do que a mim não é digno de mim; quem ama *seu filho ou sua filha* mais do que a mim, não é digno de mim; e quem não toma a sua cruz e não me segue, não é digno de mim. Quem acha a sua vida a perderá, e quem perde a sua vida por minha causa a encontrará". (Mateus 10.34,35,37-39)

Com expressão de alegria, Perpétua marchou da prisão à arena, onde seria morta à espada. "Perpétua [...] segurou a mão trêmula do gladiador e conduziu-a em direção à própria garganta. Talvez uma mulher tão extraordinária, temida como era pelo espírito imundo, não poderia ter sido morta contra sua vontade."[9]

---

8 Ibid., p. 5.

9 TUCKER, **Daughters of the Church**, p. 101-102.

Verdadeiramente, o mundo não foi digno de você, jovem Perpétua! *Oh, Deus, oro para que eu te siga com um amor tão ardente quanto o amor da minha irmã de Cartago.*

## Joana d'Arc

Joana d'Arc foi uma das heroínas da fé guiada por Deus por meio de visões e usada para mudar o destino de uma nação. Ela é costumeiramente chamada de Débora da França.

Pastora de ovelhas de um vilarejo francês, Joana d'Arc viveu de 1412 a 1431. De fato, sua vida foi curta — apenas dezenove anos. Aparentemente, suas visões começaram aos 12 anos de idade, e continuaram até o momento em que ela começou sua missão na França aos 16 anos. Embora algumas das visões e vozes que ela ouviu parecessem vir de fontes estranhas, como santos martirizados, creio que era o Espírito Santo quem lhe falava. Talvez, por ignorância, ela não compreendesse totalmente a voz de Deus, mas o fruto do que ouviu era bom.

Ela chamava o Senhor de *Messire* ("meu Mestre") e o que ouvia dele era agradável e direto:

> Todas as vezes que me entristeço porque a ordem do *Messire* que eu transmito não é prontamente aceita, eu me afasto e apresento a minha queixa ao *Messire*, dizendo que aqueles a quem me dirijo não querem acreditar em mim. E, quando termino a oração, ouço imediatamente uma voz que me diz: "Filha de Deus, vá, eu serei o seu ajudador". E essa voz enche-me de uma alegria tão grande que nessa condição vou permanecer para sempre.[10]

(Nota parentética: se você que está lendo este livro é adolescente, Deus vai usar a sua geração de modo poderoso! O Senhor

---

[10] Deen, **Great Women of the Christian Faith**, p. 61.

deseja encontrar Déboras na sua geração para servi-lo na obra de mudar nações — talvez não exatamente da mesma maneira, mas da maneira que ele escolheu para a sua vida.)

Para entender um pouco da situação política durante a época de Joana d'Arc, a França e a Inglaterra estavam em disputa pela coroa da França. Os exércitos de Henrique VI da Inglaterra ocupavam grande parte do norte do reino, e sua força aumentou por causa de aliados que moravam na França, os borgonheses. As circunstâncias pareciam terríveis para o herdeiro do trono francês, o delfim Charles.[11]

O vilarejo de Joana localizava-se exatamente entre a terra dos borgonheses e a terra dos que pertenciam ao delfim. Quando tinha apenas 16 anos de idade, Joana começou a receber cada vez mais instruções sobrenaturais e falava em resposta ao grito de angústia de seu país. Um parente mais velho viajou com ela para falar com o capitão das tropas francesas, que a enviou de volta a seus pais.

Joana era mística e acostumada a aguardar orientação espiritual, portanto voltou para casa e esperou. Dessa vez, ela recebeu instruções mais específicas e as repassou ao capitão. Impressionado com sua calma e piedade, o capitão permitiu que ela fosse falar com o delfim. Mas, antes de partir, Joana teve a coragem de cortar o cabelo ao estilo de um rapaz e trocou sua roupa vermelha pela farda de um soldado, o que provocou muitas críticas. No entanto, por acreditar que recebera orientação divina para fazer isso, a crítica não a incomodou. Vestida como homem, ela conseguia andar a cavalo com mais facilidade e viajar com os soldados para ir ao encontro do delfim.

---

[11] Encyclopaedia Britannica, Saint Joan of Arc, de Malcolm G.A. Vale e Yvonne Lanhers. Disponível em: <https://www.britannica.com/biography/Saint-Joan-of-Arc>. Acesso em: 8 mai. 2018.

Depois de ser inicialmente inquirida pelas autoridades eclesiásticas, foi inquirida durante três semanas por teólogos eminentes, todos atentos à procura de heresias. Finalmente a jovem de 18 anos recebeu permissão para prosseguir com a orientação divina que recebera do Senhor para comandar um exército na batalha em Orléans. Ela deve ter ficado com uma aparência incrível, porque o delfim a fez vestir uma armadura brilhante para comandar as tropas. Como arma, Joana escolheu uma espada com cinco cruzes, que lhe foi oferecida por uma igreja, e ela carregava um estandarte borrifado com água benta para representar sua companhia.

Eu gostaria de ter visto essa jovem Débora de Deus enquanto ela pedia à sua companhia que se arrependesse, renunciasse a seus pecados e tomasse o sacramento em conjunto. O favor de Deus para que ela cumprisse sua missão foi extraordinariamente evidente, porque Joana admoestava os beberrões, o linguajar obsceno dos soldados, avisando-os de que Deus somente lhes daria a vitória se eles agissem dentro da moralidade. Atônitos ao ouvir suas palavras, a vida de muitos soldados passou por uma transformação radical. Uma mudança visível ocorreu no meio daqueles homens, e eles seguiram as instruções que lhes foram dadas. Na linha de frente das tropas de Joana marcharam sacerdotes cantando salmos e hinos. (Lembro-me de Josafá [v. 2Crônicas 20.21]!).

As tropas do Senhor conquistaram Orléans naquele dia, e Joana comandou mais quatro batalhas vitoriosas. Depois, instruiu o delfim a prosseguir com sua coroação, e providenciou para que ele fosse ungido com óleo. Finalmente, ajoelhou-se diante de seu rei, o rei Charles VII.

Mais tarde, após a coroação, Joana, com 19 anos de idade, foi capturada pelos borgonheses, entregue aos ingleses e julgada como feiticeira e herética diante de um tribunal a favor dos ingleses.

Permaneceu firme em obediência a Deus enquanto respondia às acusações. A certa altura, seus acusadores ameaçaram torturá-la a fim de forçar sua submissão ao tribunal. Ela disse que, mesmo que lhe cortassem as pernas e os braços, não responderia de forma diferente. E disse mais: que simplesmente sustentaria posteriormente que eles usaram de violência para que ela fizesse declarações contrárias a suas crenças. Eles decidiram que a tortura seria inútil.[12]

A História conta-nos que seu último julgamento se baseou em 12 pontos. Entre eles negar o dom de profecia que recebera e o uso de roupas masculinas.

Em 30 de maio de 1431, Joana foi amarrada a um poste e queimada viva. Não pediu nem uma só vez para ser liberta, porque não tinha medo do martírio. Havia terminado a carreira e combatido o bom combate. Suas últimas palavras foram simplesmente as mais doces que os lábios humanos são capazes de proferir... *Jesus*, *Jesus*.

Conta-se que os ingleses, ao retornar do acampamento, não conseguiram dizer nada a não ser: "Estamos perdidos! Queimamos uma santa!".[13]

O rei Charles VII, que não lhe prestara auxílio, reverteu mais tarde o veredicto contra ela. Em 1922, Joana foi declarada protetora da França. Assim como Jeremias, Joana não considerou a juventude como obstáculo no caminho para cumprir seu destino em Deus. Morreu depois de cumprir os propósitos de Deus para sua vida em sua geração (v. Atos 13.36).

Essa história fala ao seu coração? Talvez Deus a esteja chamando para ser uma Débora em sua geração. Neste instante, há

---

12 Ibid.

13 Deen, **Great Women of the Christian Faith**, p. 65.

mulheres no Congresso dos Estados Unidos que lá estão porque sentem um chamado inconfundível de Deus para ajudar a mudar o país. Outras mulheres em países ao redor do mundo inteiro estão recebendo chamados semelhantes. Mesmo que você não tenha sido chamada para ser uma Débora, eu a encorajo a estudar as mulheres da Bíblia e encontrar a(s) que mais se identifica(m) com você. Deus está levantando Esters e Noemis (avós consagradas) para trazerem cura a suas gerações com seu exemplo de vida.

## Vingando o sangue dos mártires

Recentemente, o Senhor me deu uma palavra de que está se preparando para vingar o sangue dos mártires. Isso ocorrerá quando muitos aceitarem a Cristo nos lugares onde o sangue dos cristãos derramado na terra está clamando a Deus (v. Gênesis 4.10).

Transmiti essa palavra ao público pela primeira vez em um congresso da Aglow. Uma mulher de Ruanda, onde centenas de milhares de pessoas foram assassinadas, falou na manhã seguinte, após ter recebido a profecia. Quando se levantou para contar, começou dizendo: "Estou muito encorajada porque sei que Deus ouviu as minhas orações". E prosseguiu contando que Deus lhe poupara a vida de forma milagrosa durante os massacres. "No entanto", prosseguiu tranquilamente, "outros amigos meus cristãos não conseguiram sobreviver". E continuou: "Quando olhei para aqueles corpos, ergui os olhos em direção ao céu e gritei: 'Deus, vinga o sangue dos mártires' ".

Sei que será assim. Deus está se aprontando para vingar o sangue dos mártires no mundo inteiro. Milhares de pessoas aceitarão a Cristo em um grande avivamento em Ruanda, da mesma forma que na Itália, na Espanha e outros lugares onde houve muito derramamento de sangue de cristãos.

Por que este capítulo sobre as heroínas da fé é tão importante? Um dos motivos é que, ao longo dos anos, muitos livros foram escritos sobre os heróis, mas pouquíssimo destaque tem sido dado a respeito das proezas das grandes mulheres. Penso que as mães devem ler histórias para as filhas sobre as mulheres de Deus que partiram antes delas para preparar o caminho. Com isso, as moças poderão aprender com a força e a fraqueza dessas heroínas, para estar mais bem preparadas para as questões únicas que uma vida de serviço a Deus trará. Por exemplo.

- Devo casar se tiver recebido um chamado de Deus para a minha vida?
- Posso ter filhos?
- Que tipo de marido devo ter?
- Como as outras mulheres resolvem esses assuntos?

Com certeza cometi erros no decorrer do caminho que, na minha opinião, poderiam ter sido evitados se tivesse recebido um livro como este para orientar-me.

No próximo capítulo, continuaremos a analisar a vida de muitas outras mulheres corajosas, cujas histórias nos inspiram. Deus deseja que as mulheres do mundo inteiro se levantem contra as atrocidades da nossa geração. Precisamos permanecer firmes e determinadas diante das montanhas de adversidade, mesmo que rios de perseguição e ódio se levantem. Lembre-se: como diz Mike, não somos melhores que Jesus. Ele foi perfeito e, ainda assim, foi perseguido. *Selah*!

CAPÍTULO 6

# Mães e outras grandes mulheres de fé

Espero que este capítulo não apenas a encoraje, mas também a conforte — principalmente se você foi acusada de "louca" por causa do chamado de Cristo para a sua vida. É muito comum (embora o fosse mais no início do meu ministério) eu me sentir totalmente mal interpretada e, às vezes, me perguntar se *cometera* exageros no ministério de intercessão.

Na verdade, gostaria de intercalar aqui alguns pormenores da minha vida pessoal. Certo dia, depois de receber mais críticas do que o normal por ser ministra do evangelho, cansei-me de tudo aquilo. (Veja, não sou apenas ministra do evangelho; também ensino como curar nações, como fazer guerra espiritual e coisas semelhantes.) Para ser sincera, estava murmurando a Deus a respeito da minha situação.

"Deus", eu disse, "além da dificuldade que encontro por ser ministra do evangelho, tenho ainda de ensinar sobre guerra espiritual! Se tenho de ser ministra do evangelho, não seria melhor que eu ensinasse como digitar em cores ou um assunto menos polêmico? Senhor", prossegui, "estou cansada de ser polêmica."

Embora eu merecesse ser atingida por um fogo do céu naquele exato momento, Deus teve misericórdia de mim e respondeu bondosamente: *Cindy, os assuntos polêmicos de hoje são os assuntos comuns do amanhã. As pessoas polêmicas fazem coisas grandiosas para mim. Apenas faça a minha obra.* Ele continuou e me trouxe à memória a enxurrada de críticas que John Wesley recebeu por fazer uso de melodias de bar nos hinos. Para a época, aquilo foi uma afronta!

Enquanto me debruçava sobre pilhas de livros a respeito das grandes mulheres que superaram rejeição, privação, doença e pobreza só para "fazer a obra do Senhor", um fator determinante saltou diante de mim várias vezes: a influência que mães consagradas exercem em filhos e filhas. Começamos nesse ponto porque, mesmo que você não tenha filhos biológicos, nem sobrinhos ou sobrinhas, talvez tenha muitos filhos espirituais.

### Mães de mérito

Grande parte dos maiores líderes, reformadores, teólogos e pensadores foram profundamente tocados pela vida de mães que, como Eunice (mãe de Timóteo, v. 2Timóteo 1.5) e Maria (mãe de Jesus), acreditaram em seus filhos.

Para muitas mulheres de hoje, a maternidade tem sido considerada, de alguma forma, um chamado secundário. Creio, no entanto, que nada pode estar mais distante da verdade! Se o Senhor não me tivesse chamado para pregar e viajar, eu estaria feliz em casa com os meus filhos até chegarem à idade adulta. Na verdade, depois que concluí o quinto ano na faculdade, deixei de lecionar para ficar em casa com a minha filha, porque não queria que outra mulher a criasse.

### Mãe de Crisóstomo

Mães consagradas exercem influência até no mundo pagão. Antusa e seu marido, um oficial militar de alta patente que a deixou viúva aos 20 anos de idade, moravam em Antioquia, onde Paulo iniciou três viagens missionárias. João, filho do casal, nasceu no ano 347 d.C. A piedade e a devoção da mãe de João a Deus fez o tutor do filho exclamar: "Que mulheres maravilhosas encontramos entre os cristãos!".[1] Libânio, famoso orador pagão e um dos professores de João, declarou seu anseio para que o jovem assumisse sua posição de liderança na escola, "se os cristãos não o tivessem roubado de nós".[2]

Por ser um pregador renomado, eloquente e zeloso, João recebeu o sobrenome grego de "Boca de Ouro" ou "Crisóstomo".[3] Foi também um autor criativo e é atualmente venerado como santo.

Assim como muitas mulheres de hoje, Antusa se preocupava com a corrupção em sua cidade. Durante os anos de formação de Crisóstomo, Antusa ensinou-o a amar a Bíblia e a estudava com ele, o que foi mais tarde comprovado nas muitas homilias que ele escreveu. Em consequência da influência espiritual da mãe, João Crisóstomo, que foi nomeado bispo de Constantinopla e morreu em 407 d.C., foi um dos maiores pregadores expositivos que a Igreja já conheceu.

### Mãe de Agostinho

As orações de Mônica (331-387 d.C.) ajudaram a tirar o jovem Agostinho da rebeldia e conduzi-lo ao Senhor. Agostinho vivia em

---

1 Saint John Chrysostom. **Coptic Orthodox Church Network**, 2014. Disponível em: <http://www.copticchhurch.net/topics/synexarion/john.html>.

2 Ibid.

3 **Encyclopaedia Britannica**. St. John Chrysostom. Donald Attwater. Disponível em: <http://www.britannica.com/biography/Saint-John-Chrysostom". Acesso em: 8 mai. 2018.

completa depravação. Aos 16 anos, teve um filho com uma prostituta. Depois ingressou na seita dos maniqueus, um grupo herético. E o tempo todo, sua mãe banhava suas orações em lágrimas. Agostinho escreve em sua autobiografia, *Confissões*, como Deus "tirou sua alma das profundezas das trevas por causa de sua mãe, que chorava por ele mais do que a maioria das mães choram quando um filho morre".[4]

> Lembro que ela me admoestou em segredo, com grande ansiedade, para que "não cometesse fornicação; mas principalmente para que nunca desonrasse a mulher de outro homem". Esses conselhos pareciam-me próprios de mulheres, e eu me envergonhava de segui-los. Mas eles eram teus, e [...] eu não sabia; e me precipitava com tanta cegueira, que me envergonhava entre os companheiros da minha idade por ser menos torpe que eles quando se vangloriavam [...] e gostava de fazer o mal não só pelo prazer, mas por vaidade.[5]

A guerra de Mônica pela alma do filho não foi ganha da noite para o dia. Na verdade, ele se afundou ainda mais no pecado. Foi o filho pródigo em cada sentido da palavra.

Finalmente Agostinho mudou-se de Cartago para Roma, e depois para Milão. Sua mãe, viúva, acompanhou-o, embora naquela época fosse extremamente perigoso para uma mulher viajar sozinha. Assim como Paulo, ela teve uma visão no meio de uma tempestade de que todos seriam salvos, e transmitiu essa palavra profética aos marinheiros a bordo do navio.

---

4 Deen, **Great Women of the Christian Faith**, p. 23.

5 **The Confessions of Saint Augustine** , Livro II, 1914. Tradução de Edward Bouverie Pusey. Disponível em: <http://sacred-texts.com/chr/augconf/aug02.htm>.

Em Milão, Mônica foi visitar o filho e o encorajou a abrir mão de sua amante de quinze anos. Ela ficou muito feliz quando ele enviou a amante de volta para a África, mas logo em seguida encontrou outra para substituí-la!

Finalmente, como um filho pródigo totalmente derrotado, Agostinho, sozinho em um jardim, entrou em uma luta intensa entre a carne e o espírito e clamou a Deus:

> Enquanto falava e chorava, oprimido pela mais amarga dor do meu coração, eis que, de repente, ouço uma voz vinda da casa vizinha, como se fosse de um menino ou menina, não sei dizer, repetindo continuamente uma canção: "Toma e lê; toma e lê". Instantaneamente, o meu semblante mudou [...]. Reprimindo o ímpeto das lágrimas, levantei-me. Para mim, a única interpretação possível era a de uma ordem divina para abrir o livro e ler o primeiro capítulo que encontrasse [...]. Peguei-o, abri-o [nas epístolas] e li em silêncio o primeiro capítulo que me caiu sob os olhos: "[...] não em orgias e bebedeiras, não em imoralidade sexual e depravação, não em desavença e inveja. Ao contrário, revistam-se do Senhor Jesus Cristo, e não fiquem premeditando como satisfazer os desejos da carne" (Romanos 13.13,14). Não quis ler mais, nem era necessário, porque, imediatamente, quando cheguei ao fim da frase, uma espécie de luz de serenidade invadiu o meu coração, dissipando todas as trevas da dúvida.[6]

Agostinho correu para contar a boa notícia à sua mãe. Pouco tempo depois, ambos decidiram retornar à África com amigos. Pararam em Óstia, localizada na foz do rio Tibre, para descansar. Que grande alegria Mônica sentiu ao passar longas horas conversando com o filho sobre o Senhor!

---

6 Ibid., Livro VIII.

Lamentavelmente, a alegria de Mônica deste lado do céu pouco durou; enquanto continuava em Óstia, ela ficou muito doente e morreu rapidamente (dentro de nove dias) aos 56 anos de idade. Havia passado muitos anos clamando ao Senhor para que o filho pródigo voltasse para casa, onde o recebeu de braços abertos.

Com a ajuda do bispo de Hipona, Agostinho prosseguiu defendendo o cristianismo após a queda do Império Romano. Parece que, quanto maior é o chamado de Deus, mais Satanás luta para conquistar a alma da pessoa.

Existe um filho pródigo na sua vida? Se sim, oro para que essa história a encoraje a não desistir de orar e continuar a lutar pela alma dele. Muitas vezes a batalha é muito mais longa e muito mais violenta e você imagina não ter forças para vencê-la, mas, se perseverar em fazer o bem, será vitoriosa. O filho pródigo voltará. Não olhe para aquilo que os seus olhos naturais veem, mas interceda com os olhos do amor que veem o destino que Deus plantou dentro do coração do seu filho ou da sua filha.

### *Mãe de John e Charles Wesley*

Outros reformadores foram grandemente impactados pela vida de suas mães — homens como John e Charles Wesley, cuja mãe, Susanna, mencionei brevemente um pouco antes.

Susanna era uma bela mulher de cabelos escuros e sedosos e olhos azuis intensos. Caçula dos 25 filhos de um clérigo muito abastado, Susanna cresceu em Londres no fim do século XVII. Durante uma época em que poucas mulheres recebiam instrução escolar, o pai de Susanna ensinou hebraico, grego e latim à filha. Ela sabia escrever tão bem quanto qualquer homem, e sua mente aguçada lhe permitia discutir teologia de modo tão articulado quanto um seminarista.

Susanna e Samuel Wesley tiveram um casamento tempestuoso na melhor das hipóteses. Ele era poeta e sonhador, e a família vivia endividada. Tiveram 19 filhos, e nove morreram. A casa da família foi totalmente incendiada duas vezes, e Samuel abandonou Susanna durante longos períodos de tempo.

Em meio a tanto sofrimento, Susanna ministrou aulas em casa para seus dez filhos. Ensinou-os a ler hebraico e grego e a memorizar as Escrituras. Também encontrou tempo todas as noites para educar cada um de seus filhos separadamente. Por ser uma pessoa rigorosa, ela estabeleceu padrões altos para a casa e não permitia que os filhos usassem linguagem grosseira nem fossem reprovados nos estudos. Susanna dizia que esse era seu "método" de organizar o dia. A palavra deve ter causado impacto nos filhos, porque dois deles foram posteriormente chamados para o novo mover de Deus, o "metodismo".

Um de seus momentos de maior terror ocorreu quando seu filho Jackie, de 5 anos, ficou preso no pavimento superior da reitoria, que foi tomada pelas chamas. Alguns jovens lavradores fizeram uma escada humana e retiraram a criança por uma janela. Um dia, Jackie passou a ser conhecido como o grande reformador John Wesley.

Samuel, o marido de Susanna, com todas as suas fraquezas, foi um crente firme que Deus quis enviar para avivar a Inglaterra, e ele orou por isso diligentemente. Susanna amou Samuel todos os dias de sua vida, apesar das muitas falhas do marido.

Para uma mulher com tanto conhecimento a respeito de Deus, parece inacreditável que Susanna só tenha vindo a conhecê-lo como seu Senhor e Salvador pessoal no final de sua vida terrena. Ela ouvira falar do testemunho interior e havia lido como Cristo aquecia o coração dos outros, mas não entendeu até o dia em que, ao tomar a Comunhão, ela se deu conta de que Cristo morrera por ela pessoalmente. Que pensamento transformador de vida! Ela foi mudada eternamente.

Susanna morreu em julho de 1742, com os filhos a seu redor. Enquanto olhava para o rosto de cada um deles, disse: "Por favor, meus filhos, assim que eu partir, cantem um salmo de louvor a Deus".[7]

Jamais subestime o poder de uma mãe que ora. Os filhos de Susanna mudaram a face do cristianismo e conduziram dezenas de milhares a Cristo. Ela vive até hoje no meio das igrejas metodistas estabelecidas ao redor do mundo.

## Tome uma atitude pessoal

Ocorreu-me que você, assim como Susanna Wesley, pode ter frequentado igreja durante a maior parte de sua vida, mas nunca teve uma experiência pessoal com Jesus Cristo. Talvez alguém lhe tenha oferecido este livro e, apesar de amar a Deus, você não o conhece de verdade.

Que tal separar um minuto agora para orar comigo, pedindo a Jesus Cristo que entre na sua vida? Você então o aceitará e aceitará também o preço que ele pagou por você na cruz. Ele a ama e entregou a vida por você. Você entregaria sua vida a ele?

Ore comigo:

*Amado Deus, peço a Jesus que entre hoje no meu coração e seja meu Senhor e Salvador pessoal. Perdoa os meus pecados e*

[7] DENGLER, Sandy. **Susanna Wesley**. Chicago: Moody, 1987. p. 201.

*purifica-me de todos os erros que cometi. Sê o Senhor de minha vida. Eu te agradeço, Jesus, por entrares no meu coração. Em nome de Jesus, amém.*

Talvez você já conheça o seu Salvador, mas necessita dedicar novamente a vida ao Senhor. Talvez tenha um coração frio em relação a Deus ou leva uma vida egoísta e longe dele. Por favor, faça comigo esta oração de nova consagração:

*Amado Deus, hoje percebi que o meu coração está muito afastado de ti. Apesar de já ter aceitado Jesus Cristo como Salvador, ele ainda não é o Senhor da minha vida. Senhor Jesus, peço que neste momento ocupes o trono como Rei do meu coração. Pega a minha vida e usa-a. Faze de mim uma mulher de destino. Em nome de Jesus, amém.*

## Servas consagradas

Essa última oração com você partiu do meu coração. Anseio por dedicar mais tempo da minha vida ao Senhor do que estou dedicando agora. Parte da minha luta ao escrever este capítulo é o grande número de mulheres de fé que deixei de fora. Recebi uma lição de humildade ao ler os grandes sacrifícios que muitas fizeram. Mas devo destacar aqui mais duas mulheres cuja coragem nos inspira, e depois passaremos para outras heroínas da atualidade que nos mostram como sair do lugar e assumir o nosso lugar no mundo ao lado delas.

### *Amy Carmichael*

Amy Carmichael (1867-1951), missionária ocidental nascida na Irlanda do Norte, foi provavelmente a missionária mais famosa de sua época. Amy também escreveu 35 livros sobre missões e fundou a Comunidade Dohnavur na Índia em 1901 para tirar garotas da prostituição no templo.[8] Em 1916, Amy fundou a Sisterhood of the Common Life [Irmandade da Vida Comum] para ajudar a orientar as jovens que eram chamadas para permanecer solteiras e exercer um ministério focado.

Eu encorajo particularmente as mulheres solteiras para que estudem a vida dessa mulher. À semelhança de Lottie Moon, ela tomou a decisão de não se casar. Em sua época, esperava-se que as missionárias permanecessem solteiras e seguissem sua carreira a um alto preço. E, apesar de não terem filhos biológicos, Deus lhes deu muitos, muitos filhos espirituais que consideravam as missionárias como mães.

Posteriormente, Amy tornou pública sua luta durante o início de sua carreira missionária no Japão, antes de partir para a Índia, da seguinte maneira.

> Naquele dia, muitos anos atrás, dirigi-me sozinha a uma caverna na montanha chamada Arima. Tinha sensações de medo a respeito do futuro. Esse foi o motivo pelo qual fui até lá — para estar a sós com Deus. O Diabo sussurrava o tempo todo: "Até agora está tudo bem, mas e depois? Você vai ficar muito sozinha". E ele pintou uma cena de solidão — posso vê-la até hoje. Recorri a Deus em uma espécie de desespero e disse: "Senhor, o que posso fazer? Como poderei ir até o fim?". E ele disse: "Nenhum daqueles que confiam em mim será condenado". Essa palavra permanece comigo desde então.[9]

8 Wikipedia. Amy Carmichael. Disponível em: <https://em.wikipedia.org/wiki/Amy_Carmichael>. Última modificação: 11 abril 2018.

9 Tucker, **Daughters of the Church**, p. 305-306.

### Amanda Smith

Qualquer capítulo que trate de heroínas da fé ficaria incompleto sem uma homenagem às mulheres africanas na obra do Reino. Entre as mais conhecidas e corajosas destacamos a avivalista metodista Amanda Smith, que viveu de 1837 a 1915. Amanda nasceu escrava em Maryland, mas tornou-se evangelista metodista *holiness*, comprometeu-se com a obra missionária na África e fundou um orfanato para crianças afro-americanas.[10]

Enquanto estudava essa vida extraordinária, senti grande admiração por ela, uma pioneira que partiu antes de mim para deixar um exemplo de perseverança para a minha geração. Tenho sofrido perseguição às vezes e até hostilidade, mas nada que se compare ao que Amanda enfrentou.

Elliot Wright a descreveu desta maneira:

> Ela foi uma visão inusitada nos Estados Unidos após a Guerra Civil — uma negra evangelista, ex-escrava, viajando de norte a sul, pregando a todas as raças e, depois, passou quatorze anos evangelizando na Inglaterra, na Índia e na África. Também fez parte do movimento Holiness.[11]

A história de Amanda Smith é também um tributo ao exemplo consagrado de sua mãe e avó. Onde estaríamos sem as mães da Igreja?

Amanda recebeu oposição da Igreja Episcopal Metodista Africana da Comunidade Negra (AME) e também dos cristãos brancos. Quando a AME realizou sua primeira conferência geral

---

10 Johnson, J. Wilma; Pope-Levison, Priscilla. Amanda Berry Smith. **Blackpast**, 2016. Disponível em: <http://www.blackpast.org/aah/smith-amanda-berry-1837-1915>.

11 Tucker, **Daughters of the Church**, p. 270.

ao sul da linha Mason-Dixon,[12] Amanda decidiu em seu coração que devia comparecer ao evento. Sua aparência causou grande alvoroço, embora ela própria tenha dito:

> A ideia de ordenação nunca me passara pela cabeça, porque recebi a ordenação daquele que disse: "Não fostes vós que me escolhestes a mim; pelo contrário, eu vos escolhi a vós outros e vos designei para que vades e deis fruto".[13-14]

Oh, querida Amanda, suas irmãs ao longo dos séculos e as de hoje respondem às suas palavras com um jubiloso "Amém, irmã, amém!". Se não é Deus quem nos está chamando, por que haveríamos de querer sempre dizer "sim" para ser servas do Senhor?

## Desafiadas pelo chamado

Durante o estudo das mulheres de Deus ao longo dos séculos, um tema unificador se destacou: a maioria delas, assim como eu, relutou muito para ser ministra do evangelho ou aceitar qualquer função de liderança na Igreja. Não era fácil na época e, embora tenha havido grandes melhoras desde os tempos de Amanda Smith, ainda não é fácil hoje. (Discutiremos mais sobre o assunto nos capítulos posteriores.

Muitas mulheres de fé merecem ser reconhecidas neste livro, por isso é com um pouco de angústia que encerro este capítulo com algumas heroínas contemporâneas cujas histórias muito conhecidas nos tocam o coração. Recomendo que você

[12] Linha tradicionalmente considerada como a divisão entre o Norte e o Sul dos Estados Unidos e, antes da Guerra Civil, entre os estados escravocratas e os não escravocratas. [N. do T.]

[13] João 15.16, *ARA*.

[14] TUCKER, **Daughters of the Church**, p. 271.

leia alguns dos excelentes livros escritos por mulheres corajosas e a respeito delas (veja "Bibliografia recomendada", ao final deste livro) e descubra-se em suas páginas. Por exemplo, leia sobre Gladys Aylward, uma criada inglesa chamada por Deus para ir à China com pouquíssimas probabilidades de sucesso. Sua história nunca cessa de me inspirar a ter fé em Deus apesar das gigantescas montanhas de adversidade. Certamente há muitas das quais o mundo não foi merecedor.

Sugiro também que leia essas histórias aos seus filhos e filhas. Precisamos de exemplos de mães de fé, bem como de pais de fé. Os pastores precisam subir ao púlpito para pregar a respeito dessas heroínas e inspirar as gerações a seguirem seus exemplos.

As últimas mulheres que serão mencionadas neste capítulo causaram grande impacto na minha vida. Cada uma delas ofereceu-me algo muito especial e único em termos de amor e carinho pelos quais serei eternamente grata.

Para mim, pessoalmente, Margaret Moberly e as líderes do Women Ministers International ajudaram-me como mentoras. Grandes mulheres como Marilyn Hickey, Jane Hansen Hoyt e outras tocaram a minha vida com sua amizade. Falarei mais nos capítulos posteriores sobre a influência delas na minha vida.

### *Lisa Bevere*

Lisa cresceu como "pagã". Sua família era totalmente disfuncional; os pais divorciaram-se duas vezes, e a avó casou-se quatro vezes. Aos 5 anos de idade, Lisa foi diagnosticada com retinoblastoma, um câncer ocular que resultou na extração cirúrgica de um dos olhos. Deram-lhe seis meses de vida, porque o problema foi detectado tardiamente.

Quem conhece a Lisa de hoje, surpreende-se ao saber que ela foi "um pesadelo na infância" (nas palavras dela própria!). Frequentou uma escola de verão na Universidade Purdue e na Universidade do Arizona, onde se especializou em organizar festas (sem graduação) por ser uma criança rebelde.

Deus tem seus caminhos com pessoas como Lisa e a fez conhecer um rapaz de bela aparência chamado John. Lisa contou a John que achava que sua mãe havia ingressado em uma seita, porque se tornara carismática. Ele lhe falou do amor de Deus e Lisa nasceu de novo. John contou então a ela que salvação significa restauração completa. Aquilo despertou o interesse de Lisa, porque ela era intolerante à lactose. John orou com ela, e ela foi curada.

Aos 21 anos de idade, Lisa aceitou o Senhor, e Deus concedeu-lhe um parceiro na vida, tanto no casamento como no ministério. John e Lisa casaram-se quando ele tinha 23 anos e ela 22. Decidiram imediatamente que serviriam juntos ao Senhor, como uma equipe. Ambos trabalharam na igreja local e depois John exerceu o pastorado de jovens durante dois anos e meio.

O ministério foi se expandindo, mas eles sentiam que estavam morrendo interiormente. Abandonaram o ministério e seguiram por conta própria com 500 dólares no bolso e dois filhos.

Quando Lisa estava grávida do terceiro filho, Deus começou a tirá-la de sua zona de conforto. Disse-lhe que estava chamando mulheres. Ela protestou: "Eu não gosto das mulheres!".

O Senhor contra-atacou suas justificativas, replicando: *Eu gosto das mulheres!* E desafiou-a a ser aquela mulher que ele sempre procurou. Na verdade, ela passou a entender que Deus criou a mulher como resposta ao primeiro problema: "Não é bom que o homem viva só".

Aquilo não foi fácil para Lisa. Ela não tinha mentoras nem ideia de como deveria começar. Finalmente o Senhor lhe disse que escrevesse de trás para frente, isto é, escrever a história do que ela gostaria de ter sido. Ele não estava à procura de mentoras; estava à procura de mães. As mães desejam mais para a próxima geração. Querem ver os filhos progredirem e alcançarem patamares mais altos.

Em 1996, ela escreveu seu primeiro livro *Out of Control and Loving It* (Charisma House, 2006) [Fora de controle e amando isso], que trata das questões de medo e controle. Na época, o casal tinha quatro meninos.

A partir de então, Lisa continuou a escrever muitos outros livros e estudos. Ela é autora *best-seller* do *New York Times*, e a organização que fundou em parceria com John, a Messenger International, já distribuiu mais de 17 milhões de materiais em 106 línguas ao redor do mundo. Embora seja conhecida em todo o planeta, Lisa continua humilde, doce, apaixonada e, depois de criar quatro filhos incríveis, agora é avó.

### *Beni Johnson*

Uma das líderes mais admiráveis que conheço é Beni Johnson. Beni e Bill Johnson têm presenciado muitos, muitos milagres por meio de sua igreja, Bethel, em Redding, Califórnia. Aliás, os centros de cura que organizaram tornaram-se lugares de peregrinação para acolher pessoas do mundo inteiro, onde vivem excelentes encontros espirituais acompanhados de cura.

Beni foi criada na igreja e converteu-se ao cristianismo quando era bem jovem. Aos 18 anos de idade, mudou-se de Redding para Santa Rosa, Califórnia, para frequentar uma escola de discipulado chamada Genesis.

Apesar de conhecer o Senhor, Beni descobriu que estava caindo em depressão. Em sua angústia, clamou a Deus para que a livrasse da depressão, e foi imediatamente liberta. Nunca mais voltou a ter esse problema.

Mais tarde, ao descobrir que recebeu o chamado para ser intercessora, ela passou a ser uma "portadora de fardos dos feridos",[15] uma expressão cujo significado passei a conhecer: um intercessor que ajuda a carregar os fardos de outras pessoas que não conseguem entregar suas dores e sofrimentos ao Senhor e não permitem que ele os carregue. Além disso, ela possuía um forte dom de discernimento com o qual, a princípio, não sabia lidar! Nos primeiros anos, ela se sentia deprimida ao tentar resolver os problemas de cada pessoa e sentia as emoções das depressões e ansiedades dos outros.

Bill e Beni casaram-se quando ele tinha 21 anos, e ela 18. Depois de voltar para Redding, Bill foi nomeado diretor dos solteiros na igreja de seu pai.

Depois disso, o casal assumiu a liderança de uma igreja em Weaverville, Califórnia, e Beni ocupou-se da diligente tarefa de cuidar dos filhos. (Hoje, eles são líderes de grande sucesso. Você já deve ter ouvido falar de Brian e Jenn, filho e nora do casal, da Bethel Music. O filho Eric seguiu a carreira do pai e do avô, e atualmente é o pastor da Bethel Church.)

Durante um culto, quando Beni estava sentada na galeria, tomando conta dos filhos, um profeta visitante chamou-a para ir à frente. Enquanto caminhava, ela disse ao Senhor: *Aceito qualquer dom que me deres, mas, por favor, não me chames para ser intercessora.*

---

15 A terminologia *wounded burden bearer* pertence a John e Paula Sandford e aos ensinamentos da Elijah House.

Na época, ela imaginava que as intercessoras eram senhoras idosas e mal-humoradas, o que ela não queria ser!

O profeta, contudo, estava ouvindo a voz do Senhor, não de Beni, e profetizou que ela estava sendo chamada para ser intercessora. O mundo alegrou-se com sua resposta ao chamado, porque ela escreveu *The Happy Intercessor*,[16] e mostrou-nos que as guerreiras de oração estão entre as pessoas mais alegres do planeta hoje!

### *Freda Lindsay*

Uma das gigantes do Reino de Deus, e que lutou contra o chamado, foi Freda Lindsay. Freda nasceu no Canadá em uma grande fazenda de plantação de trigo perto de Burstall, Saskatchewan. Seus pais, que tiveram 12 filhos, eram de origem alemã. Cresceram na Rússia e se conheceram e se casaram nos Estados Unidos, mas posteriormente ouviram falar de grandes oportunidades no Canadá. Parece que Deus havia planejado que a pequena Freda seria canadense! (Será que ouvi um "amém" do Canadá até o norte dos Estados Unidos?)

Embora Freda desejasse ardentemente cursar o ensino médio, seu pai era um homem antiquado que acreditava que as mulheres não precisavam estudar. Felizmente, a mesma tenacidade que a levou a ser útil aos outros mais tarde já existia quando ela convenceu a mãe de que encontraria um emprego se a mãe conversasse com o pai sobre seu desejo de estudar. Não causou nenhuma surpresa o fato de Freda ter encontrado o emprego e se mudado para a cidade a fim de frequentar a escola.

[16] Destiny Image, 2009. [**O intercessor feliz**. Brasília: Chara, 2017.]

Posteriormente, Freda visitou sua irmã, que lhe falou a respeito de uma reunião de avivamento em Portland, Oregon, realizada por um jovem evangelista chamado Gordon Lindsay. Ela descreve sua luta para aceitar o Senhor em seu livro *My Diary Secrets* [Segredos do meu diário]:

> Após a oração de encerramento, eu [...] caminhei até o altar na frente da igreja. Lá, o Diabo me disse que a minha vida seria deprimente e enfadonha se eu me tornasse cristã [...] que eu jamais teria amigos, e continuou a falar. Contudo, com o Espírito Santo puxando com força a minha alma, entreguei a minha vida ao Senhor naquela noite e me converti gloriosamente.[17]

No altar naquela noite, Freda ouviu o mesmo Espírito Santo dizer-lhe que, um dia, Gordon seria seu marido. Cinco anos depois eles se casaram.

Anos depois, enquanto eu atravessava de carro o Stanley Park, em Vancouver, Colúmbia Britânica, com a sra. Lindsay e outros ministros do evangelho, ela apontou para um lugar romântico e disse com ternura: "Foi ali que Gordon me pediu em casamento". Ouvi com admiração e senti-me privilegiada por fazer parte de um tempo de lembranças tão doces.

A vida conjugal de Freda e Gordon jamais foi maçante, como alguns casais imaginam. Livros e mais livros poderiam ser escritos a respeito do trabalho deles durante a época da "Voice of Healing" [Voz de Cura] quando eles trabalharam com grandes homens e mulheres de Deus, como William Branham. *The Voice of Healing* (uma revista dedicada ao avivamento e aos milagres que resultaram do movimento) foi lançada em 1º. de abril de 1948. O Senhor

---

17 Dallas: Christ for the Nations Publishing. p. 14.

os direcionou a comprar uma antiga boate em Dallas, Texas, e deu a Gordon a visão de construir ali uma escola bíblica, Christ for the Nations Institute (CFNI) [Instituto Cristo para as Nações]. A minha irmã e o meu cunhado se formaram ali, portanto a minha família foi grandemente beneficiada, assim como meu amigo Dutch Sheets e muitos outros companheiros de ministério.

Março de 1973 foi, como sempre, um mês agitado para os Lindsays — na época o casal tinha três filhos: dois meninos e uma menina. Perto do fim do mês, quando partiram para o lago, Gordon pediu que fosse lido o texto de 1Coríntios 15 para os devocionais da família. O capítulo fala da ressurreição dentre os mortos, o que para mim é muito interessante porque, quando fomos pegar as coisas do meu pai após sua morte, a única passagem marcada em sua Bíblia era essa.

Em 1º de abril de 1973, Gordon Lindsay partiu para a glória enquanto estava sentado na plataforma do CFNI. O casamento de Freda e Gordon durou trinta e cinco anos.

Freda começou a receber palavras proféticas de líderes respeitados, revelando que o manto de Gordon passaria a ser seu. Um dia após o enterro, a diretoria do CFNI elegeu-a sucessora do marido.

O peso da enorme responsabilidade daquela obra gigantesca para o Senhor caiu-lhe sobre os ombros, aparentemente esmagando sua estrutura frágil. No entanto, dentro de Freda Lindsay vivia um Deus enorme a quem ela servia sem reservas desde que se ajoelhara no altar em Portland, Oregon.

Após o enterro do marido, Freda relatou:

> Depois que os amigos e a família retornaram para suas casas, fiquei sozinha com Carole [sua filha]. Ao começar a sair da cama

> na manhã seguinte, descobri que não tinha forças sequer para ficar em pé. Caí de costas na cama e chamei Carole. Disse-lhe que a tarefa era grande demais — a responsabilidade da nossa obra missionária que estava alcançando mais de 100 países era pesada demais [...] o término do prédio do Instituto [...] as 300 igrejas nativas que, na época, estávamos ajudando a construir [...] a escola bíblica em Zerka, Jordânia, que havíamos começado a construir [...] eram maiores do que eu podia aguentar.
>
> Carole disse-me: "Vamos orar, mãe. E viver um dia por vez. O Senhor lhe dará força para hoje". Arrastei-me para fora da cama e prostrei-me no chão, onde permaneci por um tempo chorando em razão do meu despreparo diante da imensa tarefa quando, de repente, o Espírito Santo assumiu o controle.
>
> Banhei-me, vesti-me e saí para trabalhar. E, a cada dia, o Senhor me deu força suficiente para todas as necessidades que surgiram.[18]

Freda Lindsay faleceu e foi ao encontro de seu marido, Gordon, em 27 de março de 2010, aos 95 anos de idade. Só parou de ir ao escritório aos 94 anos. O Instituto Cristo para as Nações construiu 11 mil igrejas nativas em países do terceiro mundo, possui 44 escolas bíblicas afiliadas, e 26 mil alunos atravessaram as portas do Instituto. Alguns negativistas disseram, após a morte de Gordon, que as portas do CFNI se fechariam em seis meses. Acho que eles erraram. E você? Tudo por causa de uma menina de uma família de 12 filhos que entregou todo o coração, a alma e a mente para amar e servir seu amado Salvador.

### *Christine Caine*

Uma das líderes mais corajosas do mundo atual é Christine Caine. Já mencionei sua organização de grande influência

[18] Ibid., p. 250.

chamada A21 que combate o tráfico humano ao redor do mundo. A organização tem 14 escritórios em 12 países. Entre outras grandes homenagens, ela recebeu o Prêmio Madre Teresa, que lhe foi oferecido pelo bisneto de Gandhi, por seu trabalho. A história dessa mulher é uma coroa no lugar de cinzas.[19]

Christine foi criada em uma família grega na Austrália. Talvez cause surpresa saber que, naquela época, havia um terrível racismo contra as pessoas que falavam grego. Por exemplo, quando ela iniciou os estudos, sua mãe lhe preparou um belo sanduíche com queijo grego picante. Na hora do lanche, as outras crianças ao redor da mesa caçoaram dela e disseram: "Que fedor é este?". Humilhada, ela atirou longe o sanduíche e ficou com fome. Esse fato tornou-se rotineiro para ela.

Aos 33 anos de idade, depois que o pai morreu, Christine descobriu que havia sido adotada, o que foi um choque para ela. Enquanto se perguntava por que nunca teve uma ligação completa com a mãe, ela ficou surpresa ao saber que os vizinhos, e também outras pessoas, sabiam que fora adotada.

Quando foi falar com o irmão mais velho, George, ele disse, também em desespero, que acabara de receber uma carta semelhante à dela, revelando que também havia sido adotado! Ligou para um órgão do governo e lhe contaram tudo. Evidentemente, as leis tinham mudado depois de tantos anos, e as "adoções secretas" agora eram expostas.

Christine foi conversar com a mãe, que disse chorando:
— Nunca imaginei que você descobriria! Seu pai não queria que você soubesse. Quer saber toda a verdade, Christine?

[19] V. Isaías 61.3.

Os pensamentos passaram voando por sua mente depois daquilo. Ela perguntou: — Eu continuo a ser grega? — E descobriu que sim, era grega. Quando finalmente obteve sua certidão de nascimento, leu estas palavras: "Sem nome; Número 2508 de 1966".

*Sem nome*. Sua mãe biológica não lhe dera nem sequer um nome. Ela era apenas o número 2508. Christine sentiu também outras emoções; a maior foi vergonha.

Então, o Senhor a conduziu a uma jornada de cura. No meio de tanto sofrimento, Deus concedeu-lhe uma cura incrível, personalizando Isaías 49.1 para ela: "[...] desde o meu nascimento ele fez menção de meu nome".

Mais tarde, ela entendeu que Deus lhe dera um nome desde o ventre de sua mãe. Em que voz ela devia acreditar? Naquela escrita à tinta em sua certidão de nascimento ou na que estava escrita pelo coração de Deus, o Pai?

Christine fundou o ministério chamado Propel em 2015 e começou a encher estádios de futebol, levando cura a dezenas de milhares de pessoas. Seu livro poderoso, *Unashamed* ,[20] conta sua história de cura e revela como uma garotinha grega adotada pode mudar o mundo. Verdade seja dita: ela vê pétalas na roseira em vez de espinhos.

Seja o que for que você tenha passado, Deus quer curá-la, restaurá-la por inteiro e usar sua vida como testemunho de superação.

### *Vonette Bright*

Algumas líderes de Deus receberam o chamado para ser ministras por meio da visão que o Senhor deu ao marido delas.

---

[20] Zondervan, 2016.

Bill e Vonette fundaram o ministério chamado Cruzada Estudantil para Cristo (hoje chamado Cru).

Certa vez, perguntei a Vonette Bright, em uma reunião da Focus on the Family para o "AD2000 and Beyond" ["2000 d.C. e Além"], se Deus a chamou independentemente de seu marido. Depois de pensar um pouco, ela disse: "Bill recebeu a visão de ajudar a alcançar o mundo para Cristo e iniciar no *campus* da faculdade. Entendemos que o chamado de Deus para Bill foi para mim também. Com medo do que aquilo significava, pedi a Deus que me concedesse coragem para responder. Bill me chama de cofundadora".

Evidentemente, essa grande mulher não foi somente autora de livros; foi também usada por Deus, junto com outras, para organizar o grande congresso de oração em 1984, que, segundo algumas pessoas, foi o começo, em alguns aspectos, do movimento de oração que circunda o mundo hoje. Vonette foi morar com o Senhor em 23 de dezembro de 2015.

### *Corinthia Boone*

A dra. Corinthia Boone é atualmente uma das maiores líderes que conheço. Ela tem sido uma boa amiga para Mike e para mim há vários anos, e nós a admiramos muito.

Corinthia nasceu em Prince George County, Maryland, em um lar afro-americano. A família de sua mãe era batista, e a do pai, pentecostal. Corinthia teve uma experiência aos 8 anos de idade que marcou sua vida para sempre.

Certo dia, enquanto estava sentada nos fundos da igreja, Corinthia foi subitamente envolvida pela presença de Deus. Repetindo suas palavras: "Deus atendeu ao meu desejo de conhecê-lo".

Ocorreu uma mudança evidente em sua vida, e ela era chamada ao altar com frequência para orar. Como sempre, o Espírito Santo conduziu-a por um caminho que confirmou seu principal ministério: oração.

O impacto desse toque de Deus foi profundo e duradouro. Quando Corinthia fala sobre o assunto, sua voz canta com a alegria do Senhor. Ela me contou: "Depois daquela experiência, as árvores cantaram e nada parecia igual para mim". Uns dois anos depois, Corinthia começou a frequentar uma igreja Holiness, onde passou a testemunhar, profetizar, cantar no coral e dar palestras.

A primeira vez que ouvi a história de Corinthia, pensei: *Não é de admirar que o Senhor tenha dito: "Deixem vir a mim os pequeninos". As crianças são, em geral, subestimadas quanto a suas habilidades.*

Sob a direção do Senhor, essa poderosa pioneira de Deus recebeu grau de bacharel em ciência de educação pela Bowie State University. Posteriormente, recebeu grau de mestrado em supervisão de administração, um certificado da escola bíblica pelo Baltimore Bible College e, por fim, grau de doutorado em filosofia pela Union University, com especialização em aconselhamento.

Corinthia trabalhou durante anos com o bispo John Meares, no Evangel Temple, em Washington, D.C. Ajudou a organizar o departamento da escola dominical, atuou em muitos outros departamentos da igreja e também como presbítera.

Em 1985, Corinthia foi nomeada, por unanimidade, presidente do Greater Washington National Day of Prayer [Grande Dia Nacional de Oração em Washington]. Fundou o Together in

Ministry International (TIM), uma comunidade de pastores que encontram novos relacionamentos, amizades e inspiração em um ambiente multicultural — um oásis de refrigério por meio da oração e adoração. Seu ministério, o International Christian Host Coalition, é formado por um grupo multiétnico de líderes empenhados em transformar a comunidade. Esse ministério (ICHC) é o ministério que abrange o TIM e o Grande Dia Nacional de Oração em Washington.

Perguntei a Corinthia se ela gostaria de compartilhar um pouco de sabedoria com os leitores deste capítulo. Ela começou citando Salmos 129.3: "Passaram o arado nas minhas costas e fizeram longos sulcos". E prosseguiu explicando: "Aprendi mais com as provações do que com qualquer outra coisa nesta vida. As provações pelas quais passei fizeram longos sulcos em minhas costas, mas sem esses sulcos não haveria lugar para a semente. Se não houvesse sulcos, a semente não se aprofundaria na terra nem produziria fruto. Sim, passei por muitas provações, mas sempre determinei que elas somente me fariam produzir mais fruto".

*As provações [...] fizeram longos sulcos nas minhas costas, mas sem esses sulcos não haveria lugar para a semente. Se não houvesse sulcos, a semente não se aprofundaria na terra nem produziria fruto.*

Corinthia, minha amiga, ou devo dizer Corinthia Boone, bacharel em ciências, mestre em ciências, ph.D., eu a elogio por sua coragem. Você é uma verdadeira pioneira e heroína da fé com muitas lições para dar aos povos de todas as etnias. Eu a cumprimento por você não ter se tornado uma mulher amarga por causa das tempestades da vida. Obrigada por seu exemplo.

*Doris Wagner*

Doris Wagner nasceu em uma fazenda produtora de leite e laticínio em St. Johnsville, no norte da região metropolitana de Nova York. Seu pai era um imigrante alemão que se estabeleceu nos arredores daquela cidadezinha de 1.500 habitantes. (Esta história prova que nunca devemos desprezar o dia dos pequenos começos, porque um dia a pequena Doris cresceria e conduziria ao Senhor um rapaz que estava prestes a receber o diploma de gestão de propriedades leiteiras, cujo avô havia sido médico rural em St. Johnsville.) Não sei se, na adolescência, Doris chegou a sonhar com quem se casaria. Qualquer devaneio que ela possa ter tido provavelmente jamais chegou perto da realidade de que, no futuro, ajudaria a fundar uma organização que influenciaria o mundo inteiro a orar.

Certa vez, Doris foi a uma fazenda em outra cidade e viu um rapaz ordenhando uma vaca. O ano era 1949. O rapaz interessou-se pelo olhar vibrante de Doris, mas os dois viviam em mundos diferentes quanto ao modo de pensar. Ele gostava de jogar e beber, e ela era uma cristã comprometida que entregara sua vida a Jesus uma semana antes.

Apesar de Doris ter falado do evangelho ao rapaz, ele se mostrou relutante, pois sabia que, caso se tornasse cristão, teria de desistir de frequentar o clube na Rutgers University. Por ter uma mente brilhante, ele era rápido nos cálculos e conseguia descobrir se um dos companheiros de jogo de pôquer tinha quatro cartas do mesmo naipe na mão, e vencia todas as partidas. Na verdade, era no jogo que ele conseguia ganhar dinheiro para pagar a faculdade.

Finalmente, o amor e Deus venceram a batalha pela alma do rapaz, e ele pediu Doris em casamento. Ela, no entanto, olhou firme para ele e disse: — Não posso. Sou uma cristã nascida de novo e prometi ao Senhor que somente me casaria com um cristão.

Ele retrucou: — E o que é necessário para ser cristão? Você me diz como?

— Daqui a pouco — ela disse. — Antes eu preciso lhe contar uma coisa. Também entreguei a minha vida a Deus para ser missionária.

— Missionária? — ele perguntou. — O que é isso? — Depois de receber a explicação, ele disse: — Acho que vou ser missionário também! — E assim ele entregou a vida ao Senhor, abandonando a jogatina e a bebida. Esse fato ocorreu em janeiro de 1950.

Ora, sei que alguns de vocês vão desconfiar muito do motivo que o levou a se converter, mas os anos provaram que ele procurava mais que um rosto bonito com covinhas no canto da boca. O dr. C. Peter Wagner partiu com sua esposa, Doris, para a Bolívia, onde trabalharam no campo missionário por dezesseis anos. Retornaram aos Estados Unidos e passaram os vinte e cinco anos seguintes no Fuller Seminary, onde Doris trabalhou como secretária pessoal de Peter antes de lançarem o Global Harvest Ministries [Ministério Colheita Global].

O Global Harvest Ministries foi fundado para coordenar o "United Prayer Track" do movimento "AD2000 and Beyond". Em 1996, Doris e Peter transferiram o ministério de Pasadena, Califórnia, para Colorado Springs a fim de se tornarem fundadores parceiros do World Prayer Center. Peter Wagner foi morar com o Senhor em 21 de outubro de 2016.

Hoje, Doris Wagner trabalha com a Chuck Pierce and Global Spheres, Inc., com sede em Corinth, Texas, e possui um ministério de libertação e palestras em franca atividade. Muitos ao redor do mundo chamam-na carinhosamente de "mãe".

Doris foi companheira minha no início do meu ministério quando visitei a Argentina pela primeira vez, onde me ocupei de expulsar demônios a torto e a direito a fim de abrir caminho para avivar aquele país. Ela é uma lenda viva e uma das heroínas da fé a serviço de Deus.

### "Muitas mulheres são exemplares" (Provérbios 31.29)

A última mulher, mas certamente não a de menor importância, sobre a qual quero falar neste capítulo é a minha mãe, Eleanor Johnson Lindsey. Dediquei este livro a ela porque sou o que sou e quem sou graças a suas orações e por acreditar em mim. Passei por provações atrozes — e certamente houve períodos de grande rebeldia — e ela sempre esteve ao meu lado.

A minha mãe era presbiteriana quando conheceu o meu pai. Quando ele lhe contou que havia sido chamado por Deus para ser ministro do evangelho, ela chorou. Ser esposa de pastor não lhe parecia muito agradável, mas o problema era que ele queria ser pastor *batista*, o que significava que ela teria de deixar a igreja presbiteriana e ser batizada novamente. A notícia foi difícil demais para ela.

No entanto, mamãe era uma mulher corajosa, e as lágrimas não duraram muito. Ela e papai seguiram para o Seminário Sudoeste em Forth Worth, Texas, depois que ele se formou na Universidade Baylor. Morei na "colina do seminário" e, como já mencionei, os tempos eram difíceis. Na verdade, a casa onde moramos foi demolida. (Não estava em boas condições nem mesmo na época em que ali vivemos!)

Enquanto os meus pais organizavam igrejas com o apoio da junta de missões locais, o dinheiro era sempre curto, mas nunca ouvi a minha mãe reclamar. Ela apenas orava.

Durante anos, ela manteve uma lista de nomes das pessoas de sua igreja e de outras por quem ela orava. Ajudou-me a finalizar o primeiro rascunho do meu livro *Possessing the Gates of the Enemy*, e conservo até hoje sua antiga máquina de escrever. Mamãe partiu para a glória no quarto 222 do Baylor Hospital em 22 de fevereiro de 2016, pouco antes de completar 90 anos de idade. Sinto saudades dela todos os dias e também de suas orações.

# CAPÍTULO 7

# Relacionamento entre gêneros

Você já notou que as mulheres são diferentes dos homens? Toda mulher chamada por Deus para promover uma mudança em seu mundo necessita aprender a trabalhar com os homens!

### Homens que latem e mulheres que os amam

Certo dia, enquanto dirigia o meu carro para fazer compras, comecei a ouvir o meu filho de 5 anos, sentado no banco traseiro. A princípio, pensei que ele estivesse falando consigo mesmo em voz alta. Depois, ao prestar atenção, percebi que a maior parte de sua conversa não incluía palavras; ele simplesmente emitia sons — como "urrrrr, bang, bang, uh-uh-uh, vruum, vruum, vruum" e outros parecidos.

Intrigada, quis saber se imitar sons fazia parte da vida dos meninos. Descobri, para o meu completo espanto, que é isso mesmo. Será que aquela descoberta inesperada não teria pegado o pai dele de surpresa? Decidi expandir a minha pesquisa a respeito dos homens em geral, e do meu marido em particular. E, ao prestar atenção, fiquei perplexa ao descobrir que até os homens adultos são propensos a ter esse comportamento peculiar.

Logo que nos casamos, eu via Mike abrir a porta e latir igual a um cão para alvoroçar os cães das casas vizinhas na viela onde morávamos. Depois ele fechava a porta com um sorriso no rosto ao ouvir o estardalhaço dos latidos em resposta aos dele. Penso que nem todos os homens fazem isso. (Mas penso que alguns gostam da ideia ou pelo menos se divertem com ela.) David, amigo do meu marido, que morava no pavimento inferior do nosso apartamento, adorava fazer o mesmo. E de vez em quando eles latiam em coro! Parecia ser uma forma daquela coisa misteriosa chamada "vínculo masculino".

### Nascidas para ser diferentes

As mulheres, por outro lado, são mais propensas a pronunciar palavras — muitas palavras. As meninas adoram ter longas conversas quando se reúnem. Falam também com suas bonecas e animais de estimação. E, quando crescem, a necessidade de falar também cresce. Um famoso terapeuta de casais disse que a mulher necessita conversar pelo menos uma hora por dia com o marido.

Quando eu estava falando sobre as diferenças entre os homens e as mulheres a um grupo de esposas de pastor na América Latina, as mulheres riram e protestaram discretamente que os homens precisam falar muito também. Embora isso pareça verdade, há uma grande diferença entre conversar e comunicar-se. Os pastores, em geral, talvez sejam mais propensos a falar, mas as mulheres necessitam de uma comunicação sincera em um nível mais íntimo — não apenas de palavras. Quase sempre as mulheres necessitam mais desse tipo de interação íntima que os homens.

A lacuna entre os gêneros é tão ampla que se evidencia até nas crianças pequenas. Livros têm sido escritos que atribuem o problema a homens e mulheres vindos de outros planetas! (Se você já teve dificuldade para se comunicar com pessoas de outro gênero, isso talvez não esteja fora do âmbito da possibilidade.)

Parte da lacuna entre os gêneros é física por natureza. Gary Smalley e John Trent têm essas palavras a dizer sobre o assunto:

> Estudos médicos mostram que entre a 18ª e a 26ª semana de gravidez, algo acontece que separa os sexos para sempre. Usando monitores sensíveis ao calor, os pesquisadores observaram que o cérebro de um bebê do sexo masculino passa por um banho químico de testosterona e outros hormônios relacionados ao sexo. Isso causa mudanças que jamais ocorre com os bebês do sexo feminino. Esta é uma explicação leiga [...].
>
> O cérebro humano é dividido em duas metades ou hemisférios. [...] Os hormônios relacionados ao sexo que irrigam o cérebro dos meninos fazem o lado direito recuar ligeiramente, destruindo algumas fibras conectivas [entre os hemisférios]. Um resultado é que, na maioria dos casos, o menino começa a vida mais alinhado com o lado esquerdo do cérebro.
>
> Uma vez que não passam pela experiência desse banho químico, as meninas partem do ponto zero com o pensamento muito mais alinhado com os dois lados do cérebro. Embora os impulsos elétricos e as mensagens viajem para a frente e para trás entre os dois lados do cérebro do menino, essas mesmas mensagens podem prosseguir mais rápido e enfrentar menos obstáculos no cérebro da menina.
>
> Bem, não exatamente. O que ocorre no útero simplesmente prepara o terreno para os homens e as mulheres se "especializarem" em dois modos de pensar diferentes. E essa é uma das principais razões pelas quais os homens e as mulheres necessitam tanto um do outro.
>
> O lado esquerdo do cérebro abriga uma porção maior dos centros do pensamento lógico, analítico, factual e agressivo. É o lado do cérebro que a maioria dos homens reserva para a parte

> principal de suas horas de vigília. Esse lado gosta de percorrer 800 km por dia para viajar de férias com a família, prefere fórmulas matemáticas a histórias românticas, armazena a definição de amor descrita no dicionário e geralmente favorece o pensamento clínico em preto e branco.
>
> Por outro lado, quase todas as mulheres passam a maior parte do dia e da noite acomodadas no lado direito do cérebro. É o lado que abriga o centro dos sentimentos, bem como principais habilidades relacionais, de linguagem e de comunicação. Ele as capacita a realizar trabalhos bem detalhados, atiça a imaginação e torna agradável uma tarde dedicada à arte e à música. Talvez você comece a entender por que a comunicação é difícil no casamento.[1]

Sei que, a esta altura, algumas das minhas leitoras serão tentadas a mergulhar naquilo que nós, nos Estados Unidos, chamamos de "antimachista" e fazer comentários como: "Eu sempre soube que os homens tinham danos cerebrais!". Resistam a fazer isso a todo custo, senão poderão criar a necessidade de reconciliação dos gêneros.

## Tudo começou no jardim

Embora seja verdade que os homens e as mulheres têm muitas diferenças físicas, creio que o fracasso na comunicação espiritual entre eles começou lá no jardim do Éden, conforme registra o livro de Gênesis.

Com a finalidade de entender a intenção original de Deus para os sexos, precisamos admitir um ponto muito importante: a única coisa que Deus disse que não era boa em toda a criação foi

---

1 **Why Can't My Spouse Understand What I Say?**. Colorado Springs: Focus on the Family, p. 3, Nov. 1988.

a solidão do homem (v. Gênesis 1.4,10,12,18,21,25,31; v. tb. 2.18). Aí está, portanto, o motivo pelo qual Satanás queria prejudicar o relacionamento entre homens e mulheres — não apenas em casa, mas também no trabalho e na igreja —, para que o homem voltasse a ser o único feito de Deus que "não era bom". (Quero deixar claro a todos os leitores solteiros que isso afeta vocês também. Vocês podem estar solteiros, sem se sentir sozinhos.)

No princípio, Deus criou o ser humano (ou a *humanidade*, uma palavra mais comum hoje em dia) à sua imagem, homem e mulher (v. Gênesis 1.26,27). É errado acreditar que Adão possuía os atributos tanto de homem quanto de mulher. Apesar de Eva ser "osso dos meus ossos e carne da minha carne" (2.23), Deus colocou algo nela vindo diretamente do céu, que Adão não recebeu ao ser criado. Creio que Deus olhou ao redor e viu, no contexto de seus propósitos, que ainda faltava alguma coisa na terra. Se Deus deixasse o homem em seu estado atual, então a imagem completa de quem ele é como Deus não seria representada na terra — portanto ele criou a mulher. Portanto, a imagem completa de Deus não é totalmente mostrada apenas em um gênero, mas ocorre em cada nível, conforme os homens e as mulheres se complementam lado a lado. Quando isso ocorre, todas as coisas criadas parecem dar um suspiro de alívio e dizer: "Isto é certo. Isto é bom. É assim que Deus queria que a terra fosse".

Infelizmente, homens e mulheres têm se ferido tanto um ao outro que vemos a raiva demonstrada de formas extremas. De um lado, há mulheres que derivam para o lesbianismo e feminismo, e dizem aos homens: "Não precisamos de vocês. O único homem bom é o homem morto". Quase que invariavelmente, na raiz dessa raiva encontra-se um pai abusivo. Seria interessante verificar se esse modo de pensar existe ou não na vida de líderes mulheres dentro do mais extremo movimento feminista.

Por outro lado, as opiniões dos homens a respeito das mulheres também são distorcidas. Muitos homens que se opõem fortemente a ministras do evangelho na Igreja quase sempre tiveram grandes problemas com uma mulher controladora em algum ponto da vida deles, e as mulheres que eles conhecem sofrem por causa do abuso que enfrentaram de mães, irmãs, namoradas ou de outras mulheres.

Esse fracasso na comunicação começou no jardim. O ataque de Satanás contra o homem e a mulher parece ter ocorrido diante da árvore do conhecimento do bem e do mal. Um aspecto fascinante desse diálogo entre a serpente, a mulher e o homem é que o pecado estava relacionado à boca.

Observe que Satanás se aproximou da mulher com alimento. Talvez ele tenha feito uso do desejo natural dela de preparar alimento para o marido. Havia ali um petisco diferente e atrativo que eles não haviam comido. Lamentavelmente, se eles tivessem compartilhado uma quantidade suficiente do fruto da árvore da vida, não teriam nenhuma vontade de comer o fruto proibido.

Da mesma forma, é possível que o homem tenha sido usado para receber alimento da mulher, e isso enfraqueceu suas defesas contra comer o que o Senhor havia proibido, dizendo: "Não coma". Imediatamente após eles terem comido o fruto, seus olhos se abriram, e a morte entrou na vida deles. Creio também que um véu foi colocado entre eles, inibindo a capacidade de comunicação, porque a única maneira pela qual o homem e a mulher podem se relacionar verdadeiramente é por intermédio de Deus. Antes da Queda, existia uma unção sobrenatural que sobrepujava as diferenças entre o cérebro do homem e da mulher e lhes dava unidade de coração.

## Criada para completar, não para competir

Norm Wright escreveu um livro fascinante intitulado *What Men Want*. No capítulo 2, "O diálogo", ele relata uma conversa imaginária entre Deus e o homem, como a descrita a seguir:

> — Então tu os criaste (homem e mulher) de propósito, diferentes como são?
>
> — Sim, criei. Você está sugerindo que foi acidental?
>
> — Ah, não... não, de jeito nenhum. Mas, às vezes...
>
> — Você conhece a história. Satanás, disfarçado de serpente, apareceu a eles e falou com Eva, convencendo-a a me desobedecer. Ela convidou Adão a acompanhá-la; e, em vez de dizer: "Não, precisamos obedecer a Deus", ele cedeu. Foi o primeiro sinal de passividade. O relacionamento entre homem e mulher e tudo o mais ficou desordenado. Ele, então, começou a lançar culpas. Primeiro culpou a esposa, e depois culpou-me por tê-la dado a ele. Desde os tempos de Adão, os homens têm a tendência de ficar na defensiva. Quase sempre interpretam perguntas inocentes como acusações. E a culpa que começou no jardim... ah, os homens cultivam muito bem essa habilidade! O papel que designei a Adão foi distorcido.
>
> — Ah, espera um pouco. Os homens são defensivos por natureza? Acho que não somos tão defensivos.
>
> (Silêncio.)
>
> — Concordo, talvez alguns sejam defensivos, somos acusados de muitas...
>
> (Silêncio.)
>
> — Está certo. Somos defensivos. Concordo. Por favor, prossiga, ou é só isso?

> — Há muito mais. No jardim, Adão e Eva podiam relacionar-se emocionalmente. Eram capazes de oferecer um ao outro a dádiva da compreensão. Agora não. Ora, se a mulher deseja ser compreendida pelo homem, o que ela consegue?
>
> — Soluções, respostas, conselho...
>
> — Um relacionamento que deveria ser complementar tornou-se competitivo. Eva queria controlar Adão. O que criei para ter um equilíbrio perfeito resultou em um desequilíbrio decadente e em um choque de vontades.[2]

Wright prossegue falando de outros *insights* profundos sobre o relacionamento entre o homem e a mulher resultantes da Queda, como a luta pelo poder, a dominação, a nudez emocional, a falta de confiança, o medo, a raiva, o controle etc.

Ao olhar para os atuais relacionamentos entre homem e mulher, não é necessário ser muito perceptivo para ver que Wright está correto em suas avaliações. Dolorosamente correto.

Deus previu os acontecimentos e já tinha uma solução preparada: Jesus, o Cordeiro de Deus, morto desde a fundação do mundo. Jesus veio e morreu, para que o terrível rompimento na relação entre o homem e a mulher, que entrou no mundo por meio do pecado, pudesse ser curado mediante seu sangue no Calvário. Somente o poder da cruz é capaz de preencher a lacuna entre o homem e a mulher e criar a ponte de que tanto necessitamos para nos restaurar ao Éden.

Se os homens e as mulheres não trabalharem lado a lado, a Igreja será ineficiente. A imagem completa de Deus se manifestará em sua expressão plena somente quando os homens e as

---

[2] Ventura, CA: Regal, 1996. p. 141-15. [**O que os homens querem**. São Paulo: Quadrangular, 1998.]

mulheres se posicionarem lado a lado na Igreja. Alguém ainda duvida que o Diabo luta contra a reconciliação dos gêneros em todos os níveis? Satanás não aceita a ideia de ver o Éden restaurado e o homem e a mulher vivendo unidos, como faziam no jardim. Isso produziria ordem no lar e ordem na Igreja.

## Autorizados a subjugar, mas não um ao outro

A Bíblia diz que, um dia, haverá restauração de todas as coisas que Deus falou pela boca de seus santos profetas desde a fundação do mundo (v. Atos 3.21). Uma dessas profecias diz que, no fim dos tempos, Deus derramará de seu Espírito sobre os filhos e filhas (v. Joel 2.28,29).

O excelente livro, *Fashioned for Intimacy* [Feitos para ter intimidade], de Jane Hansen Hoyt e Marie Powers, apresenta um estudo meticuloso da Criação e do papel dos homens e das mulheres. (Recomendo que você o leia. Ele preencherá muitas partes em branco que não sou capaz de abranger neste capítulo.) Um dos pontos no qual as autoras insistem é que a humanidade foi criada para ter autoridade sobre a terra.[3] Essa foi a discriminação de deveres que o Senhor deu aos que foram feitos à sua imagem — inicialmente ao homem, e depois ao homem e à mulher. No momento da criação de Adão, uma força maligna já estava solta na terra e Adão foi instruído a resguardar-se dela a fim de proteger seu santuário. Por fim, Adão e Eva receberam a ordem

*Satanás não aceita a ideia de ver o Éden restaurado e o homem e a mulher vivendo unidos, como faziam no jardim. Isso produziria ordem no lar e ordem na Igreja.*

[3] Ventura, CA: Regal, 1997, p. 36.

de subjugar toda a terra e ter autoridade sobre ela. O inimigo que eles deviam subjugar era Satanás, o inimigo de Deus.

Satanás simplesmente não aceita que os homens e as mulheres se reconciliem na questão de gênero. Minha opinião pessoal é que nenhum poder de acordo na terra é mais forte que um marido e uma esposa que, juntos, alcançam o céu com suas orações. Quando a cura ocorre nesse nível, os filhos e filhas criados por Deus chegam a um ponto no qual Satanás não tem tido que lidar desde o início do mundo; portanto, ele forma gerações de fortalezas para evitar a reconciliação entre o homem e a mulher.

Um grande número de líderes cristãos da atualidade acha que a lacuna entre os gêneros é a última área primordial que necessita de cura. Pastores e líderes estão se reunindo para orar, mas a separação entre os sexos continua nas reuniões. Chego a ponto de dizer que acredito que há um viés de gênero cultural em andamento. Muitos líderes do sexo masculino que concordam mentalmente que os homens e as mulheres necessitam trabalhar juntos no ministério mostram pouca evidência disso em suas palavras ou ações.

## Expurgando os nossos padrões de negação da realidade

Hesito até em trazer à tona o assunto da negação da realidade, mas, quando uma cultura exibe uma fortaleza, a linha de raciocínio cria, em geral, raízes tão profundas que as pessoas tementes a Deus presas em suas garras não têm ideia do que estão participando. É comum eu ver essa forma de negação em assuntos referentes à reconciliação racial. (O que, a propósito, é outra área na qual temos um longo caminho a percorrer.)

Certo dia, quando Mike e eu nos reunimos com líderes em outro país, passamos a falar da necessidade de reconciliação racial em âmbito nacional. Aqueles líderes consagrados olharam para nós e disseram: — Não temos problema de racismo no nosso país.

Virei-me silenciosamente e olhei para uma amiga negra (devo acrescentar, a *única* pessoa negra na reunião) e perguntei: — Elan [nome fictício], você é sempre a líder de louvor e nunca a palestrante?

Um pouco desconcertada, Elan olhou para o chão e respondeu em voz baixa: — Sim. — Os líderes de pele branca ficaram absolutamente chocados e decidiram planejar um tempo de arrependimento em âmbito nacional.

Trago esse assunto à tona porque tenho visto exemplos semelhantes com líderes do sexo feminino em uma reunião após outra. Vários anos atrás, compareci a um desjejum de oração para os líderes americanos no nosso Dia Nacional de Oração, em Washington, D.C. A certa altura, o mestre de cerimônia pediu a todos os ministros do evangelho que se levantassem. Olhei ao redor, nenhuma mulher se levantou. Por quê? Estávamos envergonhadas por ter de enfrentar as possíveis críticas que ocorreriam se nos levantássemos. Se fosse hoje, eu me levantaria, mas simplesmente me faltou coragem na época.

Em outra ocasião, no final de uma reunião na qual fiz uma palestra para pastores e líderes, os 70 líderes começaram a discutir um plano para ganhar a cidade deles para Deus. Ouvi muitos comentários como estes: "Nós homens temos de fazer isto. Os homens precisam estar mais unidos". Sentada em silêncio, observei o rosto de três ou mais ministras do evangelho no grupo. Vi tristeza em seus olhos, e fui tomada de um grande sentimento de pesar por elas. As palavras insensíveis dos líderes do sexo masculino não significaram muito para mim; eu partiria da cidade no dia seguinte. Elas, contudo, permaneceriam ali, sentindo-se extremamente marginalizadas em sua missão de ministras do evangelho naquela cidade.

Um aviso às mulheres líderes que estão lendo este capítulo: é muito importante não permitir que a raiz da amargura brote na nossa alma a respeito da necessidade de reconciliação de gêneros (v. Hebreus 12.15). É sempre possível identificar uma ministra do evangelho que, no íntimo, não perdoa os homens, o que afeta a pureza de sua mensagem. Em sua fala, há leves críticas contra os homens. Isso não é saudável, e precisa ser tratado.

Talvez haja leitoras deste livro que necessitam parar e elaborar uma lista dos homens que as magoaram, e simplesmente perdoar. Da mesma forma, alguns homens necessitam elaborar uma lista das mulheres que os magoaram. Causa-me grande preocupação o número de líderes cristãs militantes do sexo feminino que, enraivecidas, estão fazendo declarações arrebatadoras como esta: "Chegou a nossa hora, e vamos cumprir o chamado de Deus para nós, mesmo que seja necessário atropelar alguém". Essas palavras só servirão para criar uma lacuna maior entre os gêneros.

Certa vez, Mike e eu fomos a uma igreja na qual o pastor odiava tanto as mulheres que sua mensagem no Dia das Mães foi simplesmente uma oportunidade para repreender as mulheres. Ele foi ficando tão zangado que chegou a quebrar uma cadeira de metal de tanto pular em cima dela! Não preciso dizer que as mulheres nunca pregaram naquele púlpito. Tenho a satisfação de relatar que ele mudou de opinião.

## Olhando pela perspectiva de Deus

Por que a reconciliação de gêneros é necessária? Porque Deus quer que tenhamos uma visão clara no decorrer da nossa caminhada com ele:

> "Por que você repara no cisco que está no olho do seu irmão, e não se dá conta da viga que está em seu próprio olho? Como você pode dizer ao seu irmão: 'Deixe-me tirar o cisco do seu olho', quando há uma viga no seu? Hipócrita, tire primeiro a viga do seu olho, e então você verá claramente para tirar o cisco do olho do seu irmão" (Mateus 7.3-5).

Um dia, durante a decolagem de um voo em Dallas, vi, para minha surpresa, que meu bom amigo John Dawson estava na mesma aeronave. (John é presidente da Youth With a Mission [Jovens com uma Missão, Jocum].) Conseguimos sentar-nos na fileira ao lado um do outro, e a conversa girou em torno desse assunto da necessidade da reconciliação de gêneros. John sempre menciona que crê que a reconciliação entre os gêneros é uma das áreas primordiais nos relacionamentos.

Contei a ele que alguns ministros do evangelho estão aceitando bem a ideia de liberar as mulheres para ocuparem essa função, mas são desestimulados por mulheres prepotentes, barulhentas e controladoras. Não é segredo para ninguém que os homens detestam mulheres prepotentes.

(Devo acrescentar uma nota para mencionar que, em geral, encontro dificuldade com meu dom profético para que ele não prejudique uma reunião. Muitas vezes, saio do local aborrecida comigo por ter falado demais. As pessoas com dom profético são, quase sempre, prepotentes, sejam homens sejam mulheres.

É necessário encontrar o equilíbrio e discernir quando é apropriado mencionar a revelação profética e quando é melhor manter a boca fechada. O processo é longo e contínuo.)

John sorriu e disse: "Interessante! Você me autoriza a mencionar esse comentário nas minhas reuniões?". E prosseguiu explicando que, enquanto as mulheres se vinculam umas às outras por meio da afirmação, os homens o fazem por meio da zombaria (uma forma de provocação de nível leve para baixo). Devo admitir que uma luz se acendeu na minha cabeça naquele momento. As lembranças das reuniões de líderes nas quais eu era a única mulher no meio de tantos homens vieram-me à mente. (Veja, algumas vezes sou uma mulher de pouca importância. Não faço caso. Eles dizem: "Se é melhor convidar uma mulher, que seja Cindy Jacobs". Na verdade, aceito essas palavras como elogio, porque eles me amam e confiam em mim.)

É bom deixar claro que houve ocasiões em que pensei que os homens estavam sendo hostis comigo, mas, na verdade, estavam demonstrando que gostavam de mim! Eu era "um deles", por assim dizer.

Que revelação! O que isso significa? Quando as mulheres se reúnem, uma das primeiras coisas que dizem é algo mais ou menos assim: "Gostei muito do seu vestido, Susie. É novo?" ou "Onde você arrumou o cabelo? Está lindo". Mas os homens dizem mais ou menos isto: "De onde você tirou esta gravata? Da lata do lixo?" ou "Ei, você subiu a escada bufando e ofegando. Está ficando velho, hein?". (Pessoalmente, penso que os homens têm muito que aprender com as mulheres a respeito de afirmação, mas acho que acabei de me meter em confusão!).

## Senhor, ajuda-nos a entender uns aos outros

O fracasso na comunicação — aquela intromissão da serpente entre os homens e as mulheres — tem efeitos de longo alcance hoje. São Francisco de Assis orou com sabedoria a respeito desse problema que dura séculos: "Senhor, que eu procure mais compreender que ser compreendido". Há uma passagem bíblica particularmente aplicável aos relacionamentos entre gêneros, escrita por Paulo:

> Completem a minha alegria, tendo o mesmo modo de pensar, o mesmo amor, um só espírito e uma só atitude. Nada façam por ambição egoísta ou por vaidade [por litígio, conflito, egoísmo ou finalidades indignas], mas humildemente [com simplicidade de espírito] considerem os outros superiores a si mesmos [com pensamentos mais elevados sobre os outros do que sobre você]. Cada um cuide, não somente [não simplesmente] dos seus interesses, mas também dos interesses dos outros (Filipenses 2.2-4).

Hoje, há algumas excelentes fontes de informação para ajudar os homens e as mulheres a se comunicarem com mais eficiência. Embora muitos desses livros girem em torno do casamento, os princípios, na maioria dos casos, podem ser aplicados ao relacionamento entre gêneros. Um dos melhores livros que encontrei é *Communication: Key to Your Marriage*, de Norman Wright.[4] Outra boa fonte de informação e ajuda é Alfred H. Ells, fundador e diretor do Leaders that Last Ministries, em Mesa, Arizona. As informações a seguir foram extraídas de sua lista "Nove passos comprovados para resolver conflitos":[5]

---

4 Bethany, 2012. [**Comunicação: a chave para o seu casamento**. São Paulo: Mundo Cristão, 1974.]

5 Ells, Alfred H.; Kinnaman, Gary. **Leaders That Last**. Grand Rapids: Baker, 2003.

1. Não *guarde* questões de conflito — ore por elas — e depois *converse* sobre elas.
2. Uma das pessoas deve começar falando com *franqueza* e *sinceridade* com a outra (v. Tiago 1.19; Provérbios 15.32; Efésios 4.15,25).
3. A outra pessoa deve *ouvir* e *entender* o que está sendo dito e *responder* a isso (v. Provérbios 18.13; Filipenses 2.1-4; Efésios 4.2; Tiago 5.9).
4. Ambas as partes expressam de novo o que sentem.
5. *Atenha-se ao assunto* e procure *áreas de acordo*, não apenas de discordância.
6. Se a discussão se tornar acalorada, recue, mas não antes de planejar a próxima discussão.
7. Identifiquem mutuamente um *plano bíblico de ação* que resolva o problema e *restaure a união.*
8. Seja humilde e responsabilize-se por ter *ofendido, sem querer ou de propósito*, a outra pessoa ou *contribuído para o problema.*
9. Controle o seu espírito (v. Provérbios 16.32; Colossenses 3.12,13).

Encontrei conselhos excelentes sobre relacionamentos em um artigo intitulado "Conselhos nos quais você pode confiar", de Gary Smalley. Embora o artigo se concentre no casamento, os princípios podem ser usados de modo geral para ambos os sexos:

> Para pôr seu casamento [ou relacionamentos] à prova de divórcio, assegure-se de fazer mais "depósitos" no bem-estar do

> seu cônjuge [ou de outra pessoa, cujo nível de relacionamento seja semelhante, como família, igreja, negócio etc.] do que "saques".[6]

Smalley prossegue dizendo que "saque" significa qualquer coisa que esgote a energia do cônjuge: palavra áspera, promessa não cumprida ou ser desprezado, ofendido ou controlado.

Em essência, para o bom andamento da nossa "conta bancária relacional", precisamos mais de depósitos que de saques. Ouvi certa vez que são necessários dez comentários positivos para compensar uma observação negativa. Penso que isso é bem provável. É o que eu chamo de "espírito de afirmação" nos relacionamentos.

## Acentue os pontos positivos, elimine os pontos negativos

Muitas vezes, nós, que pertencemos ao Corpo de Cristo, temos a tendência de ser extremamente negativos. Algumas culturas e gerações são muito mais críticas que outras. Certa vez, fui mentora de uma jovem vinda de um país onde o povo usava de franqueza com mais liberdade que nós do Texas. Ela sempre provocava indignação pelos comentários que fazia na igreja. Por exemplo, ela se aproximava de uma mulher e dizia: "Você fica muito gorda nesse vestido". Esse tipo de sinceridade grosseira era prejudicial em qualquer situação, mas na nossa cultura sulina, era praticamente imperdoável.

Trabalhamos juntas no assunto por muito tempo até que ela começou a ver que era uma pessoa crítica, tanto em termos pessoais quanto culturais. E, com o tempo, passou a ser muito mais delicada e amável.

---

6 Advice You Can Bank On. **Focus on the Family Magazine**, p. 3-4, Feb. 1997

Penso às vezes que deveríamos "jejuar" de críticas por três dias, para saber se somos capazes de nos abster de falar mal dos outros. Quando tentei isso, fiquei atônita diante de tantos pensamentos críticos que tive de destruir na minha mente, para que não saíssem pela boca. Faço esse exercício rotineiramente, a exemplo de muitos cristãos.

*Penso às vezes que deveríamos "jejuar" de críticas por três dias, para saber se somos capazes de nos abster de falar mal dos outros.*

Dizer palavras positivas a respeito dos outros é um conceito muito importante para os homens e as mulheres entenderem. Às vezes, é difícil verbalizar um elogio a respeito de outra pessoa, mesmo que esse seja o nosso desejo.

Muitas pessoas da geração dos meus pais (dos tempos da Segunda Guerra Mundial) tinham uma filosofia não revelada de que não se deve elogiar os filhos na frente deles para que não se tornem mimados. Comecei a conversar com pessoas da minha idade e descobri que seus pais os elogiavam para os irmãos ou irmãs, mas não lhes diziam palavras positivas diretamente. Às vezes, quando menciono essa filosofia a diferentes membros da geração dos meus pais, a princípio eles me olham surpresos, mas depois começam a mudar esse modo de pensar prejudicial.

Algumas culturas não costumam elogiar pessoas. O pensamento é este: *Por que devo elogiar alguém por ele ter feito o que deveria fazer?* É importante, contudo, que todos recebam palavras de encorajamento e gratidão. A Bíblia tem muito a dizer sobre agradecimento (v., por exemplo, 1Crônicas 16.8; Salmos 7.17; 50.14; 68.26; 142.7; Isaías 12.4; 2Coríntios 9.11; Efésios 5.4; 1Tessalonicences 5.18).

As mulheres principalmente necessitam de afirmação verbal. É por isso que as Escrituras mencionam quatro vezes que o homem deve amar a esposa. Se as mulheres não receberem afirmações suficientes, especialmente dos maridos (se forem casadas), poderão ficar muito vulneráveis à atenção de outros homens. Isso não quer dizer que os homens não necessitam de afirmação; é claro que necessitam. Mas as mulheres, em geral, têm uma necessidade maior de afirmação que os homens.

## Quando os laços entre gêneros levam à escravidão

Ao estudar por que as pessoas caem em adultério, descobri que as mulheres cristãs são fascinadas com mais frequência pela espiritualidade e sensibilidade dos homens que pelo físico. Isso cria um laço nas emoções ou na alma que quase sempre leva ao adultério espiritual.

O adultério espiritual e emocional ocorre quando duas pessoas, sendo uma delas casada, formam um vínculo no qual pensam mais um no outro que no cônjuge (isso pode ocorrer no escritório, na igreja ou na escola). Existe essa possibilidade na sua vida? Um bom teste é examinar os seus pensamentos. Quanto tempo você passa pensando em uma pessoa do sexo oposto que não é o seu cônjuge?

Anos atrás, tive um relacionamento profissional rotineiro com um líder de outro ministério. Depois de alguns meses, percebi que aguardava ansiosamente pelos telefonemas dele. Tínhamos muitas coisas em comum. Cada conversa era estimulante em termos espirituais e intelectuais. Na época, Mike estava trabalhando arduamente em um emprego que o afastava de casa das 7 às 20 ou 21 horas.

Entenda-me, por favor: nunca peguei na mão daquele homem, nunca o beijei nem imaginei tal coisa. A atração, no entanto, era forte — muito, muito forte. Derivei para um modo de pensamento no qual ele ocupava um espaço nas minhas emoções que só o meu marido deveria preencher.

Mike e eu sempre tivemos um relacionamento no qual podemos conversar abertamente sobre qualquer assunto. Um dia, Mike disse: "Querida, esse cara liga para perguntar sobre você quando você está dirigindo na estrada. Quer saber se chegou bem e como vai o seu ministério. Acho que ele se preocupa um pouco demais com você".

Fui atingida imediatamente por uma enorme constatação da realidade. Veja, se eu tivesse tido consciência de que o meu relacionamento com aquele líder havia ido longe demais emocionalmente, teria me afastado muito tempo antes. Estava cega em razão da distância que havia entre Mike e mim por causa do emprego dele e de nossa vida agitada e, para ser sincera, as minhas emoções diziam que eu precisava conversar com alguém.

Contei, então, a Mike que me sentia um pouco envolvida emocionalmente com aquele homem e fiquei chocada ao me dar conta disso. Oramos juntos, e pedi perdão a Deus. Depois, Mike e eu conversamos sobre como melhorar a nossa comunicação.

Eu não havia entendido que conversas íntimas geram intimidade. Quando conversamos com alguém do sexo oposto, é muito importante manter um relacionamento somente fraterno. Isso é especialmente importante com parceiros de oração. Os parceiros de oração do sexo oposto nunca devem tornar-se confidentes mais íntimos que o seu cônjuge. Nem você deve ter reuniões a sós com eles. Conversas por telefone são aceitáveis, mas eu as limitaria e envolveria o cônjuge da outra pessoa sempre que possível.

Depois de conversar com Mike, pensei que seria muito fácil romper o laço que eu havia formado com o outro homem. Errado! Apesar de ter parado com as nossas conversas por telefone, a atração que sentia por ele era enorme. Havia dias em que eu fazia o possível para não pegar o telefone e ligar para ele. A lembrança de sua voz e de como ele era me assaltava a mente.

Finalmente, clamei ao Senhor pedindo ajuda. O Senhor falou carinhosamente ao meu espírito que o principal motivo de eu estar tão vinculada emocionalmente a outro homem era porque *ele* — o próprio Deus — não era mais o meu primeiro amor. O Senhor poderia ter me mantido emocionalmente pura e afastada daquele homem se eu tivesse passado mais tempo de intimidade com ele em adoração e oração. Que revelação!

O Espírito Santo instruiu-me então a apropriar-me do temor do Senhor na minha vida a respeito daquele relacionamento. Fechei os olhos e imaginei-me na sala do trono no céu e entreguei a Deus todas as minhas necessidades e espaços vazios, e pedi-lhe que os preenchesse com sua presença e amor. Imediatamente, senti uma doce presença do Senhor, e o toque de sua resposta penetrou a minha alma.

O que aconteceu a seguir pegou-me de surpresa. De repente, tive uma visão de estar dançando com Mike, e uma música que foi especial para mim quando me apaixonei por ele me veio à memória: "A primeira vez que vi seu rosto". Naquele momento, todas as emoções do primeiro amor que senti por Mike inundaram-me o coração. Voltei a apaixonar-me pelo meu marido.

Adultério espiritual. Parece muito feio, não? Na verdade, pode ocorrer em outros tipos de relacionamentos. Ouvi falar de um líder cristão a quem Deus disse que ele se encontrava em adultério espiritual com o ministério. A situação estava definitivamente descontrolada em seu lar.

## Laços de alma: os bons, os piedosos e os maus

O outro tipo de laço é o *laço de alma*, que também ocorre no nível emocional. Ao contrário do adultério espiritual, ele afeta os casados e os não casados, e pode ser saudável ou nocivo. O laço de alma forma-se entre duas pessoas ligadas por algum tipo de aliança feita por elas. Um exemplo bíblico bem conhecido de laço de alma piedoso é a amizade entre Davi e Jônatas. Lemos em 1Samuel 18.1,3,4 (*Almeida Revista e Atualizada*) a respeito desse laço:

> Sucedeu que, acabando Davi de falar com Saul, a alma de Jônatas se ligou com a de Davi; e Jônatas o amou como à sua própria alma. [...] Jônatas e Davi fizeram aliança. Porque Jônatas o amava como à sua própria alma. Despojou-se Jônatas da capa que vestia e a deu a Davi, como também a armadura, inclusive a espada, o arco e o cinto.

Segundo a *Strong's Concordance*, a palavra *ligar* significa "amarrar ou atar".[7] As almas de Davi e Jônatas se ligaram por meio de uma aliança. Isso é maravilhoso. No entanto, um lado sombrio pode vir à superfície e ligar você a um relacionamento nocivo, como o que já mencionei. Esses laços podem ser muito

---

[7] STRONG, James. **The New Strong's Exhaustive Concordance of Bible**. Thomas Nelson, 1984, n. 7194.

fortes, por isso é muito importante que você não inicie um relacionamento dessa espécie com outra pessoa.

### *Laços de alma saudáveis*

Os relacionamentos saudáveis, ligados por uma aliança, podem ser uma bênção e uma força tremendas. Mike e eu, por exemplo, temos esse tipo de relacionamento com vários casais. Mencionei que aprendi muito com Peter e Doris Wagner. Além deles, posso citar Ed e Ruth Silvoso, Chuck e Pam Pierce, Bob e Susan Beckett, Dutch e Ceci Sheets, Russ e Julie Zylstra, Jim e Becky Hennesy, Hal e Cheryl Sacks. É extensa a lista de pessoas que consideramos membros da nossa família. Juntos, nós choramos, oramos e atravessamos grandes crises. São relacionamentos do tipo "até que a morte nos separe", a menos que o Senhor nos diga o contrário.

Além do laço de alma piedoso entre Davi e Jônatas, há outro exemplo desse laço no Antigo Testamento: o laço entre Rute e Noemi, que costuma ser cantado nos casamentos: "*Não insistas* comigo *que te deixe*" (Rute 1.16). O relacionamento entre uma mulher mais velha e outra mais nova foi muito saudável.

### *Laços de alma nocivos*

Laços de alma nocivos e disfuncionais são perigosos. Os conselheiros poderiam chamá-los de relacionamentos codependentes. Uma das maneiras pelas quais esses laços se formam de modo negativo é por meio do sexo fora do casamento. A Bíblia diz que na união sexual os dois se tornam uma só carne (v. Mateus 19.5; 1Coríntios 6.16).

Tenho aconselhado com frequência pessoas — casadas ou não — que são atormentadas por pensamentos de ex-namorados ou ex-namoradas com quem tiveram relações sexuais. Às vezes, tais lembranças permanecem mesmo depois que a pessoa pediu perdão por seus pecados. Os casados quase sempre sentem muita culpa por causa desses pensamentos e emoções traidores. Veja, eles estão amarrados de forma sobrenatural aos antigos relacionamentos. Graças a Deus por seu poder de romper esses tipos de laços! Outros relacionamentos feitos por meio de alianças e que causam problemas têm origem nas antigas formas que as igrejas usavam para incluir seus membros: as pessoas prometiam fazer parte dela, mas nunca pediam para ser liberadas de tais promessas para frequentar outro lugar.

Como você pode romper um laço de alma nocivo? Bom, Deus poderá dar-lhe um plano sobrenatural como fez no caso do meu envolvimento emocional, ou você poderá fazer uma destas orações comigo:

> *Deus Pai, neste momento peço-te perdão pelo pecado de romper uma aliança e/ou formar um laço de alma nocivo fora do casamento. Peço que me perdoes. Em nome de Jesus, amém.*

A oração também pode ser feita desta maneira:

> *Deus Pai, reconheço que tive um laço de alma nocivo com __________. Peço-te que me libertes hoje. Liberta os meus pensamentos e as minhas emoções. Neste momento, eu rompo qualquer laço que posso ter tido com essa pessoa. Em nome de Jesus, amém.*

Devo admitir que não é fácil ser tão vulnerável a respeito da minha vida pessoal. No entanto, depois de aconselhar muitas, muitas pessoas que tinham problemas com adultério espiritual e laços de alma nocivos, achei que a melhor maneira de libertar você de verdade seria abrir o meu coração e contar-lhe a minha experiência. Oro para que a verdade a liberte. Ela poderá salvar o seu casamento ou o casamento de alguém próximo a você ou ajudá-la a afastar-se de um relacionamento codependente que a impede de encontrar tudo o que Deus planejou para você.

## O bálsamo terapêutico

Embora essas verdades que relatei possam ocorrer em vários níveis, a ferida mais profunda que necessita do bálsamo terapêutico do poder do Senhor na maioria dos relacionamentos começa com a questão de gêneros. John Dawson diz em seu livro *Healing America's Wounds*: "As feridas infligidas por homens e mulheres uns nos outros constituem a falha fundamental que alinhava todos os outros conflitos humanos".[8]

Alguns anos atrás, estive presente na plateia de uma conferência da Aglow International, em Orlando, Flórida, tendo John Dawson como palestrante. Perto do fim da palestra, John, de modo simples e humilde, fez uma confissão e pediu perdão a quase 10 mil mulheres que representavam cerca de 80 países. John pediu perdão como homem pela imensidão de feridas que os homens haviam causado a essas mulheres.

Como posso descrever o que aconteceu? Uma torrente de lágrimas foi derramada por muitas, muitas mulheres. A maioria — algumas vítimas de incesto, abuso físico e/ou emocional — jamais sonhara que ouviria tais palavras de um homem. Olhei ao redor e vi mulheres segurando uma na outra e chorando.

8 Ventura, CA: Regal, 1994. p. 246. [**Reconciliação:** Curando as feridas da nação. Almirante Tamandaré, PR: Jocum, 2009.]

O poder do perdão agiu em uma escala que poucas pessoas no Corpo de Cristo entendem.

Aquelas simples palavras causaram uma liberação sobrenatural do amor e do poder de Deus. Quem poderia sonhar que as palavras de John Dawson fossem capazes de produzir um efeito tão profundo naquela reunião de mulheres? John se pôs na brecha em favor daquelas mulheres feridas, para libertá-las de suas prisões emocionais.

Alguns anos depois, sentei-me para ler o livro de John, *Healing America's Wounds*, no qual ele faz uma confissão por escrito, e emocionei-me mais uma vez com as lembranças daquele momento:

> Prezada leitora, posso não ser o homem que a feriu; no entanto, olho para a sua ferida com vergonha e constrangimento. Houve ocasiões em que tive de pedir perdão a mãe, esposa, irmã e colega do sexo feminino. Pediria perdão a uma mulher em particular, se soubesse como entrar em contato com ela. Conheço o orgulho masculino e os apetites do homem. Talvez eu não tenha cometido estupro ou outra ofensa abominável, mas isso é apenas uma questão de ponto de vista.
>
> Algumas de vocês foram molestadas pelo pai — a maior traição que pode ser cometida por um pai ou mãe. Algumas de vocês sofreram outras formas de incesto e se sentem despedaçadas desde então. Algumas de vocês conhecem aquele tipo de brincadeira de um rapaz adolescente, que pode ter sido física ou emocional, e quase todas carregam uma ferida de rejeição de um relacionamento rompido na adolescência ou de um casamento problemático.
>
> Vocês sabem o que significa ser desejada como uma comida apetitosa por alguém cuja força é maior que a sua; ser humilhada ou objeto de zombaria na presença de homens. Também sabem o que significa ser tratada com ternura, mas nunca levada a sério, ver seus dons rejeitados e seus conselhos desprezados.

> Por favor, perdoem-me, perdoem-nos. Vocês nunca foram destinadas a experimentar essas coisas. Elas representam uma distorção torpe da parte do caráter de Deus que lhe deveria ser revelado pelo seu pai, irmão, marido e colega. Essas coisas partem o coração de Deus da mesma forma que partem o seu.[9]

É possível que a confissão de John tenha tocado você de modo profundo. Em caso afirmativo, eu a encorajo a não passar os olhos rapidamente por este capítulo. Que tal parar e perdoar qualquer ferida que um homem ou uma mulher tenha lhe causado? As mulheres podem ser controladoras e dominadoras e ferir os homens com quem se relacionam. Essa questão de gênero é uma via de mão dupla; ambos possuem pecados graves que necessitam ser tratados. O poder da cruz está aqui mesmo, na Palavra escrita. Você poderá ligar para um amigo e pedir oração. Tiago 5.16a diz: "Portanto, confessem os seus pecados [seus erros] uns aos outros e orem uns pelos outros para serem curados".

Certa vez, palestrei em uma conferência em Brisbane, Austrália, em companhia de John, quando ele decidiu que havia necessidade de arrependimento entre os sexos. Trabalhamos nesse conceito por três dias antes que ocorresse a verdadeira confissão e arrependimento. A certa altura, um pastor batista chamou as mulheres da igreja à frente e pediu-lhes perdão por não ter autorizado a entrada delas no ministério.

A reação foi estarrecedora. Algumas mulheres muito reservadas e de pouco falar caíram de joelhos e choraram lamentando-se e gemendo. Os níveis de dor devem ter sido enormes! Mais tarde, enquanto estudava a história da Austrália, descobri

[9] Ibid., p. 247.

por que as mulheres daquele país sofrem. As primeiras mulheres brancas que chegaram à praia, procedentes da antiga colônia penal, foram estupradas repetidas vezes por gangues e sofreram outras violências indescritíveis.

Após nossa visita, Jim Nightingale, Robyn Pebbles e outros líderes australianos foram ao lugar onde aquelas atrocidades ocorreram e reencenaram a chegada das mulheres com roupas da época por meio de um ato profético. A diferença foi que, em vez de serem terrivelmente abusadas, as mulheres receberam uma acolhida piedosa, e diante delas foi lida uma proclamação de arrependimento. Creio que naquele dia o machado atingiu a raiz do problema do abuso infligido às mulheres por meio de um ato amoroso e profético.

### *Vive la différence!*

Deus tem propósitos não somente para os gêneros, mas também *racialmente* dentro dos gêneros. Eu explico. Quando criou as raças, Deus estabeleceu também propósitos ou forças redentoras dentro das mulheres ou dos homens de diferentes grupos étnicos. Certo dia, enquanto meditava, pensei no fato de que Deus escolheu uma mulher judia para criar seu Filho na terra.

Embora as mulheres judias sejam comumente classificadas como mulheres controladoras e sufocadoras, trata-se apenas de uma perversão do dom maravilhoso que as mulheres judias receberam de cuidar dos filhos. Para minhas leitoras que são mães ou professoras da escola dominical, creio que temos a grande possibilidade de aprender com a cultura judaica. (Entendo, claro, que há excelentes mães em todas as culturas.)

Um dos meus bons amigos judeus, Hal Sacks, do Bridge Builders Ministries, em Phoenix, Arizona, comenta que os homens judeus possuem dons especiais de fidelidade à esposa e à família, bem como perseverança diante de grande adversidade.

Outras culturas enfatizam a hospitalidade, como a italiana e a árabe. As mulheres italianas em geral fazem questão de oferecer alimento às pessoas que visitam sua casa. Os homens italianos, a meu ver, parecem ter o dom de liderança. Ouvi falar de ex-mafiosos que foram os melhores indicadores de lugar ou administradores de igrejas. Por quê? Porque entendem o significado de autoridade.

A cura de gêneros e raças será muito proveitosa. Essa é realmente uma área pioneira que estamos começando a entender no Corpo de Cristo. Pessoalmente, creio que avançamos muito mais na área da reconciliação racial que na reconciliação de gêneros. As conferências nas quais os líderes se sentem bastante confortáveis para tratar da questão de raça ainda não começaram sequer a tocar no assunto de gêneros.

Enquanto falava a uma grande plateia feminina, recebi uma profecia inusitada do Senhor, que dizia mais ou menos assim:

> Se o meu Corpo começar a liberar reconciliação e cura entre os gêneros, chegará o dia em que o divórcio na Igreja será anormal. Eu desejo a cura entre o homem e a mulher. O meu povo aceitou a mentira de que sempre haverá um grande número de pessoas se divorciando. Desejo curar os divorciados e os que foram vítimas do divórcio, mas desejo também derrubar as paredes que causam rompimentos relacionais e divórcio. Apenas creia, diz o Senhor, porque todas as coisas são possíveis se você apenas acreditar.

Levei um bom tempo para escrever os próximos capítulos, porque li pilhas de livros e me debrucei sobre várias traduções da Bíblia. Trabalhei também com alguns teólogos que estudam fervorosamente o grego e o hebraico a respeito do assunto das mulheres e da Igreja. Na verdade, o material que encontrei é muito empolgante, e oro para que ele libere um grande número de mulheres para muitas áreas do ministério.

## CAPÍTULO 8

# A questão da mulher

Uma vez que o Senhor está chamando mulheres consagradas do mundo inteiro para que *se levantem*, para que sejam transformadoras em suas comunidades e amem a Deus de todo o coração, é importante ter um bom entendimento teológico do papel que elas ocupam. Isso é fundamental. Muitas mulheres que possuem uma profissão têm problema em encontrar seu lugar — não apenas fora da igreja, mas também dentro de suas paredes.

Deus está chamando muitas mulheres nesta hora para segui-lo e usar todos os seus talentos, dons e habilidades. Para muitas, é estressante e confuso entender como fazer isso de uma forma bíblica que agrade ao Senhor.

Conforme já insinuei, fiquei estarrecida ao ler os relatos de ministras do evangelho de um século atrás cujas lutas foram semelhantes às que enfrentei no início da década de 1980, quando finalmente me submeti ao chamado de Deus. Surpreendentemente, ainda ouço da boca das mulheres jovens de hoje essas mesmas questões não resolvidas.

## Mas, Senhor, o que a mulher deve fazer?

Quais são os motivos de trepidação no coração das mulheres chamadas por Deus? Embora os motivos sejam variados, estes são os mais frequentes:

*Mulheres em geral*

1. E quanto àquelas passagens complicadas? (É verdade que as mulheres devem permanecer em silêncio na igreja?)
2. Deus está me chamando realmente?
3. Qual é o chamado dele para mim?
4. Como o meu "sim" impactará a minha família ou meus relacionamentos?
5. O que o meu pastor e a igreja pensarão?
6. Estou tendo alucinações grandiosas por pensar que Deus deseja que eu seja ministra do evangelho?
7. Como encontrar respostas para todas essas perguntas?

*Mulheres casadas*

1. Como devo me relacionar com o meu marido sendo uma mulher que ocupa um cargo de liderança?
2. E quanto a questão de "submissão"?
3. Como vou cuidar dos meus deveres em casa se entrar para o ministério? (Quem lavará a roupa e fará compras no supermercado?)
4. O que o meu marido vai pensar? Ficará furioso, me apoiará ou pensará que perdi o juízo? Será que perdi o juízo?

*Mulheres solteiras*

1. Se eu aceitar o chamado, o homem por quem me apaixonei ficará feliz?

2. Como vou conseguir me manter financeiramente se entrar para o ministério em tempo integral?
3. O que as pessoas vão pensar de uma mulher solteira ministrando sozinha?
4. Como vou explicar o chamado de Deus para mim às pessoas da minha igreja?

Essas perguntas tendem a fervilhar na sua cabeça até o ponto de você se entregar ao desespero e às lágrimas. Acredite em mim, eu também já passei por isso e vivi essa experiência. Muitas vozes bombardeiam a mulher que tenta encontrar o seu lugar, não apenas no ministério, mas na vida em geral. Para a mulher que sente o chamado de Deus, o processo para tomar a decisão é, em grande parte, composto de medo de não obedecer ao chamado, bem como medo de ser rotulada como não bíblica.

Se a mulher foi criada em uma parte do mundo onde o sexo feminino é reprimido ou oprimido, ou se a cultura desaprova que as mulheres realizem qualquer tipo de trabalho fora de casa, quase sempre ocorre uma fratura exposta que pode impedir sua capacidade de ouvir a voz de Deus.

## Restaurando as verdades de Deus sobre as mulheres

E então, como você responde a essas perguntas e encontra a vontade de Deus para sua vida? Eu gostaria de ter todas as respostas. Só posso lhe dizer que vasculhei um grande número de materiais, reuni-me com teólogos altamente respeitados e ouvi atentamente a direção do Espírito Santo enquanto pesquisava o assunto.

De uma coisa estou certa: *Deus está chamando hoje as mulheres de uma forma mais ampla de um modo nunca visto.* As principais vozes proféticas estão profetizando no mundo inteiro que chegou a hora de encontrar um caminho para conduzir as mulheres ao ministério. Alguns profetas dizem: Deus está levantando uma nova geração de ministras do evangelho na unção de uma Ester ou de uma Débora". Outros anunciam: "Abram caminho para as mulheres, porque Deus está derramando sua unção dos últimos tempos sobre as mulheres".

*As principais vozes proféticas estão profetizando no mundo inteiro que chegou a hora de encontrar um caminho para conduzir as mulheres ao ministério.*

O dr. Bill Hamon sempre menciona o que ele chama de "verdade restaurada" ou o fato de que Deus ressalta determinadas verdades em diferentes tempos ao longo dos séculos. A afirmação vibrante de Lutero de que "o justo viverá pela fé" foi uma verdade restaurada que deu início à Reforma Protestante; hoje, a maioria dos católicos concorda que a visão de Lutero era válida. Parte da função do profeta é anunciar à Igreja as verdades que Deus está restaurando, ou verdades que têm sido negligenciadas. Esse é o caso do papel das mulheres na Igreja.

## Uma ordem para os dois gêneros

Nenhum assunto na Igreja de hoje é mais polêmico que o papel das mulheres no ministério. Um bom amigo meu, que foi o editor de uma importante revista cristã, disse: "Basta colocar *mulher* e *ministério* na mesma frase, e você não vai acreditar no grande número de cartas iradas que vamos receber".

Um comentário extremamente perspicaz chegou até mim vindo de Gary Kinnaman, que pastoreia os pastores do Arizona. Certo dia, durante o café da manhã com Gary e sua esposa, Marilyn, ele trouxe à baila o texto de Gálatas 3.28. "Cindy", ele disse, "o Corpo de Cristo percorreu um longo caminho para reconhecer que não há judeu nem grego, nem escravo nem livre, mas ainda não começamos a entender que não há homem nem mulher."

Escrevi um capítulo inteiro sobre o assunto de gênero, mas sinto que preciso escrever este capítulo como a pedra fundamental sobre a qual construirei o restante do livro. Muitos líderes acreditam, como já mencionei, que resolver o conflito de gênero no ministério é semelhante à "fronteira final" para a Igreja. Alguns profetas foram longe demais ao dizer que acreditam que, em cinco anos, a maioria de nós terá a sensação de que estávamos vivendo na era das trevas a respeito das mulheres no ministério.

Pouco antes de sua morte em 2015, Vonette Bright, da Cruzada Estudantil para Cristo, fez a seguinte declaração em um discurso dirigido a homens e mulheres na reunião "América Latina 2000", no Panamá, que atraiu cerca de 400 mil representantes: "Não há duas ordens — uma para homens e uma para mulheres".

E prosseguiu descrevendo como Bill (seu marido), fundador e presidente da Cruzada Estudantil para Cristo, sempre a tratou como parceira do mesmo nível no ministério. Ela queria ser apenas a sra. Bill Bright, mas ele insistiu com ela para desenvolver seu dom de liderança. Como resultado, ela estava sempre em companhia de homens em comitês e foi uma das três mulheres que fez parte dos primeiros 50 membros do Comitê de Lausanne para Evangelização Mundial, que ajuda a mobilizar líderes evangélicos. Sua visão mudou ao longo dos anos enquanto viajou pelo mundo e viu como as mulheres são humilhadas. Sua voz soou alto, para que todos ouvissem claramente seu aviso: "Sinto que Deus pode julgar alguns homens por limitar as mulheres e não permitir que desenvolvam seus dons de liderança".

Vonette falou da evidência de como as perspectivas das mulheres aperfeiçoa as decisões do comitê: um ponto de vista feminino pode ajudar a equilibrar a visão afunilada dos homens, que tende a focar nos resultados sem considerar como esses resultados poderão ajudar e ferir as pessoas.[10]

## A questão da mulher: determinando sua posição

Enquanto estudava as chamadas "passagens difíceis" a respeito das mulheres, concluí que as diferentes interpretações são semelhantes às que se referem à escatologia do fim dos tempos: com o passar dos anos, ouvi excelentes sermões sobre quase todas as posições — todas usando as Escrituras, e todas soando como se tivessem mérito! Quando esse tipo de impasse ocorre, precisamos chegar a uma posição por meio de estudo pessoal, de oração e de buscar a face de Deus.

Tive de esmiuçar as minhas fontes de referências culturais e denominacionais a fim de discernir o que procede do Espírito e o que é simplesmente "coisa minha". Estes são dois exemplos dos meus filtros pessoais:

1. Como a minha formação cultural ou denominacional está mascarando as minhas crenças? (Fui criada no Texas

[10] BRIGHT, Vonette. **Women of Vision 2000**. Boletim do AD200 and Beyond Movement Women's Track, p. 4, primeiro trimestre de 1997.

e dentro da cultura batista do sul. Seja qual for a nossa formação, todos nós temos preconceitos culturais, quer admitamos quer não.)

2. Como a minha "bagagem" pessoal está me impedindo de olhar para as Escrituras de um modo diferente? (Por exemplo: Tenho preconceito contra os homens ou contra as mulheres por causa da minha família de origem ou por causa do medo de estar errada ou de ser desleal à minha denominação?)

Enquanto considerava a minha formação, tive de perguntar a mim mesma: *Já estudei sinceramente a opinião contrária enquanto orava fervorosamente ao Senhor para que me desse seu coração e sua mente no assunto em vez de simplesmente confiar nas informações que recebi?*.

Quando Deus começou a tratar comigo a respeito de pregar o evangelho, conforme mencionei no capítulo 1, tive de sair da posição extrema de que a pregação do evangelho por mulheres era antibíblica e aceitar ser ministra do evangelho.

Muitas mulheres ao longo da história e do mundo moderno trouxeram e estão trazendo grandes bênçãos ao Corpo de Cristo por meio de seus ministérios de ensino, obra missionária ou pastoreando igrejas. Jesus disse: " 'Assim, pelos seus frutos vocês os reconhecerão!' " (Mateus 7.20). Uma das maneiras de julgar se Deus está agindo ou não por meio do ministério de uma pessoa é medir seus frutos e bênçãos. Mulheres em numerosos ministérios diferentes ensinam que tanto os homens quanto as mulheres estão produzindo frutos espirituais e duradouros para o Reino. Estaria isso acontecendo se Deus não aprovasse o trabalho das mulheres?

O ministério delas não estaria morto e sem vida se não tivesse sido ungido por Deus? Essa única pergunta deve compelir-nos a repensar algumas das posições tradicionais que a Igreja tem tomado a respeito das mulheres.

## A verdade não muda; as crenças mudam

No decorrer dos anos, o Senhor tocou a minha vida muitas vezes por meio de uma experiência que foi além das minhas crenças teológicas e me forçou a fazer uma pesquisa séria na Palavra escrita. Lembro-me de quando não acreditava que Deus falava a seus filhos sem ser por meio das Escrituras. (Havia aprendido que, uma vez que o cânon das Escrituras está fechado, Deus não fala mais como falava nos tempos bíblicos.) O meu entendimento mudou tanto que escrevi um livro inteiro sobre como ouvir a voz de Deus.

O meu pai e pastor, que partiu em 1973 para estar com o Senhor, ajudou-me imensamente na minha jornada espiritual. Perguntei-lhe certa vez: — Pai, o que você faria se descobrisse que suas crenças não são verdadeiras?

Com os olhos fitos nos meus, ele respondeu: — Querida, eu iria aonde a verdade fosse ensinada. — Sua resposta foi muito libertadora para mim. Permitiu que examinasse e julgasse a doutrina que ouço do púlpito à luz das Escrituras. Papai sempre quis que eu tivesse um relacionamento *pessoal* com Jesus Cristo em vez de um relacionamento indireto, e um entendimento *pessoal* da verdade em vez de um entendimento indireto.

Por que expliquei tudo isso? Por este motivo: se você não está disposto a reexaminar suas crenças, se não está disposto a permitir que o Espírito Santo exponha quaisquer motivos que o estejam forçando a ser preconceituoso injustamente, talvez esteja perdendo tempo ao ler este capítulo. Entenda, por favor, que não quero impor minhas conclusões a você, pois sei que posso ser influenciada pelos meus próprios preconceitos. Talvez você leia as minhas conclusões e descubra qual é o seu sistema de crenças. No entanto, eu gostaria que, juntos, pedíssemos ao Senhor que *nos ajude a pensar neste assunto como ele pensa*. Antes de continuar, por favor, faça esta oração comigo:

> *Pai querido, dá-me olhos para ver e ouvidos para ouvir as verdades que talvez sejam diferentes do meu modo de pensar. Peço-te, pelo poder do teu Santo Espírito dentro de mim, que abras a minha mente para um novo entendimento. Mostra-me onde os meus preconceitos culturais ou religiosos possam ter afetado a minha disposição de aceitar o que o Espírito diz à Igreja hoje. Em nome de Jesus, amém.*

A partir de agora vamos lidar com as duas questões mais polêmicas a respeito das mulheres no ministério evangelístico:

1. Se as mulheres podem ou não doutrinar os homens na Igreja.
2. Se as mulheres precisam continuar "submissas", doutrinando ou não os homens.

Falarei mais sobre as estruturas de autoridade no lar no capítulo 9 e mais sobre autoridade espiritual fora do lar no capítulo 10. *Seja paciente comigo, por favor!* São áreas *extremamente* sensíveis para se abordar. Na verdade, muitos dos meus amigos sorriram e disseram: "Cindy, estou muito feliz por Deus não ter pedido que eu lidasse com a questão da mulher". Tenho orado para que o Senhor me ajude a apresentar os diferentes lados do assunto, para que você possa orar e encontrar as respostas que trarão paz ao seu coração. Sou grata pelos movimentos e mestres que surgiram desde que comecei a lidar com essas partes das Escrituras. Muitas pessoas, como Bill e Beni Johnson, Ché e Sue Ahn, John e Carol Arnott, John e Brenda Kilpatrick, entre outras, percorreram um caminho tão longo para que as mulheres ocupassem cargo de liderança que o assunto deixou de ser novidade. No entanto, acredite em mim, em muitas igrejas e denominações o assunto continua a ser polêmico.

### Formulando o seu preconceito para interpretação

Enquanto pesquisava o assunto, recebi um estudo intitulado "Gênero e Liderança", do dr. J. Robert Clinton, professor do Fuller Theological Seminary. O estudo revela a jornada do próprio dr. Clinton a respeito das mulheres na liderança e que o levou a uma mudança de paradigma (isto é, mudança de um modelo de explicação para outro) a respeito das mulheres no ministério. A mudança foi causada, em parte, por ele ter recebido uma bênção especial do Senhor por meio do ministério de líderes do sexo feminino.

Em seu estudo perspicaz, Clinton expõe os seis axiomas (isto é, regras estabelecidas ou princípios de verdades evidentes por si mesma) que aprendeu em seus anos de estudo bíblico. Esses axiomas, ele salienta, formam parte de seu alicerce para interpretar a Bíblia. Incluem a ordem de "interpretar passagens não claras à luz das passagens claras — não o contrário" e o entendimento de que "as passagens polêmicas às quais falta o consenso de pessoas espirituais de diferentes gêneros significam, em geral, que as passagens não são claras o suficiente para esclarecer com certeza absoluta. Portanto, precisamos ser tolerantes com as ideias diferentes sobre essas passagens".[11]

Além dos argumentos de Clinton, vários fatos das Escrituras são claros para mim:

- Deus usou mulheres para promover a propagação do evangelho.
- As mulheres foram usadas por Deus em posições de liderança tanto no Antigo como no Novo Testamentos.
- Deus escolheu mulheres como líderes no Antigo Testamento, o que as colocou em funções que afetaram a nação inteira de Israel (como Débora, Ester e Miriã). No Novo Testamento, poderíamos comparar essa escolha à da liderança na Igreja se nos considerarmos "judeus interiormente" (Romanos 2.28,29); "o Israel de Deus" (Gálatas 6.11-16); e "geração eleita", "sacerdócio real" e "nação santa" (1Pedro 2.9-16; v. Deuteronômio 7.6). Não há nenhuma indicação nas Escrituras de que a escolha de mulheres líderes "desaparecerá" nos tempos do Novo Testamento.
- Tanto o Antigo quanto o Novo Testamentos dizem que Deus derramará seu Espírito sobre suas filhas e servas (v. Joel 2.28,29; Atos 2.17).

### Débora e Ester: chamadas para salvar suas nações

Veja, entendo que um segmento do Corpo de Cristo vai discordar de mim sobre o assunto de mulheres que ocupam cargos

[11] **Gender and Leadership:** My Personal Pilgrimage. Altadena, CA: Barnabas Publishers, 1995. p. 18-19.

de liderança na Igreja; no entanto, um segmento maior vai concordar. Usando Débora e Ester como exemplos, vemos que essas duas líderes receberam a missão de ocupar posições importantes no governo que afetaram a nação inteira (por escolha de Deus, claro, mas não é isso o que desejamos?). Débora *liderou* a nação como juíza acima de todos os juízes (v. Juízes 4.4,5; cf. Deuteronômio 16.18-20;17.9-12). Ela era a autoridade máxima. Instruiu e profetizou, e ordenou a Baraque que fosse à guerra (v. Juízes 4.6,7). Existe até um sinal de repreensão quando ela disse que a honra seria dada a uma mulher, não a Baraque, pela vitória (cf. v. 9). Hoje, algumas pessoas acusam Débora de ter extrapolado sua função quando deu ordem a um homem. Talvez seja até chamada de Jezabel!

Ester convocou uma nação inteira para uma reunião solene, pedindo a todos que jejuassem e orassem para salvar o povo de Deus (v. Ester 4.16). Já ouvi dizer que isso foi "apenas uma exceção". No entanto, chamar a atitude de Ester de "apenas uma exceção" reflete um preconceito contra as mulheres. Por que não dizer que "abriu um precedente"?

Não somos todos nós "exceções" de uma forma ou outra pela graça e pelo chamado de Deus? Tenho certeza de que sou, porque vejo as minhas fraquezas e fragilidades quase sempre como letreiros luminosos piscando diante dos meus olhos.

### Um olhar mais atento às funções das mulheres

O dr. A. J. Gordon, fundador do Gordon College and Seminary e pastor batista nas décadas de 1880 e 1890, defendeu as mulheres no ministério. Ele foi o mentor histórico de Robert Clinton, a quem já me referi. Fiquei fascinada ao estudar o artigo do dr. Gordon sobre "O ministério das mulheres", escrito em dezembro de 1894. (Esse artigo está reproduzido no Apêndice A.) É muito importante para o mundo de hoje saber que um artigo escrito tanto tempo atrás me causou enorme surpresa. Um dos motivos pelos quais esse estudo é muito importante (conforme mencionado por Clinton) é que os argumentos de Gordon não podem ser desqualificados pelo fato de ele ter sido influenciado pelo movimento de liberação feminino. Ao contrário, os argumentos do dr. Gordon estão firmemente fundamentados nas Escrituras e guiados pelos mesmos princípios de interpretação que os tradicionalistas usam.

Vamos dar uma olhada em alguns exemplos de mulheres usadas por Deus nas Escrituras. Estou consciente de que haverá conflitos nessa área; o que é claro para mim talvez não seja claro para você. (Lembra-se da oração que fizemos antes? Mesmo que você se zangue com algum detalhe, leia até o fim e depois busque fervorosamente a orientação de Deus sobre o assunto.)

Analisaremos nos capítulos 10 e 12 a visão que Jesus tinha das mulheres em geral e como ele elevou o *status* das mulheres na sociedade. Por ora, vamos examinar o ministério das mulheres no Novo Testamento e na igreja primitiva, a fim de criar o alicerce para nos deslocarmos das passagens que são claras (ou mais claras) para as passagens não claras.

### Diaconisas

De acordo com várias traduções de Romanos 16.1, Febe é classificada como "serva"[12] da igreja em Cencreia. A palavra usada para descrevê-la, *diakonos*, está no masculino. Descobri várias

[12] As versões bíblicas mais antigas descrevem Febe como "serva". No entanto, veja: Bauer, Walter; Arndt, William F.; Gingrich, F. Wilbur; Danker, Frederic (Eds.), **A Greek--English Lexicon of the New Testament and Other Early Christian Literature**. Chicago (University of Chicago Press, 1957; edição revisada, 1979, p. 184, 2b), o qual cita textos latinos do início do século II que traduzem a palavra grega *diakonos* pela palavra latina *ministro*.

explicações diferentes a respeito da função de Febe. O artigo de 1894 escrito pelo dr. Gordon que mencionei antes é particularmente esclarecedor.

> A mesma palavra, *diakonos*, aqui traduzida por "servo", é interpretada como "ministro" quando se aplica a Paulo e Apolo (v. 1Coríntios 3.5) e "diácono" quando usada para descrever outros oficiais do sexo masculino na Igreja (v. 1Timóteo 3.10,12,13). Por que discriminar Febe simplesmente por ela ser mulher? A palavra "serva" está correta quanto ao uso informal do vocábulo, como em Mateus 22.[10]; mas, se Febe era realmente funcionária da Igreja, como temos o direito de concluir, que lhe seja dada a honra que lhe pertence. Se "Febe, serva da igreja em Cencreia" lhe soa uma expressão muito ousada, vamos deixar que a palavra seja transliterada deste modo: "Febe, diaconisa" — o mesmo que *diácono*, mas sem a terminação "isa" [...]. A correção "diaconisa" invadiu timidamente a margem da *Versão Revisada*, acrescentando assim um leve preconceito pela associação que esse nome tem com as irmandades e as ordens da Alta Igreja. É maravilhoso entender quantas coisas existem em um nome! "Febe, *serva*" pode sugerir a um leitor comum apenas o trabalho enfadonho realizado pela Igreja moderna, que prepara sanduíches e café para reuniões eclesiásticas. Para Canon Garratt, com sua visão genial e iluminada da posição da mulher nos tempos apostólicos, "Febe, diaconisa" sugere uma útil colaboradora de Paulo, "que viajava para realizar a obra missionária e outras obras de amor".[13]

Observamos no texto citado que o final da palavra *diakonos*, quando descreve a função de Febe, encontra-se no masculino. No entanto, Febe é claramente uma mulher. Parece que há ocasiões

[13] The Ministry of Women. **Missionary Reviews of the World**. New York: Funk & Wagnalls, 1894, 7, p. 916-917.

nas Escrituras nas quais os “cargos” na Igreja são destinados a homens, embora a pessoa que ocupe a função seja mulher!

Charles Trombley proporciona informações úteis a respeito do que Romanos 16.2 diz a respeito de Febe:

> Paulo usa uma palavra interessante a respeito de Febe em Romanos 16.2. A *Versão King James* usou a palavra *ajudadora* nesse versículo, mas a palavra *prostatis* não é traduzida dessa forma em nenhum outro lugar nas Escrituras em grego. Era uma palavra comum, clássica, que significava “protetora ou defensora, uma mulher acima dos outros”. É a forma feminina do substantivo masculino *prostates*, que significa “defensor” ou “guardião” quando se refere a homens. Em 1Timóteo 3.4,5,12 e 5.17, o verbo *peritoneum* é usado para qualificar bispos e diáconos quando Paulo encarregou os homens de “governar” bem sua casa, o que incluía cuidar das necessidades do lar. Seja qual for o significado dessa palavra para os homens, significa o mesmo para as mulheres. Seja o que for que aqueles bispos e diáconos faziam para cuidar de seus lares, Febe fazia o mesmo para a Igreja e para Paulo. As posições eram idênticas.
>
> Se não admitirmos que Febe “governava” ou “dirigia”, ou era “defensora” ou “guardiã”, temos então de rebaixar os diáconos homens ao mesmo nível daquilo que Febe estava ministrando. Se Febe apenas *succored* [ajudou], então era o que todos os diáconos faziam. É muito incoerente traduzir a palavra por “governador” quando ela se refere aos homens e *succourer* [ajudadora] quando se refere às mulheres.[14]

Outro lugar no qual a função das mulheres como diaconisas tem sido aparentemente minimizado é na tradução da palavra *gunaikas* (“mulheres” ou “esposas”) em 1Timóteo 3.11.

[14] **Who Said Woman Can't Teach**. South Plainsfield, NJ: Bridge Logos, 1985. p. 194-195.

Paulo acabara de descrever os requisitos para os bispos e diáconos (cf. v. 8-10). Muitos tradutores supõem que a expressão "as *gunaikas* igualmente" no v. 11 podia referir-se apenas às esposas dos líderes; para sustentar sua tradução, eles acrescentaram a palavra *suas* [*Bíblia King James Fiel*] ao texto. Em 1Timóteo 3.11, contudo, não há nenhum artigo definido na construção da frase, nem são usados possessivos. Além do mais, uma linguagem idêntica é usada tanto para diáconos quanto para as mulheres que "igualmente" precisam ser "dignas" (cf. v. 8,11). Significa, portanto, que a tradução de "suas mulheres" (*Bíblia King James*) deve ser rejeitada. Paulo refere-se claramente às mulheres em importantes posições de liderança.

E, de modo claro, Paulo tinha alta estima por Febe e outras mulheres que colaboravam com ele. Na verdade, das 29 pessoas que Paulo saúda em Romanos 16, dez são mulheres (se incluirmos Júnias, o que fiz).[15]

Outra razão para a importância das mulheres que ocuparam cargos de liderança na igreja primitiva é o testemunho de um governador da Bitínia, chamado Plínio, o Jovem (52-113 d.C.). Ele também assinala que as mulheres eram diaconisas na igreja primitiva. Em uma carta na qual pede conselho a respeito de

---

15 KITTEL, Gerhard; FRIEDRICH, Gerhard (eds.). **Theological Dictionary of the New Testament**. Grand Rapids: Eerdmans, 1964, v. 2, p. 93. De acordo com esses editores, surgiu rapidamente uma ordem de diaconisas na igreja primitiva. Vemos também que Paulo chamou Febe de *diaconisa*, uma palavra muito honrosa no Novo Testamento. É importante notar que Filipe também era diácono (em Atos 6.2, "servir" é o mesmo verbo usado para servir como diácono em 1Timóteo 3.10,13). Observe que, como diácono, Filipe pregou, curou, ensinou, batizou e implantou igrejas em locais missiológicos de várias culturas (v. Atos 8.4-25), sempre prestando contas aos presbíteros em Jerusalém (v. Atos 8.14ss). Fica, portanto, claro que os diáconos podiam e exerciam grande liderança e autoridade.

como lidar com o grande número de todas as classes e de ambos os sexos que se converteram a Cristo, Plínio declara:

> Pensei ser mais necessário investigar a verdade real do assunto submetendo à tortura duas escravas que eram chamadas *diaconisas*, mas não encontrei nada mais que uma perversa superstição que extrapolava todos os limites.[16]

Embora as mulheres fossem reconhecidas como líderes na igreja do século I, durante o século II as posições das mulheres em cargos de liderança começaram a desaparecer. Um texto escrito datado do início do século III chamado *Didascalia* (ensino) dizia que as pessoas, ao serem batizadas, saíam da água e eram recebidas e ensinadas pelas diaconisas, portanto essas mulheres continuaram ensinando durante o século III. No entanto, na época em que o Concílio de Orange se reuniu em 441, o ofício de diaconisas havia sido abolido quase por completo. O Concílio ordenou: "Que não haja nenhuma ordenação de diaconisas daqui em diante".[17]

Eu sempre me pergunto sobre a adição do "*isa*" — a palavra que usamos no ministério para descrever a função da mulher na Igreja. Quase sempre se aplica a uma posição inferior à do homem que realiza a mesma tarefa. De fato historicamente, quando a mudança foi feita de *diácono* para *diaconisa*, foi exatamente o que aconteceu.

É importante notar que há um número crescente de nomeação de diaconisas, tanto nas igrejas evangélicas quanto nas carismáticas.

---

[16] In: Trombley, **Who Said Women Can't Teach,** p. 195-196.

[17] Ibid., p. 197.

### *Presbíteros*

Os tradicionalistas que argumentam que os apóstolos bíblicos eram exclusivamente homens também afirmam que os presbíteros eram sempre pessoas do sexo masculino. Em Hebreus, no entanto, vemos que algumas vezes a palavra *presbítero* incluía mulheres. Lemos em Hebreus 11.2: "Pois foi por meio dela [fé] que os antigos receberam bom testemunho". A palavra *antigos* origina-se do grego *presbuteros* (plural de *presbuteros*) e também é tradicionalmente traduzida por *pessoas do passado* (*Nova Tradução da Linguagem de Hoje*). No entanto, entre esses antigos mencionados, encontramos Sara (cf. v. 11,13); a mãe de Moisés (cf. v. 23); as mulheres entre "o povo" que atravessou o mar Vermelho (cf. v. 29); Raabe (cf. v. 31); possivelmente Débora, uma entre os juízes que "praticaram a justiça" (cf. v. 33); possivelmente Ester, entre os que "da fraqueza tiraram força" (cf. v. 34); e possivelmente a viúva de Sarepta (v. 1Reis 17.7-24) e a sunamita (v. 2Reis 4.8-36) que recebeu o filho de volta, ressuscitado (cf. v. 35).

Além disso, a linhagem dos que "foram torturados e recusaram ser libertados, para poderem alcançar uma ressurreição superior" em Hebreus 11.35 nos traz uma lembrança muito forte da mãe dos sete irmãos martirizados por Antíoco Epifânio durante a rebelião dos macabeus (v. 2Macabeus 7). Essa mãe insistiu com os filhos para que fossem corajosos em razão da ressurreição que viria e, por fim, ela própria foi martirizada.

Esses presbíteros são os mesmos que nos cercam como a "grande nuvem de testemunhas" em Hebreus 12.1. A Bíblia deixa claro que o uso da palavra *presbítero* não exclui as mulheres.

De fato, uma vez que o Antigo Testamento era a Bíblia usada pela Igreja do Novo Testamento, e, dessa forma, uma direção precedente, certamente não seria um fato raro as mulheres ocuparem posições de responsabilidade de presbiterato ao lado da mãe de Moisés, Raabe e Débora.

Também encontramos a forma feminina de *presbítero* ou *ancião* — *presbytera* — nas primeiras literaturas cristãs não bíblicas. A palavra é, em geral, traduzida por "mulher idosa"; no entanto, às vezes se refere às mulheres que faziam parte do clero. Basílio Magno (330-379 d.C.), por exemplo, bispo de Cesareia e um dos pais da Capadócia, usa a palavra *presbytera* para designar uma mulher que chefiava uma comunidade religiosa. Também se aplicava às mulheres a palavra *presbutis*, "mulher idosa" ou "anciã". Esse uso da palavra para *anciã* aparece em Tito 2.3 e é comumente traduzido por "mulher mais velha".

## *Apóstolas*

Uma passagem problemática que quase sempre limita o ministério das mulheres na igreja é 1Timóteo 3.1: "Esta palavra é fiel: Se um homem deseja o ofício de bispo, boa obra deseja" (*Bíblia King James Fiel*). À primeira vista, parece claro que a mulher não pode ocupar a função de bispo porque o texto diz: "Se um homem". De fato, ao longo da História, a tradição cristã inclinava-se em demasia na direção de bispos do sexo masculino. A palavra traduzida por "homem", no entanto, é o vocábulo grego *tis*, um pronome de gênero neutro que significa "alguém" ou "qualquer um". Portanto, o versículo deveria ser assim traduzido: "Se alguém deseja ser bispo" (*Nova Versão Internacional*). Isso parece deixar espaço para as mulheres.

Evidências arqueológicas fundamentam a posição das mulheres em cargos elevados de liderança na igreja primitiva.

De acordo com a falecida dra. Catherine Clark Kroeger, uma pintura mural na catacumba de Priscila em Roma mostra uma das muitas mulheres *orant* (orando) desenhadas nas catacumbas com postura surpreendentemente autoritária, como a de um bispo. Os pastores de ovelhas de cada lado representam os pastores eclesiásticos; nesse caso, a mulher poderia estar ocupando a função de bispo, abençoando os pastores eclesiásticos sob sua responsabilidade.[18]

Ainda assim, para algumas pessoas, a ideia de uma mulher ser incluída entre os mais altos níveis de autoridade na Igreja — inclusive os cinco cargos de ministério citados em Efésios 4.11 — é simplesmente inacreditável. Vamos analisar uma mulher que, para muitas pessoas, ocupou a função de apóstola, e ver depois se, experimentalmente falando, podemos concluir que Deus está ungindo mulheres para realizar o trabalho dos apóstolos em épocas mais recentes.

Tenho notado que muitos tradicionalistas expressam a opinião de que Jesus teria escolhido uma mulher entre os Doze se quisesse efetivar as mulheres como apóstolas. Esta é a resposta de Trombley a tal objeção: "Cristo ministrou principalmente à casa de Israel (v. Mateus 15.24). Pregou aos judeus que eram governados por assuntos tanto civis quanto religiosos".[19]

Embora os primeiros Doze fossem homens, precisamos ter em mente que Jesus tomou a atitude radical de ter mulheres como suas discípulas. E, apesar de as primeiras discípulas não serem explicitamente chamadas de apóstolas, não significa que

18 The Neglected History of Women in the Early Church. **Christian History Magazine**, n. 17, p. 6, 1988.

19 **Who Said Women Can't Teach**, p. 191.

não exerceram autoridade na igreja primitiva. Muitos líderes na igreja primitiva — homens e mulheres — não foram citados.

Gosto da afirmação que David Cannistraci faz em seu livro *The Gift of Apostle* [O dom de apóstolo], no início da parte intitulada "As mulheres podem ser apóstolas?". Ele diz:

> Trata-se de uma questão verdadeiramente complicada, mas, como Gilbert Bilezikian salientou: "Cada geração de cristãos necessita examinar suas crenças e práticas sob o microscópio da Escritura para identificar e expurgar aqueles acréscimos mundanos que nos envolvem com facilidade, e proteger com zelo a liberdade que conquistamos — tanto homens quanto mulheres — a um preço tão alto no monte do Calvário".[20]

Há ocasiões em que temos de olhar ao redor e dizer: "Se Deus está possivelmente usando mulheres de maneiras poderosas na Igreja, talvez seja necessário reavaliar o nosso modo de pensar, *porque elas podem ser ferramentas do Diabo ou ser abençoadas por Deus* para preencher um lugar que não imaginamos que poderiam preencher".

Discuti esse assunto com um amigo teólogo e ele ressaltou o argumento de que, às vezes, os motivos das pessoas são imperfeitos, mas, de qualquer forma, Deus abençoa seus esforços, como quando Moisés bateu na rocha (v. Números 20.10-12). No entanto, precisamos perguntar: Só porque uma mulher é chamada para ministrar o evangelho e atende ao chamado, ela está fazendo isso por motivos impuros? As mulheres que conheço certamente não estão. Elas sentem um chamado genuíno para pregar, e manifestam o caráter e a natureza de Cristo em sua motivação.

---

[20] Ventura, CA: Regal, 1996. p. 86.

Na passagem em Romanos que já analisamos, Paulo menciona Júnias e Andrônico juntos, e os classifica como "notáveis entre os apóstolos" (16.7). Há muita controvérsia nas Escrituras quanto ao gênero do nome Júnias. Alguns dizem que *Júnia* é o feminino e *Júnias* o masculino.[21] Creio que Júnias era mulher pelos seguintes motivos: 1) Andrônico e Júnias provavelmente fossem casados. (Se Júnias é mulher, o nome dela ao lado de um nome masculino formando um par nos faz lembrar de outro único exemplo: o caso de Priscila e Áquila em Romanos 16, que sabemos que eram casados [v. Atos 18.1,2]; e 2) João Crisóstomo, o pai da Igreja primitiva, elogia Júnias, a apóstola.

Trombley sumariza:

> João Crisóstomo (337-407), bispo de Constantinopla, [disse isto] a respeito de Júnias. "Oh, a devoção dessa mulher é tão grande que ela deveria ser considerada digna de receber o título de apóstola!". Ele não foi único pai da Igreja que acreditou que Júnias era mulher. Orígenes de Alexandria (c. 185-253) disse que o nome era uma variante de Júlia (v. Romanos 16.15), da mesma forma que o *Thayer's Lexicon*. Leonard Swidler citou Jerônimo (342-420), Ato de Vercelli (924-961), Teofilacto (1050-1108) e Pedro Abelardo (1079-1142), todos por acreditarem que Júnias era mulher.[22]

Essa citação é verdadeiramente fascinante. Inclui três notáveis pais da Igreja, o *Thayer's Lexicon* e três teólogos medievais, todos concordando com a premissa de que Júnias era mulher.

---

[21] Piper, John; Grudem, Wayne. **Recovering Biblical Manhood and Womanhood**. Wheaton: Crossway, 2012. p. 80. Os autores dessa obra argumentam que o nome deve ser traduzido na forma masculina. A maioria das traduções bíblicas adota a forma feminina.

[22] **Who Said Women Can't Teach**, p. 190-191.

Certamente aceitamos outras posturas na Bíblia como verdadeiras com muito menos evidência histórica do que essa! Então, qual é o motivo da briga? Por um lado, porque se acredita que a função de apóstolo deve ser a da autoridade espiritual mais elevada entre todas as relacionadas em Efésios 4.11. Se Júnias era mulher, então a teologia inteira que impede que as mulheres ocupem cargos de liderança na Igreja tem de ser mudada. A mudança de paradigma seria grande demais.

Incidentalmente, algumas amigas minhas e eu temos um ditado sobre a jornada espiritual nos últimos anos. É mais ou menos assim: Fizemos tantas mudanças rápidas de paradigmas que até as nossas engrenagens se desgastaram! Provavelmente os freios também! No entanto, estamos recuperadas a partir deste livro. Quem sabe quantas outras mudanças de paradigma poderemos fazer se o Senhor demorar para voltar?

Vimos, então, que a dúvida se Júnias era mulher ou não, apesar de ser fortemente debatida, faz parte de uma controvérsia maior no Corpo de Cristo com relação às funções da mulher na Igreja e no lar. A Igreja está em um período importante de transição no nosso pensamento sobre esse assunto, e todos nós estamos tentando fazer o melhor que podemos diante de Deus para declarar as nossas crenças.

Descobri uma informação fascinante e deliciosa no livro *Woman in the Bible* [A mulher na Bíblia], de Mary J. Evans, a respeito da tradução para o inglês de *As homilias de São João Crisóstomo*, de João Crisóstomo:

> O interessante é que, apesar da afirmação clara de Crisóstomo, os editores da tradução de suas obras para o inglês se sentiram no

> dever de acrescentar uma nota de rodapé indicando que Crisóstomo devia estar errado em um dos dois pontos porque "é inadmissível" que a mulher seja apóstola![23]

Para se aplicar o título de apóstolo aos líderes de hoje, é importante examinar os critérios para o apostolado. David Cannistraci apresenta estas sete exigências que definem os apóstolos:

1. Os apóstolos precisam ter recebido um chamado explícito e pessoal de Deus.
2. Os apóstolos precisam ter uma intimidade e um relacionamento especiais com Jesus Cristo. Em 1Coríntios 9.1, Paulo se qualifica como apóstolo ao citar seu contato com Cristo: "Não sou livre? Não sou apóstolo? Não vi Jesus, nosso Senhor? [...]". Evidentemente, o relacionamento pessoal com Cristo era considerado um requisito necessário para o apostolado entre os Doze (v. Atos 1.21-25). Embora os apóstolos de hoje pertençam a uma categoria diferente, podemos estar certos de que conhecer Cristo intimamente é vital para que o ministério apostólico produza fruto (v. João 15.4,5).
3. Os apóstolos são presbíteros e precisam possuir as qualificações bíblicas de um presbítero.
4. Os apóstolos são ministros e precisam atuar como tais. A obra de um apóstolo eficiente será sempre nas áreas de preparação, treinamento e orientação de outros a um ministério maduro.
5. Os apóstolos precisam ter o reconhecimento e a confirmação de seus pares.

[23] Downers Grove: IL: InterVarsity, 1984. p. 160.

6. Os apóstolos precisam produzir fruto específico ao qual possam apontar para demonstrar seu apostolado.
7. Os apóstolos precisam manter seu apostolado em completa submissão a Cristo, caso contrário esmorecerão e perderão o apostolado como ocorreu com Judas (v. Atos 1.25).

Cannistraci termina essa parte apresentando a seguinte definição de *apostolado*:

> O apóstolo é uma pessoa que é chamada e enviada por Cristo e possui autoridade espiritual, caráter, dons e capacidades para conseguir alcançar e firmar as pessoas na verdade e na ordem do Reino, principalmente ao fundar e supervisionar as igrejas locais.[24]

Usando uma expressão criada por Peter Wagner, Cannistraci é um líder da "Nova Reforma Apostólica". O movimento da Nova Reforma Apostólica consiste em igrejas não afiliadas a uma denominação, mas que possui acordos relacionais com outras igrejas de crenças semelhantes. Ainda estamos aprendendo a respeito da função do apóstolo na Igreja de hoje. Em geral, as igrejas neoapostólicas concordam que alguém que ocupa a função de bispo na Igreja é também apóstolo. Nem todos os apóstolos, contudo, são bispos. Os bispos quase sempre têm mais de uma igreja sob sua liderança.

Hoje, os apóstolos estão começando a ser reconhecidos em áreas como oração, redes de adoração, evangelismo e assim por diante, que se unem com as igrejas locais. O trabalho dos apóstolos afeta uma base muito mais ampla que, por exemplo, uma denominação específica.

[24] **The Gift of Apostle**, p. 90-91.

Vamos analisar a vida de algumas mulheres que afetaram grandemente a face da Igreja ocupando funções apostólicas.

## Aimee Semple McPherson (1890-1944)

Com base no nosso estudo, proponho que Aimee Semple McPherson, fundadora da Igreja Quadrangular, tenha sido apóstola. Embora os tradicionalistas possam objetar, alegando que ela não possuía nenhuma "proteção masculina" aparente, a História registra que Deus realizou uma obra por intermédio dela que afetou sua geração e as gerações posteriores. A doutrina do evangelho quadrangular que ela propôs é aceita por milhares de pessoas ao redor do mundo.

## Catherine Booth (1829-1890)

Creio que Catherine Booth, que, com seu marido, William, fundou o Exército de Salvação, também foi apóstola. De fato, quando o marido teve de interromper suas atividades em razão de um abalo profundo na saúde, Catherine assumiu o controle de todo o ministério.

Um de seus biógrafos comenta: "Foi ela, e não William Booth, que assentou a pedra fundamental do Exército de Salvação". Embora os papéis timbrados do Exército de Salvação e os novos relatos de hoje declarem "William Booth, Fundador", o título de sua biografia é mais exato: *Catherine Booth, a mãe do Exército de Salvação*. Antes de morrer em 1890, ela já havia pregado a milhões de pessoas.[25]

[25] Maxwell, L. E. **The Ministry of Women of Salvation Army Principles**. Unpublished manuscript, p. 1, 26th Nov. 1977.

## Henrietta Mears (1890-1963)

Existem outras mulheres que não imaginaram ser apóstolas da Igreja, mas que, na minha opinião, se encaixam na definição já apresentada. Uma delas é Henrietta Mears. A srta. Mears foi a fundadora da editora Gospel Light Publishing Company. (A propósito, a Regal Books, que foi criada sob a direção da Gospel Light, publicou a primeira edição deste livro.)

Algumas das realizações de mais destaque da srta. Mears ocorreram durante a época em que ela era diretora de educação religiosa na Primeira Igreja Presbiteriana em Hollywood, Califórnia. No período de três anos após sua chegada, ela construiu um dinâmico programa de educação cristã, aumentando as matrículas na escola dominical de 450, um número presbiteriano respeitável, para 4.500, um número absolutamente incrível, que se tornou o assunto do momento na Costa Oeste. Na classe que ela lecionava para universitários, a frequência semanal chegou a 500 rapazes e moças, todos devotados à "Professora", como era conhecida. Seu entusiasmo pelo Senhor Jesus Cristo era contagiante.[26]

A srta. Mears causou um impacto profundo no reverendo Billy Graham quando ele fez uma preleção no acampamento de Forest Home, que ela havia fundado. Na ocasião, Billy Graham era um presidente de faculdade de 30 anos que estava passando por grandes lutas pessoais sobre a inerrância bíblica (isto é, que a Bíblia não contém erros e fora escrita sob a inspiração do Espírito Santo). A srta. Mears conversou pessoalmente com Graham e orou com ele até que ele experimentasse uma tremenda reviravolta na fé a respeito da Palavra de Deus.

---

[26] GRAHAM, Billy. **Just As I Am:** The Autobiography of Billy Graham. New York: HarperCollins, 1997. p. 37. [**Billy Graham:** uma autobiografia. Campinas, SP: United Press, 1998.]

Graham dá uma ideia da inteligência e do senso de humor da srta. Mears em seu livro *Just As I Am*. Conta que a convidou, em cima da hora, para um jantar requintado em homenagem a ele na Inglaterra. Ela aceitou. Quando Graham e sua esposa, Ruth, foram cumprimentá-la, ambos comentaram que ela estava muito bonita. Nas palavras de Graham, "ela sorriu e nos chamou de lado. 'Não encontrei nenhum traje a rigor no meu guarda-roupa e não tinha tempo para comprar um', ela cochichou. 'Estou usando uma camisola!' "[27] A srta. Mears não era nada "religiosa". Era tão verdadeira quanto poderia ser e demonstrava sinceridade em seu modo de ser, uma característica que poucos alcançam.

Escrevi em *A voz de Deus* como a biografia de Henrietta Mears afetou a minha vida. Ela conduziu Bill e Vonette Bright ao Senhor. Eles moraram com a srta. Mears durante dez anos depois de casados. Bill Bright disse: "Sua vida foi uma vida de multiplicação espiritual".

O ex-capelão do Senado dos Estados Unidos, Dr. Richard C. Halverson disse o seguinte a respeito dessa pessoa tão consagrada a Deus:

> Em minha mente, Henrietta Mears realizou uma obra gigantesca na educação cristã, não apenas em sua geração, mas também neste século. Ela foi uma extraordinária combinação de intelecto, devoção e espiritualidade: um gênio administrativo, motivadora, encorajadora e líder.
>
> Penso em Henrietta Mears como uma *apóstola de Paulo*; aliás, sempre me refiro a ela como a "Epístola Paulo". Simplesmente não há outra maneira de exagerar sua competência como professora, comunicadora e inspiradora.

---

[27] Ibid., p. 213.

> Em um sentido muito verdadeiro, a srta. Mears é responsável pela minha família. Além de ser minha conselheira e de Doris ao longo dos anos, ela nos incluiu em seu escritório. Entendo que ela previu que a inclusão seria como foi na realidade. Não há uma só área na minha vida que não tenha recebido influência dela de modo muito significativo. Filipenses 1.3 expressa perfeitamente os meus sentimentos em relação a ela.[28]

Embora eu creia que a srta. Mears tenha cumprido sua tarefa como apóstola, ela também exemplifica a tarefa de uma professora, portanto seu nome poderia ser incluído também no próximo item do livro.

### *Professoras*

Até onde consegui vasculhar, Priscila é o exemplo mais poderoso de alguém que transmite ensinamento a outra pessoa como Cristo fez. Não encontrei exemplo melhor. Lemos que Priscila, com seu marido, Áquila, ensinaram o grande orador Apolo "com mais exatidão" (Atos 18.26) e, apesar das palavras de Paulo em 1Timóteo 2.12, "não permito que a mulher ensine", não há nenhuma indicação de que isso fora condenado de alguma forma por Lucas, o autor de Atos, ou por Paulo.

Algumas questões fascinantes giram em torno de Priscila e Áquila. Quando Paulo conheceu o casal, Lucas registrou a reunião mencionando o nome de Áquila em primeiro lugar, depois o de Priscila (v. Atos 18.2). Em Atos 18.18, contudo, a ordem foi invertida. Por quê? Na época de Paulo, era costume citar em primeiro lugar o nome da pessoa mais importante.

---

[28] **Dream Big:** The Henrietta Mears History. Ventura, CA: Regal, 1990, sobrecapa [grifo nosso].

Ben Witherington III diz:

> Podemos agora discutir a parte de Priscila nesses assuntos. Está registrado que ela e Áquila instruíram Apolo e que o nome dela é mencionado primeiro, de modo que, se alguém é indicado por Lucas como principal instrutor, esse alguém é Priscila. Nas palavras "com mais precisão" (v. Atos 18.26) Lucas descreve Priscila como se ela estivesse expandindo o assunto além do ensinamento básico cristão, ou pelo menos de uma forma que envolve todo o panorama do ensinamento cristão, de modo que o fragmento da parte fosse visto em relação ao todo. Apolo é descrito como alguém que já possui uma base e um conhecimento corretos acerca das "coisas referentes a Jesus". Além disso, Apolo não é apenas um convertido qualquer, mas um homem que "tinha grande conhecimento das Escrituras", e isso pressupõe que Lucas deseja que seu público veja que Priscila e Áquila também tinham conhecimento suficiente das Escrituras para ensinar Apolo, visto que ele aceitou ser instruído por uma mulher e por um homem.[29]

Crisóstomo fez este comentário a respeito de Lucas ter mencionado Priscila em primeiro lugar: "Ele não fez isso à toa: a esposa deve ter sido, penso eu, mais piedosa que seu marido. Não se trata de uma simples conjectura; a confirmação é evidente em Atos".[30]

Observe que a versão *Bíblia King James Fiel* inverte os nomes na tradução de Atos 18.26 do grego. De acordo com o dr. Bruce Metzger, ilustre erudito e crítico textual do Novo Testamento, esse é apenas um dos lugares onde há uma gritante alteração do

---

29 **Women and the Genesis of Christianity**. Cambridge: The Press Syndicate of the University of Cambridge, 1995. p. 220.

30 Bushnell, Katharine C. **God's Word to Women**. (Self-published, 1921), parágrafo 195.

texto original pelos escribas por preconceito contra as mulheres.[31] Quase todas as outras versões da Bíblia traduzem esse versículo seguindo a ordem literal.

Quero mencionar aqui que Salmos 68.11 é outro lugar onde aparece um erro claro de tradução por causa do preconceito cultural. A versão *Almeida Revista e Atualizada* e outras traduzem o texto corretamente: "O Senhor deu a palavra, grande é a falange das *mensageiras* das boas-novas". A *King James Version* omite a palavra *mensageiras*: "O Senhor deu a Palavra: grande *foi* a companhia daqueles que a publicaram" [*Bíblia King James Fiel*].

Por que isso foi feito? Qualquer tradutor respeitável sabe que o hebraico se refere às mulheres, porque usa o gênero feminino. Se alguém puser a *King James Version* em seu contexto de 1611 d.C., não será difícil descobrir o motivo. Os tradutores simplesmente não conseguiam acreditar que as mulheres fossem capazes de proclamar as boas-novas, portanto "remendaram" a passagem de acordo com seu paradigma ou visão de mundo.

Priscila e Áquila devem ter abandonado Paulo em algum momento e organizado uma igreja em sua casa, porque 1Coríntios 16.19 diz: "As igrejas da província da Ásia enviam-lhe saudações. Áquila e Priscila os saúdam afetuosamente no Senhor, e também a igreja que se reúne na casa deles".

Observe que nessa passagem o nome de Áquila é mencionado em primeiro lugar. É bem provável que ele tivesse recebido uma unção mais elevada que ela para dirigir uma igreja

---

31 **A Textual Commentary on the Greek New Testament** (Stuttgart: United Bible Society, 1971), p. 466-67, referindo-se a Atos 18.26. A maioria dos críticos textuais crê que os manuscritos da tradição Oriental do Novo Testamento grego inverteram posteriormente a ordem dos nomes em razão de preconceito contra as mulheres.

doméstica local, e que o dom de Priscila tenha sido mais usado no ensino ou quem sabe até em um ministério itinerante.

Katharine Bushnell (1856-1946), médica, missionária na China e defensora dos direitos da mulher, apresenta em seu livro *God's Word to Women* [A Palavra de Deus para as mulheres][32] uma sugestão a esse respeito para o texto de 1Coríntios 9.1-5, no qual Paulo tece algumas críticas. Ela observa que Paulo está respondendo aos que não apenas disputavam o direito de ele ser chamado apóstolo (cf. v. 1), mas também que o criticavam porque ele viajava na companhia de mulheres. Paulo responde às objeções da seguinte maneira: "Não temos nós o direito de levar conosco uma esposa crente como fazem os outros apóstolos, os irmãos do Senhor e Pedro?" (v. 5).

É interessante notar que a *Bíblia King James Fiel* usa a palavra *irmã*. A *Nova Versão Internacional* traduz a palavra por "esposa crente". Bushnell acredita que a palavra "irmã" nessa passagem é Priscila, que está viajando com Paulo e com Áquila, seu marido. Se você se lembra da visão geral que os judeus tinham a respeito das mulheres, pode imaginar como era desagradável para os judaizantes (aqueles que queriam colocar o cristianismo sob o sistema da Lei) uma discípula estar na companhia de Paulo e como expressaram suas objeções.

Espero que o exemplo de Priscila e Áquila (ou Áquila e Priscila, dependendo de onde estavam, ou seja, na igreja doméstica

32 Recomendo veementemente este livro da dra. Bushnell, autopublicado em 1921. Ela foi uma mulher extraordinária que viajou como evangelista e participou de cruzadas sociais com a Women's Christian Temperance Union. Além disso, foi médica, missionária na China e famosa na comunidade cristã por seu trabalho contra a escravidão e a prostituição. O livro é uma compilação de suas lições bíblicas.

local ou viajando) trabalhando juntos como uma equipe de ministros do evangelho venha a ser, um dia, a norma, não a exceção.

Quem nos dias de hoje está realizando a função de uma Priscila? Uma, por exemplo, é Priscila Shirer. Ela é uma poderosa palestrante motivacional, seus livros e vida transformaram milhares de pessoas e ela emocionou milhões em sua estreia no cinema com seu filme *O quarto de guerra*. Sou grata a essa bela mulher e sua função não apenas como professora, mas também como alguém que libera o poder da oração intercessora em escala mundial.

### Pastoras

Quando comecei a meditar no assunto de pastoras, ocorreu-me que seria interessante descobrir quem eram os *pastores* na Bíblia.[33] Decidi ligar para alguns amigos com graduação no seminário e apresentar a questão. Depois que fiz a pergunta pela primeira vez, houve um silêncio momentâneo do outro lado da linha antes da resposta: "Não sei. Timóteo era pastor?". Na verdade, não. Ele era leigo apostólico. Timóteo representava o apóstolo Paulo e também realizava a obra apostólica, nomeando presbíteros e estabelecendo ordem na igreja em Éfeso e na Ásia Menor.[34]

É incrível notar quantos pastores existem, mas a maioria apenas aprendeu o ofício de pastor com mentores ou em seminários, sem pensar no que provavelmente se passava durante a época do Novo Testamento.

[33] No Novo Testamento, ninguém é chamado de *pastor* ou *pastor de ovelhas* pelo nome a não ser Jesus (v. João 10.11,14; Hebreus 13.20; 1Pedro 5.2,4).

[34] V. Atos 19.22; 1Timóteo 1.3. V. tb. Hawthorne, G. F. Timothy. **International Standard Bible Encyclopedia**. Grand Rapids: Eerdmans, 1988. v. 4, p. 857-858.

Essa ideia me fez pensar: *Quem eram os pastores no Novo Testamento? Como trabalhavam? Como eram estruturados?* Embora este livro não tenha a intenção de mergulhar fundo nesses assuntos, é pertinente ao nosso estudo dar atenção a eles.

As igrejas naquela época eram igrejas domésticas. A unidade básica social e econômica da igreja primitiva era o *oikos* (palavra grega para "casa" ou "lar") ou família estendida, que consistia em marido, esposa, filhos do casamento, avós e outros parentes, aprendizes e artesãos ligados à base econômica da casa, e servos com suas esposas, filhos e parentes.

Evidentemente, *oikos* era muito diferente do que consideramos família nuclear: marido, esposa e filhos do casamento. A vida das pessoas em um *oikos* era ligada de muitas maneiras: elas se viam todos os dias e se conheciam bem. A igreja primitiva espalhou-se como fogo "de casa em casa" (Atos 5.42; v. tb. 2.46; 20.20). Se o chefe da casa cresse e fosse batizado, em geral a família toda fazia o mesmo, como nos casos de Cornélio (cf. 10.1,2,25-27,44-48), do carcereiro de Filipos (cf. 16.30-34) e de Crispo, o chefe da sinagoga (cf. 18.8). Às vezes, como parece ser o caso de Lídia, o chefe da casa era uma mulher (cf. 16.13-15).

Peter Wagner diz o seguinte em seu comentário sobre o livro de Atos:

> Nós do século XX esquecemos com facilidade que essas coisas, como construção de igrejas, como conhecemos hoje, não existiam na igreja primitiva. Bradley Blues diz: "A reunião de crentes cristãos em casas particulares (ou lares reformados com o propósito de reunir cristãos) continuou a ser norma até as primeiras décadas do século IV quando Constantino começou a construir as primeiras basílicas cristãs".[35]

[35] **Blazing the Way**. Ventura, CA: Regal, 1995. p. 196.

Mary J. Evans tem o seguinte a dizer sobre os pastores do Novo Testamento em seu livro *Woman in the Bible*:

> Ao tratar do assunto de pastores na Bíblia, é importante notar que temos, de fato, poucas informações a respeito da relação precisa entre "cargo" e "função" na Igreja do Novo Testamento. As epístolas pastorais deixam explícito aquilo que é aparente em outros lugares, que havia pessoas designadas para um cargo específico. No entanto, embora tenhamos aprendido muito sobre as características exigidas para aqueles que aspiram ao cargo, temos muito poucas informações sobre as responsabilidades e tarefas particulares atribuídas ao ocupante de qualquer cargo individual. Por exemplo, alguns presbíteros, mas não todos, trabalhavam para pregar e ensinar (v. 1Timóteo 5.17) e certamente nem todos os pregadores e professores eram presbíteros (v. Colossenses 3.16; 1Coríntios 14.26 etc.). Não há nenhuma distinção clara entre cargos regulares e ministério irregular por aqueles que não tinham posição oficial no Novo Testamento.[36]

O dr. Gary Greig, ex-professor adjunto de Antigo Testamento na Regent University School of Divinity, apresenta este argumento interessante:

> Após estudos e orações sobre as evidências no Novo Testamento e leitura de livros populares e eruditos e de artigos sobre o assunto, cheguei a um entendimento de que os "presbíteros" da igreja primitiva atuavam como pastores seniores ou bispos, e os "diáconos", como ministros adjuntos.[37]

---

[36] P.110.

[37] Correspondência pessoal do dr. Gary Greig. Complementando, a seguinte informação foi extraída da correspondência pessoal com o dr. Greig e Bayard Taylor: Paulo e Pedro dizem aos presbíteros que eles devem "pastorear" o rebanho de Deus (v. Atos 20.28; 1Pedro 5.1,2). Os presbíteros eram responsáveis por pastorear aqueles que estavam sob seus cuidados, mas tanto os homens quanto as mulheres estavam

Poderíamos resumir, portanto, que, entre outros, os ministros "diáconos" incluíam Estêvão, Filipe, Prócoro, Nicanor, Timom, Pármenas e Nicolau (v. Atos 6.5), e as ministras "diaconisas" mais evidentes teriam sido Febe e possivelmente Priscila e Lídia.[38]

Assim, os "cuidadores" da Igreja, ou aqueles a quem talvez atribuíssemos uma função pastoral, poderiam muito bem ter sido os presbíteros presidentes das igrejas domésticas locais. Não há nenhuma referência a homens ou mulheres como pastores *per se* na Bíblia; no entanto, eles atuavam como pastores de rebanho ou pastores eclesiásticos.[39]

A grande possibilidade de que a "senhora eleita" de 2João seja, de fato, a guardiã da ortodoxia de uma igreja doméstica significa que não podemos ter certeza absoluta de que as mulheres nunca ocuparam esses tipos de cargos de liderança. O fato de que João, o "presbítero", ter escrito à "senhora eleita" que dirigia uma igreja doméstica é respaldado pelo fato de que João não escreveu aos presbíteros ou líderes daquela igreja doméstica, mas

claramente envolvidos na função de pastorear. [...] O pastor não era necessariamente um profissional cristão remunerado que liderava uma congregação local; é bem mais provável que o pastor fosse o líder de uma igreja doméstica (v. Efésios 4.11). [...] Priscila e as Marias que seguiam Jesus não eram chamadas de pastoras, mas não pode haver dúvida de que pastoreavam. Os diáconos não se limitavam a atender às necessidades físicas como fazem muitos diáconos hoje. [...] Os presbíteros não tomavam decisões a respeito da congregação local. Aparentemente, a palavra bíblica *presbítero* significa um homem que supervisiona uma igreja ou um grupo de igrejas em uma cidade ou em uma localidade geográfica (v. Atos 14.23; 20.17,28; 1Timóteo 5.17-19; Tito 1.5-9; 1Pedro 5.1,2).

[38] Embora o texto do Novo Testamento não chame explicitamente Priscila e Lídia de "diaconisas", elas trabalhavam como se fosse essa sua função.

[39] Os presbíteros de Éfeso convocados por Paulo em Atos 20.17 foram instruídos a "pastorear" a Igreja de Deus (v. Atos 20.28). Esses presbíteros teriam representado pelo menos alguns dos "presbíteros" mencionados em Efésios 4.11. Em 1Pedro 5.1,2, Pedro também diz que os presbíteros devem "pastorear" o rebanho de Deus. Portanto, pelo menos alguns presbíteros eram pastores.

a ela. Por ser a pessoa que cuidava da ortodoxia em sua igreja doméstica, ela seria pelo menos responsável por ensinar e exercer autoridade na igreja. É improvável que a "senhora eleita" fosse meramente uma mulher com uma grande família, porque *filhos* é uma palavra comum no Novo Testamento para designar *discípulo*, principalmente nos escritos de João.[40]

Peter Wagner apresenta excelentes argumentos sobre o dom de pastorear em seu livro *Your Spiritual Gifts Can Help Your Church Grow* [Seus dons espirituais podem ajudar sua igreja a crescer]. Apesar de não ser a favor nem contra a ordenação de mulheres nesse livro, o autor acredita que o dom de pastorear não pertence exclusivamente aos homens. Ele diz:

> Creio que o dom de pastorear é concedido tanto a homens quanto a mulheres. Minha observação das igrejas em muitas culturas durante a vida leva-me a acreditar que esse é, em geral, mais um entre os dons tendenciosos de gênero. Penso que há mais mulheres que homens com o dom de pastorear. Vamos pegar como ponto de partida a Igreja do Evangelho Pleno Yoido, de Yonggi Cho, em Seul, Coreia. É a maior igreja local do mundo e possui mais de 700 mil membros. As mulheres realizam mais de 80% da obra pastoral na igreja.[41]

O dr. Cho sempre conta que, quando não conseguiu mobilizar trabalhadores para seu ministério em célula, o Senhor lhe disse que procurasse as mulheres — elas realizariam a obra. Quando não viu o avanço no Japão conforme desejava, ele enviou uma pastora para organizar a igreja. Deus abençoou

---

[40] Cf. João 13.33; 21.5; 1João 2.1,12,13,18,28; 3.7-18; 5.21; 2João 1,4,13; 3João 4.

[41] Ventura, CA: Regal, 1995. p. 137.

tremendamente o trabalho dela, e uma poderosa igreja foi erguida sob seu ministério.

Esse fato me leva a uma observação que fiz sobre a divulgação do evangelho em Atos. Existe uma forte possibilidade de que Paulo tenha designado mulheres para liderarem grande parte das igrejas domésticas, como Cho fez, porque sabia que elas realizariam o trabalho com sucesso. Ele podia confiar nelas. (Não estou dizendo que os homens não são confiáveis, mas que o gênero feminino possui uma disposição mais natural de afetividade, que se presta à hospitalidade, bem como ao discipulado. Essa combinação funciona bem na organização de igrejas domésticas.) Mesmo quando as mulheres não são naturalmente inclinadas a ser líderes, o Espírito Santo usa, às vezes, aquelas que parecem não ter o dom, mas que demonstram mais disposição. Afinal, é a unção do Espírito que trabalha em nós e por meio de nós para realizar seus propósitos.

*Mesmo quando as mulheres não são naturalmente inclinadas a ser líderes, o Espírito Santo usa, às vezes, aquelas que parecem não ter o dom, mas que demonstram mais disposição.*

Em razão da posição social de chefes da casa, podemos ser razoáveis em supor que, em geral, o “presbítero presidente” (um nome moderno que algumas igrejas dão aos pastores seniores) da igreja doméstica era também o chefe da casa onde a igreja se reunia. Lídia e Maria, mãe de João Marcos, e outras atuavam possivelmente como presbíteras presidentes (ou pelo menos diaconisas) das igrejas que se reuniam em suas casas. De fato, se isso for verdade, a maioria das igrejas domésticas relacionadas nas Escrituras era “pastoreada” por mulheres! É bem possível que algumas das líderes daquelas igrejas domésticas tenham começado como diaconisas e progredido até se tornar presidentes "à semelhança dos presbíteros". De qualquer forma, é muito provável que houvesse mulheres no "Seminário para Pastores e Presbíteros", organizado por Paulo, como menciona Atos 20.16,17.

### Evangelistas

Há também mulheres evangelistas nas Escrituras. Pense na atitude da mulher samaritana em João 4.28-42, quando ela voltou ao vilarejo e proclamou: " 'Venham ver um homem que me disse tudo o que tenho feito. Será que ele não é o Cristo?' ".

Essa mesma mulher encorajou o povo a ir ao encontro de Jesus:

> Muitos samaritanos daquela cidade creram nele por causa do seguinte testemunho dado pela mulher: "Ele me disse tudo o que tenho feito". Assim, quando se aproximaram dele, os samaritanos insistiram em que ficasse com eles, e ele ficou dois dias. E, por causa da sua palavra, muitos outros creram (v. 39-41).

Alguém poderia dizer também que Maria Madalena e a outra Maria eram evangelistas, porque foram as primeiras que receberam instrução para anunciar a ressurreição de Cristo (v. Mateus 28.5-7).

### Profetisas

Há um grande número de profetisas citadas nas Escrituras. Alguns versículos não mencionam claramente se a pessoa ocupava ou não a função de profeta. (Nota: Peter Wagner contou-me que, em sua opinião, não deveríamos chamar a mulher de *profetisa* e o homem de *profeta*, argumentando que a mulher que exerce a função de pastor não é chamada de *pastorette*.[42] Devemos, portanto, usar o termo *mulher profeta* quando escrevemos e simplesmente chamar uma mulher de *profeta* quando a apresentamos.)

Débora governou Israel como profetisa e juíza (v. Juízes 4 e 5). Miriã foi profetisa de música e dança (v. Êxodo 15.20,21). Hulda é mencionada duas vezes no Antigo Testamento (v. 2Reis 22.14-20; 2Crônicas 34.22-28). Ela foi procurada pelo próprio rei Josias. Imagina-se que Hulda e Jeremias eram parentes. A esposa de Isaías era profetisa (v. Isaías 8.3). (Tinha de ter algum casamento! Dois profetas em uma família!)

De acordo com a tradição judaica, havia 48 profetas na Bíblia hebraica e sete profetisas. As mulheres eram Sara, Ana, Miriã, Abigail, Débora, Hulda e Ester.[43]

As mulheres do Novo Testamento são citadas, como Ana no templo (que provavelmente tinha mais de 100 anos de idade). Além disso, Filipe tinha quatro filhas que profetizavam (v. Atos 21.8,9).

Há um grande número de profetisas no mundo de hoje, como Jane Hamon e Barbara Yoder.

### O chamado a casais

O Corpo de Cristo é abençoado por ter tido líderes como o dr. Bill Hamon e o dr. C. Peter Wagner, que sabiam que trabalhar em equipe era a onda do futuro. Vemos o valor da parceria na equipe apóstolo/profeta que está em ascensão dentro da Igreja. Vemos também essa parceria particular nos casamentos. É claro que nem todos os casais trabalham dessa maneira. Há todos

42 Palavra criada pelo autor da citação, inexistente nos dicionários da língua inglesa. O termo *pastor* na língua inglesa aplica-se tanto a homens quanto a mulheres. [N. do T.]

43 Jarick, John. Seven Prophetesses of the Old Testament. **Lutheran Theological Journal** 28:3, p. 116-21, 1994.

os tipos possíveis de mistura de dons em um casamento. Mas, seja qual for o dom, se os casais quiserem ser ordenados como equipe, creio que será maravilhoso!

O dr. Hamon escreve que prevê uma restauração chegando ao Corpo de Cristo por meio de casais trabalhando juntos no ministério e explica desta forma:

> Imediatamente após o nascimento do Movimento Profético, uma multidão de profetas começou a profetizar nas nações. Em consequência disso, o muro de Berlim foi derrubado, a Cortina de Ferro foi rasgada e a montanha do comunismo foi nivelada. Muitos ditadores ao redor do mundo foram destronados. Ao mesmo tempo em que sacudia o ditatorial "governo de um homem" nas nações, Deus também atuava na Igreja. O dia do ministério de "um grande homem" começou a chegar ao fim. Deus passou a ressaltar o princípio do "ministério em equipe" como nunca ocorreu antes, desde a igreja do século I. As equipes apóstolo/profeta foram restauradas. As equipes formadas por marido e esposa foram ativadas de modo que a esposa, em vez de servir apenas como auxiliadora do marido, se tornou ministra colaboradora. Na Christian International Network of Churches [Rede Cristã Internacional de Igrejas] nós ordenamos o marido e a esposa de igual modo. Se um deles não sabe qual é seu chamado, acreditamos que tal chamado deve tornar-se conhecido no presbitério profético que oferecemos a cada ordenação. *Este é o dia e a hora em que Deus está apresentando suas mulheres para serem as ministras que ele ordenou que seriam. As equipes marido/esposa são uma das ordens mais elevadas dos ministérios em equipe.* A ativação do "ministério em equipe" é definitivamente uma obra do Espírito Santo para este dia e para esta hora (v. Romanos 12.3-8; 1Coríntios 12.12-31; Levítico 26.8; Deuteronômio 32.30).[44]

[44] **Apostles and Prophets.** Shippensburg, PA: Destiny Image, 1997. p. 115-116. [grifo nosso]

Certamente esse é o caso entre algumas igrejas da América Latina que tenho observado. A Visión de Futuro, na Argentina, uma das maiores igrejas do mundo, com cerca de 90 mil membros, tem a prática de colocar casais no ministério como se fossem uma equipe. O Reverendo Omar e Marfa Cabrera, que fundaram a igreja, foram um ótimo exemplo para seus líderes mais jovens. Ambos partiram para estar com o Senhor, e o filho do casal, Omar, e a nora, Alejandra, estão realizando um excelente trabalho de levar o movimento a um nível mais elevado, atuando como equipe.

Outro exemplo foi Marilyn e Wally Hickey com seu ministério e funções pastorais. A apresentação de seus nomes, seguindo o exemplo bíblico, era ditada pelo local.

Embora o marido ou a esposa com a unção e dons de ministério público mais fortes venha a ser o líder visível, é necessário que haja uma mistura da força de ambos para cumprirem a obra para a qual Deus os chamou e completarem os propósitos dele para sua vida. Certamente esse é o caminho que Mike e eu seguimos. Muitas pessoas não percebem a extensão do ministério do Generals International e quanto trabalho ele exige — não apenas administrativamente, mas de outras formas — para cumprir a visão de Deus. Enquanto escrevo estas linhas, o boletim *GI News* está sendo distribuído a 42 países, e estamos trabalhando para colaborar com numerosas organizações para montarem suas estruturas de oração.

No futuro, as igrejas chamarão o marido e a esposa para pastorearem a igreja. Aquele com unção mais forte terá mais visibilidade, mas ambos serão necessários para a igreja funcionar como deve. Muitos líderes homens, que até agora repartiam com as esposas alguns ministérios específicos para mulheres e crianças, buscarão conselho com as esposas e se empenharão para trabalhar em equipe. Para alguns casais com filhos pequenos o enfoque de equipe pode ser limitado, aumentando à medida que os filhos crescerem. Outros trabalharão juntos mesmo quando os filhos forem pequenos, como fazem os pastores na Argentina. Algumas esposas talvez não se sintam confortáveis para exercer uma função visível, ou vice-versa, mas cada um será valioso para inspirar e aconselhar o cônjuge.

Tenho observado diferentes igrejas que já adotaram esse método e nomearam as esposas como pastoras. O dr. James Marocco, por exemplo, da Catedral do Rei em Maui, Havaí, ordenou sua esposa, Colleen, como pastora. Agora ela trabalha na equipe da igreja com vários outros pastores. Outro exemplo é Bob Beckett, de Hemet, Califórnia, que ordenou sua esposa Susan, como pastora da Dwelling Place Church. Minha igreja, a Trinity Church of Cedar Hills, Texas, é pastoreada por Jim Hennesy e sua esposa, Becky, uma pastora talentosa.

Como os membros das igrejas reagiram quando Colleen e Susan foram finalmente reconhecidas como pastoras? Ficaram completamente encantados. Ambas já trabalhavam nessa função por algum tempo antes de serem oficialmente reconhecidas como pastoras, portanto os membros da igreja já as amavam e as admiravam. A ordenação de ambas foi comemorada com festa, e logo todos começaram a chamá-las de "pastora Colleen" e "pastora Susan".

Depois de um longo estudo teológico, consultando estudiosos sobre esse assunto, sinto tristeza ao ver que os principais líderes evangélicos ainda acham que as mulheres nunca deveriam ensinar os homens, mesmo que elas se dirigissem a uma plateia composta de homens e mulheres. Embora essa conclusão seja surpreendente para alguns de nós, não podemos ficar tão afastados da realidade a ponto de não reconhecer a ideia profundamente arraigada de que "mulheres na liderança" é uma heresia para muitos.

Apesar de muitos líderes dizerem que veem "experimentalmente" as mulheres em cargos de liderança, eles tropeçam nessas passagens difíceis. Nos dois próximos capítulos, analisaremos as Escrituras com mais detalhes a respeito das mulheres na Igreja. Ore muito, mantenha a mente e o coração abertos e vamos mergulhar juntos!

CAPÍTULO 9

# Autoridade doméstica (Liderança e submissão)

Embora pareça que este capítulo esteja dirigido exclusivamente às mulheres casadas, ele é também um capítulo crucial para solteiras, porque aborda o assunto de abusos contra as mulheres provenientes do uso incorreto das Escrituras e também dos benefícios da autoridade apropriada e espiritual para todas as mulheres. Portanto, se você é solteira, não pule este capítulo!

Anos atrás, estudei escatologia — a teologia referente ao fim dos tempos — extensivamente e ouvia com fascinação os professores das profecias bíblicas. Sempre que Mike e eu ingressávamos em uma nova igreja, a opinião dessa igreja sobre o fim dos tempos era um pouco diferente da igreja anterior, e todas se consideravam absolutamente certas.

O estudo do fim dos tempos foi muito interessante para mim, por isso frequentei seminários e fui uma leitora voraz de passagens e interpretações apresentadas pelos professores. Eles usavam palavras como *pré-tribulação*, *grande tribulação* e *pós-tribulação*. Todas pareciam ser válidas até certo ponto. O meu pai dizia ser "pan-milenarista", isto é, acreditava que, no fim, tudo daria bom resultado. Sei que essa ideia pode parecer estarrecedora para aqueles que têm absoluta certeza de suas opiniões a respeito do fim dos tempos!

Enquanto compilava pesquisas para este capítulo sobre liderança e submissão, tive mais ou menos a mesma sensação de quando estudava assuntos escatológicos: cada posição que eu estudava parecia ter pontos fortes. Um dos motivos pelos quais o ensinamento da profecia dos últimos tempos não é sempre o mesmo é porque a Bíblia não é totalmente clara sobre o assunto. É evidente que temos todas as nossas interpretações do simbolismo e da tipologia usados e podemos ter opiniões firmes, mas, ainda assim, deixam espaço para eu crer que, ao chegar ao céu, nenhum de nós conseguirá apresentar interpretações perfeitas.

Já mencionei o fato de que me senti mais ou menos da mesma forma de quando estudei as "passagens difíceis" a respeito de mulheres no lar, mulheres na Igreja e assuntos relacionados. No capítulo 8, escrevi sobre as mulheres e a Igreja, na esperança de elucidar o fato quase sempre esquecido de que Paulo incluiu mulheres em vários aspectos da igreja do Novo Testamento. De agora em diante trataremos mais das questões domésticas, embora existam alguns pontos em comum entre questões domésticas (isto é, relacionadas ao lar) e questões espirituais (isto é, relacionadas à Igreja) quando falarmos de estruturas de autoridade.

Neste capítulo, discutiremos passagens que hoje são muito mais debatidas em relação às mulheres casadas e o lar — o que chamarei de "autoridade doméstica". No capítulo 10, tratarei com mais detalhes da autoridade espiritual fora do lar. Tentei apresentar para você um pouco de cada ponto principal sobre o assunto.

Livros inteiros foram escritos sobre essas passagens das Escrituras; posso proporcionar aqui apenas uma versão resumida ou condensada. Para estudos mais avançados, a "Bibliografia recomendada" que apresentamos no final deste livro contém grande parte dos títulos que usei na minha pesquisa. Há muitos pontos extremamente divergentes entre eles.

## Todos nós somos um em Cristo Jesus

Enquanto estudamos essas passagens difíceis, observe, por favor, que há fundamentos bíblicos que afetam a maneira de eu analisar os versículos que examinaremos. Uma dessas passagens está em Gálatas 3.26-28:

> *Todos* vocês são filhos de Deus mediante a fé em Cristo Jesus, pois os que em Cristo foram batizados, de Cristo [em uma união espiritual e fraternal com Cristo, o Ungido, o Messias] se revestiram. Não há [nenhuma distinção entre] judeu nem grego, escravo nem livre, *homem nem mulher*; pois todos vocês são um em Cristo Jesus.

Há palavras usadas nessa passagem (escolhidas pelos autores sob a inspiração do Espírito Santo) nas quais precisamos meditar. Primeiro, todos os cristãos, homens e mulheres, são chamados *filhos*. Por que a palavra *filhos* é usada em vez de *filhas*? Se investigarmos o cenário no qual esse texto foi escrito, entenderemos que culturalmente os filhos eram os herdeiros, não as filhas. Que mensagem forte e poderosa! *Todos* nós somos filhos, *todos* nós somos herdeiros. A passagem não está dizendo que Deus considera todos nós como homens, mas como tendo os direitos e privilégios atribuídos a um filho naquela época.

Vemos, então, uma afirmação maravilhosa sobre os que foram batizados em Cristo: "Não há [...] *homem* nem *mulher*". Isso é particularmente importante quando pesquisamos o assunto de liderança e autoridade espiritual *versus* autoridade doméstica, pois na Igreja, não há nem homem nem mulher; é claro, porém, que nos relacionamentos o gênero é um problema. Não deixamos de ser homem e mulher quando nascemos de novo.

Autores famosos como Jessie Pen-Lewis referem-se a Gálatas 3.26-28 como a Carta Magna para as mulheres. O dicionário Webster define *Carta Magna* como "documento que constitui uma garantia fundamental". Em essência, apesar de termos recebido essa maravilhosa Carta Magna, há algumas questões práticas que ainda precisam ser discutidas. Como mencionei, vou dividir essas questões em duas categorias básicas: *autoridade espiritual* e *autoridade doméstica*. Vamos começar o estudo com a questão de liderança e submissão, pois ela se refere à autoridade doméstica. Esse é um dos assuntos mais polêmicos que me vem à mente na Igreja de hoje.

## O meu ponto de vista

Enquanto investigo essas categorias, estou tentando sondá-las com a mente e o coração abertos a respeito da teologia na qual me apoio como ministra sobre as mulheres na Igreja e em casa. Li obras dos *ultratradicionalistas* (que acreditam que as mulheres não devem ensinar a homens adultos na Igreja nem ocupar cargos governamentais, e que a liderança no lar recai sobre os homens) e dos *igualitários* ("feministas bíblicos" cuja opinião é que não há liderança masculina nem feminina nas funções no lar ou na Igreja.)[1]

---

1 Estou ciente de que se trata de definições amplas e que não incluem, de modo algum, as posições teológicas dos que estão em uma dessas categorias.

Depois de pesquisar as duas posições, descobri que não me encaixo em nenhuma delas. A respeito da Igreja, demonstrei no capítulo anterior o precedente bíblico para homens e mulheres trabalhando de acordo com o *dom de unção e dons espirituais*, não de acordo com o *gênero*. A respeito do lar, tratarei do assunto no restante deste capítulo.

Algumas pessoas poderão perguntar: "Sou solteira, Cindy. Onde me encaixo? Uma vez que não sou casada, tenho de me sujeitar a todos os homens?". Falaremos do assunto mais adiante, portanto continue a leitura!

À medida que fui avançando com dificuldade nesse assunto, orando sempre, tive numerosos diálogos com teólogos. Fomos desafiados e postos à prova enquanto estudávamos, buscávamos o Senhor e reexaminávamos os nossos sistemas de crença.

## Herdeiras de um destino coletivo

Para entender a liderança e a submissão de modo mais completo, é importante relembrar o que aconteceu no jardim do Éden e na queda do homem. Ao fazer isso, vamos dar uma olhada na função do casal no Éden, a queda subsequente e seus efeitos sobre a igreja e sobre os dois sexos.

Como mencionei antes, o Senhor declarou que "não era bom" o homem estar só. O que tornou a situação agradável ou completa foi a formação da mulher da "costela" do homem (em hebraico, *tsela* [v. Gênesis 2.21-23]).[2] A mulher foi criada para ser "auxiliadora" (em hebraico, *ezer kenegdo*) do marido.

[2] A palavra *tsela* é traduzida por "lado" em algumas versões; no entanto, isso tende a marginalizar a criação da mulher como se fosse uma parte insignificante do homem. *Tsela* é usada 41 vezes no Antigo Testamento e traduzida por costela somente em Gênesis 2.21-23.

> Ela foi uma *ezer kenegdo* — uma auxiliadora que lhe correspondesse (v. Gênesis 2.18) — não uma réplica exata dele, mas um complemento perfeito de seu reflexo imperfeito da imagem de Deus. Ela possuía capacidades racionais iguais às do homem, como mostrado no fato de que entendeu e foi totalmente responsabilizada por Deus por seu pecado (v. 3.2,3,16). Seja o que for que ela tenha sido, não era inferior ao homem.[3]

*Deus criou o homem e a mulher para formarem uma equipe [...]. Ao se tornar uma só carne, eles são capazes de realizar algo maior que cada um poderia realizar sozinho.*

Deus criou o homem e a mulher para formarem uma equipe com um destino coletivo maior que cada um deles. Essa foi a primeira intenção de Deus para o casamento. Ao se tornar uma só carne, eles são capazes de realizar algo maior que cada um poderia realizar sozinho.

A primeira função de Adão e Eva foi trabalhar em equipe para subjugar a terra (v. Gênesis 1.26-28). E, no entanto, no trabalho em equipe é comum faltar um ingrediente nos casamentos de hoje. Durante anos, enquanto seguia sua carreira na American Airlines, Mike viveu com expectativas tradicionalistas a respeito da liderança do homem e também das mulheres no ministério. Mike diz que, em sua família, a liderança masculina significava que a mulher devia basicamente dedicar-se por completo ao destino do marido, fossem quais fossem os dons dela. A ideia de que cabia à mulher a função de "auxiliadora", conforme descrito no jardim, era relativamente desconhecida.

---

[3] Extraído de comunicação pessoal com o dr. Gary Greig e Bayard Taylor a respeito da palavra *ezer*.

A aceitação do ministério que Deus me concedeu exigiu uma mudança significativa de ambas as partes, especialmente dele. Ainda assim, por mais difícil que o ajuste tenha sido para nós dois, os anos de sucesso do ministério Generals International só ocorreram quando começamos a aprender a trabalhar como equipe no nosso destino. (Falaremos mais do assunto no próximo capítulo.)

### A queda: a submissão poderosa dos gêneros

A introdução do pecado e da natureza pecaminosa da raça humana acarretou uma polarização não apenas entre os casados que trabalham juntos, mas também entre os homens e as mulheres que se relacionam na Igreja. Gênesis 3.16 registra os resultados dessa natureza pecaminosa: "À mulher, ele declarou: 'Multiplicarei grandemente o seu sofrimento na gravidez; com sofrimento você dará à luz filhos. Seu desejo será para o seu marido, e ele a dominará' ".

Katherine Bushnell, a estudiosa que mencionei no capítulo anterior, desafiou a interpretação tradicionalista e predominante desse versículo e de outros em *God's Word for Women*,[4] ou seja, que o "desejo" da mulher para seu marido era sexual ou psicológico (ou ambos) e que o homem tinha o dever de subjugar a mulher.

[4] Embora a obra seja admirável, consultei alguns teólogos da atualidade para estudar alguns conceitos de Bushnell, como sua definição da palavra *teshuqah*, por minha incapacidade de ler a Bíblia em suas línguas originais. A comunicação pessoal a que me refiro são respostas às minhas indagações referentes a seu livro. Na ocasião da correspondência, o dr. Gary S. Greig (ph.D. pela Chicago University) era professor-adjunto de Antigo Testamento na Regent University School of Divinity, Virginia Beach, Virginia. Bayard B. Taylor (Mestre em Divindade pela Trinity Evangelical Divinity School) era, na época, editor sênior de assuntos bíblicos e teológicos da Gospel Light Publications, Ventura, Califórnia.

Ela argumentou, com base nas primeiras traduções da Bíblia hebraica para o grego, siríaco, latim, cóptico, armênio e etíope, que a palavra *desejo* (em hebraico, *teshuqah*) deveria ser traduzida por "virada" (em hebraico, *teshubah*, diferença de uma letra).[5] De acordo com Bushnell, Gênesis 3.16 explica que a "virada" da mulher é "em direção" a seu marido. Em outras palavras, ela "virou as costas" para Deus a fim de obter realização, significado e direção, e "virou-se em direção" ao homem.

Embora eu concorde com Bushnell que as mulheres quase sempre "se viraram em direção" aos homens de modo inapropriado a fim de obter realização, significado e direção, desejo ressaltar também que a palavra *desejo* (*teshuqah*) usada aqui é encontrada em duas outras passagens que esclarecem um pouco mais o significado: Cântico dos Cânticos 7.10 e Gênesis 4.7 (*Almeida Revista e Atualizada*). Embora Cântico dos Cânticos 7.10 use *desejo* de modo positivo, em Gênesis 4.7 vemos o desejo do pecado controlar Caim e levá-lo a fazer o mal. Gênesis 3.16 também dá esse sentido negativo ao desejo da mulher de influenciar e controlar seu marido. Os dois versículos em Gênesis, muito ligados entre si pela gramática e pelo contexto, indicam desejo inapropriado.[6] Em essência, a natureza pecaminosa da mulher desejará controlar o homem.

A frase seguinte de Gênesis 3.16 diz que a natureza pecaminosa do homem *dominará* a mulher. É importante entender a palavra *dominar* (em hebraico, *mashal*). Mesmo com ideias totalmente opostas, tanto os tradicionalistas quanto os igualitários (feministas bíblicos) definem essa palavra como "liderança" ou "supremacia".

---

5 Bushnell, **God's Word to Women**, parágrafos 103-133.

6 Correspondência pessoal com o dr. Gary Greig.

Bushnell objetou com veemência à ideia de que o homem "deve dominar" a mulher de forma autoritária. Concordo com ela. Esse versículo tem sido usado há séculos como um porrete contra as mulheres, para subjugá-las totalmente ou para restringir seus dons e talentos. Quando a palavra *dominar* é interpretada erroneamente como "supremacia autoritária", causa um grande problema. Por quê?

No casamento, o espírito de competição entre marido e esposa é enorme porque a natureza pecaminosa de ambos quer controlar o relacionamento. A natureza pecaminosa estabelece um ciclo de julgamento porque cada cônjuge deseja "dominar" por egoísmo. É por isso que tanto a submissão da mulher ao marido quanto a submissão mútua são tão cruciais no casamento (v. Efésios 5.21-25). Sem os dois tipos de submissão, haverá a Terceira Guerra Mundial. (Você já notou isso?)

Há uma forma muito melhor de entendermos a palavra *mashal* do que o beco sem saída da subordinação e da dominação. O contexto imediato de Gênesis 1 e 2 oferece-nos várias boas definições práticas de *mashal*:

- O homem deveria *abad* ("trabalhar, servir") e *shamar* ("vigiar, guardar, proteger") o jardim (v. Gênesis 2.15). Nesse caso, o ser mais sublime de toda a criação, aquele que foi criado à própria imagem de Deus, deveria servir e proteger os organismos vivos inferiores (as plantas) dentro da criação e cuidar deles.
- O homem deveria comer os frutos do jardim (cf. v. 16), mas havia limites definidos para o que ele poderia e não poderia comer (cf. v. 17). Ele jamais seria um senhor absoluto, déspota.

- O homem deveria receber a dádiva de uma esposa grata (cf. v. 23,24), alguém que estivesse em pé de igualdade com ele. Juntos, trariam glória para Deus ao "dominar" a terra (v. Gênesis 1.26-28).

Além disso, a Bíblia ensina que Deus domina a criação com sabedoria e compaixão (v. Salmos 104.10-32; 105; 106; 107). Seu domínio não é despótico nem autoritário. O próprio Jesus, o filho de Deus, poderia ter dominado como ditador, mas não fez isso (v. Filipenses 2.6-8). Em resumo, Adão deveria dominar com mansidão, humildade e coração de servo, da mesma forma que Cristo amou a Igreja e se entregou por ela (v. Mateus 20.25-27; Efésios 5.25).[7]

### Nem todo homem domina toda mulher

Essas palavras nos levam a um ponto importante: Efésios 5.21-31 refere-se aos casados, não a todo homem e a toda mulher. Isso é crucial para entendermos: *nem todo homem domina toda mulher*. Meu marido, por exemplo (não todos os homens que conheço), é meu líder. Se todo homem tivesse liderança sobre mim, os efeitos seriam imensos e devastadores.

A mulher não está sob a autoridade de todo homem na igreja. Se for casada, está sob a autoridade do marido em casa, e ambos devem estar sob a autoridade da igreja. Isso não nega, mas aperfeiçoa, a autoridade doméstica.

---

[7] Como podemos ver, *mashal* nas primeiras páginas da Bíblia e quando se refere ao domínio de Deus, significa "liderança servil". Com o tempo, esse significado recebeu influências negativas por sua associação com o "domínio" dos reis e príncipes humanos, que não eram líderes servis, mas déspotas, arbitrários, prepotentes, autoritários, gananciosos, cruéis e vaidosos (como exemplos, v. Gênesis 37.8; Êxodo 21.8; Juízes 8.23; 14.4; Provérbios 28.15; 29.12; Isaías 14.5; 52.5; Joel 2.17).

Se for solteira, para garantir que ela não esteja totalmente sozinha, é bom ter uma pessoa de seu relacionamento com autoridade espiritual sobre ela (homem ou mulher —autoridade por unção, não por gênero). Todos nós necessitamos de alguém a quem devemos submeter a nossa vida, não de forma controladora, mas totalmente voluntária. Mike e eu, por exemplo, frequentamos a Trinity Church of Cedar Hills, Texas, enquanto escrevo este livro. Recorremos ao nosso pastor sênior em busca de orientação e conselho. Contamos também com os diretores da Generals International que nos protegem e nos aconselham.

O fato de que nem toda mulher está sob a autoridade de todo homem é importante para ministras do evangelho, profetisas, evangelistas, professoras — sejam quais forem seus dons —, casadas e solteiras.[8] Como uma ministra do evangelho ou professora poderia pôr sua unção em prática se todo homem que a ouvisse tivesse autoridade maior sobre ela do que, digamos, seu marido ou seu pastor? Ela ficaria de mãos atadas, sem poder fazer uso de seu dom.

Dizer que havia mau uso da autoridade na Igreja contra as mulheres é um eufemismo. Movimentos inteiros, como o movimento do *discipulado* ou *pastorado*, foram particularmente agressivos às mulheres em geral. Esse movimento surgiu na década de 1970 e terminou na década de 1980. Um dos ensinamentos e práticas do movimento era que a mulher não poderia se casar, a menos que os presbíteros da igreja (todos homens) dissessem que tinha ouvido uma mensagem profética de Deus a respeito de

[8] Priscila, por exemplo, não estava sob a autoridade de Apolo quando ela e o marido, Áquila, instruíram Apolo "com mais exatidão" a respeito de Jesus em Atos 18.26. E a "senhora eleita" de 2João não estava sob a autoridade de mestres itinerantes; ela precisava discernir o falso ensinamento e afastar os falsos mestres (cf. v. 10,11).

quem seria seu futuro marido. Alguns desses ensinamentos eram mais rígidos que outros e davam aos maridos direitos totais, como não permitir que a mulher comprasse um vestido sem que ele o escolhesse. Isso parece a descrição de uma seita.

Conheço várias mulheres que sofreram demais com esse movimento e seus abusos, que afetaram grandemente a comunidade carismática. Essa é uma área onde ainda existe grande necessidade de reconciliação de gêneros. Na verdade, muitas cristãs de hoje simplesmente se encolhem quando ouvem a palavra *submissão* por causa de todas as conotações negativas desse movimento.

Se você, como mulher, sofreu formas mais extremas de abuso religioso associado à distorção de liderança e submissão, não deixe de orar e de perdoar seu pastor, pai, marido ou ex-marido, namorado e assim por diante — qualquer um que a tenha ferido nessa área —, para poder ler este capítulo como uma pessoa totalmente curada.

Se você é homem, por favor, separe um momento para reavaliar o seu coração a fim de saber se tem algum problema relativo a controlar ou manipular mulheres. Vou falar mais sobre algumas áreas pioneiras a respeito de submissão que causaram sofrimento tanto para homens quanto para mulheres, para que você possa *reagir com ponderação* em vez de *reagir instintivamente*. Isso lhe permitirá repensar em como tem tratado sua esposa, as mulheres que você lidera no ministério (ou que estão acima de você), bem como as mulheres em geral.

### Submissão mútua por temor a Cristo

Depois de entendermos que esse assunto é cercado de muitas mágoas em ambos os sexos, vamos analisar de novo Efésios

5.22-31 e 1Coríntios 11.3. Vou ressaltar neste capítulo a passagem de Efésios:

> Mulheres, sujeite-se cada uma a seu marido, como ao Senhor, pois o marido é o cabeça da mulher, como também Cristo é o cabeça da igreja, que é o seu corpo, do qual ele é o Salvador. Assim como a igreja está sujeita a Cristo, também as mulheres estejam em tudo sujeitas a seus maridos. Maridos, ame cada um a sua mulher, assim como Cristo amou a igreja e entregou-se por ela para santificá-la, tendo-a purificado pelo lavar da água mediante a palavra, e para apresentá-la a si mesmo como igreja gloriosa, sem mancha nem ruga ou coisa semelhante, mas santa e inculpável. Da mesma forma, os maridos devem amar cada um a sua mulher como a seu próprio corpo. Quem ama sua mulher, ama a si mesmo. Além do mais, ninguém jamais odiou o seu próprio corpo, antes o alimenta e dele cuida, como também Cristo faz com a igreja, pois somos membros do seu corpo. "Por esta razão, o homem deixará pai e mãe e se unirá à sua mulher, e os dois se tornarão uma só carne."

Essa passagem de submissão é precedida pela ideia de submissão *mútua*: "sujeitem-se uns aos outros, por temor a Cristo" (v. 21). Aqui, a palavra para *sujeitar-se* é *hupotasso*, que significa "subordinar-se, obedecer, estar em obediência, submeter-se".[9] É incrível como a Igreja pouco se concentra na submissão *um ao outro* de um casal. Muito tem sido pregado às mulheres a respeito de submissão aos maridos, mas, quando foi a última vez que você ouviu um sermão ressaltando que os maridos devem amar cada um sua esposa como Cristo ama a Igreja, no sentido de *pôr-se*

[9] Strong, **Exhaustive Concordance**, verbete n. 5293; v. tb. Bauer, **Greek-English Lexicon**, p. 847-848.

*abaixo*, para servir como Jesus serviu quando lavou os pés dos discípulos (v. João 13.4-9)? Ou quando foi a última vez que você ouviu um sermão contendo esta pergunta aos maridos: "Você está se sujeitando à sua esposa, por temor a Cristo"?. De fato, o assunto é tão pouco ressaltado que chega a parecer heresia!

## A questão é amor, não submissão

Ao me preparar para este capítulo, fiz uma pesquisa entre algumas amigas bem casadas e incluí esta pergunta: "O assunto de submissão está presente no seu casamento?".

Todas foram enfáticas: "Não!". Na época da pesquisa, a minha ideia era colher informações de um casal na faixa dos 20 anos de idade, um na faixa dos 30, um na faixa dos 40 e finalmente um com mais de 60.

Embora todos acreditem na submissão e também na liderança do marido no lar, parece que todos, em um sentido prático, se sujeitam aos pontos fortes do outro e a suas respectivas funções no casamento.

### *Os Grady*

Meu bom amigo Lee Grady, por exemplo, observa que a esposa, Deborah, é a administradora do lar. Pelo fato de Deborah ter lecionado para os filhos em casa — o que foi decidido mutuamente —, coube a ela a parte mais difícil do trabalho doméstico. E, por ficar mais tempo com os filhos, ela conhecia mais suas necessidades. Eles oraram juntos sobre essa decisão da administração do lar, mas era ela quem tomava as decisões no dia a dia. A minha teoria é que os melhores casamentos funcionam dessa maneira.

### *Os Duncan*

Kyle Duncan e sua esposa, Suzanne, são um exemplo de casal do século XXI. Dividem as tarefas do lar e trabalham juntos como equipe. Na verdade, essa parece ser a norma para as gerações modernas. Em geral, os homens casados, na faixa etária dos Duncans, não se sentem diminuídos em sua masculinidade por ajudar as esposas nos afazeres domésticos. (Em algumas partes do mundo, inclusive nos Estados Unidos, é comum os homens se considerarem "machos" demais para concordar com isso. No entanto, tenho amigos na Argentina, nessa faixa etária, que realizam juntos as tarefas domésticas, portanto até isso está mudando.)

### *Os Wagner*

Observei o relacionamento entre C. Peter Wagner e sua esposa, Doris, um casal que Mike e eu consideramos ser nossos pais espirituais durante anos. Eles tinham um dos melhores casamentos que já vi. Embora Peter fosse claramente o chefe da casa, ele era tão seguro de sua identidade e posição que não se sentia nem um pouco ameaçado quando, de repente, Doris gritava do outro lado da casa: "Peter, leve o lixo para fora, por favor!". Ele se levantava imediatamente para fazer o que ela pedira, sabendo que o fato de se sujeitar às necessidades da esposa não ameaçava sua masculinidade. Também não diminuía sua posição como chefe da casa. Hoje Peter mora com o Senhor, e Doris diz que eles tiveram o melhor casamento que alguém pode imaginar.

### *Os Sheets*

Conversei também com meu amigo Dutch Sheets sobre o assunto de liderança e submissão. Um de seus argumentos, que na minha opinião é extraordinário, é que, apesar de ser o cabeça de sua esposa, Ceci, ele não toma nenhuma decisão até que haja um consenso. Com isso, ele quer dizer que, se ambos não concordarem sobre um determinado assunto, mesmo sabendo que está certo, ele separa um tempo para orar com ela, e também sozinho, até chegarem a um entendimento. Ele disse que o Senhor sempre os conduziu a um acordo.

### *Os Jacobs*

Quanto a Mike e a mim, temos uma vida extremamente complicada, como você bem pode imaginar, portanto esses assuntos são muito complexos. Falarei das nossas lutas e de algumas experiências pelas quais passamos no capítulo "Ungidas para servir", no qual tratarei da submissão no casamento quando a mulher é a líder mais visível.

## O lava-pés dos tempos modernos

Adquiri uma visão tão fascinante ao realizar pesquisas para este livro que podem me causar problemas sérios com os meus leitores do sexo masculino. Mas, por favor, não pulem esta parte, porque sei que vocês desejam ser o tipo de servo que Cristo é para a Igreja.

Quando lavou os pés dos discípulos, Jesus fez uma gigantesca afirmação a respeito da sociedade. Veja, somente as mulheres e os escravos lavavam os pés de uma pessoa. Foi por isso que Simão Pedro se opôs com tanta firmeza por Jesus querer lavar seus pés. Jesus assumiu a posição mais humilde e basicamente realizou um trabalho feminino. Você terá uma ideia melhor do impacto total dessa atitude no capítulo 12, "A reforma cultural".

As mulheres faziam parte dos últimos lugares na lista da sociedade — ao lado dos escravos.

Como isso se transporta para a sociedade dos tempos modernos? A esposa talvez necessite que o marido limpe o chão, tire o pó dos móveis ou se ofereça para cuidar do bebê durante uma noite por semana, para que ela possa sair com as amigas. Esse é certamente um modo de lavar os pés nos dias de hoje!

Estou rindo enquanto escrevo estas palavras porque, logo depois que pensei nesses exemplos de lavar os pés, liguei para uma das minhas boas amigas, Cheryl Sacks, para lhe passar essa informação, e ela começou a rir. Ela acabara de perguntar ao marido, Hal (eles lideram em parceria a Bridge Builders International, em Phoenix, Arizona) se ele a ajudaria a passar pano no chão! Ele resmungou quando ela me elogiou dizendo que eu estava estudando o assunto de como ser servo, mas ele aceitou tudo com bom humor.

Embora eu acredite muito na posição especial de responsabilidade que o Senhor atribuiu ao marido na família, parece que foi esse tipo de trabalho em parceria que o nosso Criador imaginou no jardim do Éden. Mas a nossa natureza pecaminosa se recusa a sujeitar-se e quer competir e controlar.

## Liderança, não submissão

Retornando a Efésios 5.22,23, chegamos às palavras referentes à submissão da esposa ao marido, o "cabeça da mulher": "Mulheres, sujeite-se cada uma a seu marido, como ao Senhor, pois o marido é o cabeça da mulher, como também Cristo é o cabeça da igreja, que é o seu corpo, do qual ele é o Salvador". (Observe que as Escrituras não dizem que marido é o cabeça da casa, mas o cabeça da mulher. Creio que o Senhor se agrada quando os casais que têm filhos trabalham juntos para criar a família.)

O nosso entendimento da palavra *cabeça* (no grego, *kephale*) tem um impacto significativo em como entendemos a *submissão*. Duas interpretações principais a respeito da palavra *cabeça* são apresentadas hoje: "autoridade" e "fonte".

Gilbert Bilezikian apresenta um bom argumento para a interpretação de "fonte", colhida de sua pesquisa de textos não bíblicos, bem como da tradução do Antigo e do Novo Testamentos para o grego. Bilezikian descobriu que *kephale* não é uma metáfora verdadeira para "governador, autoridade" no Novo Testamento em razão de poucas evidências nos textos escritos em grego no século I.[10] "Fonte" ou "fonte de vida", ele argumenta, é a ideia transmitida em textos como 1Coríntios 11.3 e Efésios 5.23. Katherine Haubert resume a conclusão de Bilezikian ao dizer que *kephale* é usada metaforicamente no Novo Testamento "em uma variedade de situações que dá a ela um pouco de flexibilidade conceitual, mas sempre com a noção

---

10 As evidências: 1) Nem todos os léxicos gregos concordam em que *kephale* é uma metáfora que significa "fonte, origem" ou "autoridade". 2) Há 180 ocorrências nas quais a Bíblia hebraica usa *ro'sh* de modo figurado para designar "governador, líder", mas a tradução para o grego da Bíblia hebraica (a *Septuaginta*) evita usar a palavra *kephale* em pelo menos 90% das vezes. Em apenas cinco passagens, a *Septuaginta* usa *kephale* para traduzir *ro'sh* como "governador, líder" (v. Juízes 11.11; 2Samuel 22.44, a mesma palavra usada em Salmos 18.43; Isaías 7.8,9 [quatro vezes]; e Lamentações 1.5), e em cada um desses casos a tradução de *kephale* depende das notas marginais de textos hebraicos ou massoréticos incorporadas ao texto grego. 3) Todos os contextos das passagens do Novo Testamento que presumivelmente usam *kephale* como metáfora para "governador, líder, autoridade" (v. 1Coríntios 11.3-16; Efésios 1.10,22,23; 5.23; Colossenses 1.18; 2.10,19) apontam para "fonte, origem" como significado. V. Bilezikian. **Beyond Sexes Roles:** What the Bible Says About a Woman's Place in Church and Family (Grand Rapids: Baker, 1991), apêndice.

de servir o Corpo em uma dimensão no sentido de criar, alimentar e representar".[11]

Quando usada no sentido figurado, a palavra *kephale* ou *cabeça* significa "manancial ou fonte de vida".[12] Os conceitos de "supremacia" e "dominância" não estão presentes no significado de *liderança*. Da mesma forma, as palavras "subordinação", "subjugação" e "ser governado" não estão incluídas no significado de *submissão*. Esses tipos de distorções originam-se da natureza pecaminosa da humanidade. Por outro lado, no entanto, o conceito de autoridade do marido na função de líder/servo, exemplificando a liderança de Cristo sobre a Igreja, brilha nessa passagem inteira (v. Efésios 5.21-31). O que o bom "chefe da casa" faz? Protege, alimenta e libera a esposa para ser tudo aquilo que Deus planejou para ela. O marido pode ser um manancial de vida e encorajamento para a esposa ou impedi-la de alcançar seu pleno potencial.

Certa vez, quando estava sendo entrevistada por uma rádio na Argentina, perguntaram-me sobre a submissão dos homens e das esposas. A minha resposta foi uma declaração firme: "Creio que Deus vai responsabilizar alguns homens no dia do juízo por impedirem a esposa de cumprir seu destino". O entrevistador pareceu chocado! Certamente essa não era a mentalidade do homem latino-americano. Devo dizer, no entanto, que alguns grandes passos têm sido dados na América Latina desde então.

Um amigo missionário que esteve em um país da América do Sul contou-me que, certa vez, durante uma reunião de

---

11 **Women as Leaders**. Monrovia, CA: MARC, uma divisão da World Vision International, 1993. p. 40.

12 Bilezikian, **Beyond Sex Roles**, p. 137.

pastores, eles discutiram se era certo ou errado bater na esposa. O meu amigo disse que o grupo chegou ao consenso de que era permitido, desde que ninguém soubesse. O colecionador de Bíblias Duane Chapman, que produziu um vídeo intitulado *A incrível história da Bíblia*, possui uma cópia original de *A Bíblia do espancador da esposa*. Penso que nenhum conselheiro espiritual sugeriria que a mulher deveria permanecer na casa onde apanha, mas continuo estarrecida por saber que muitas mulheres têm medo de seu marido cristão. A violência doméstica é um grande problema em países ao redor do mundo.

Florence Littauer escreveu um livro excelente intitulado *Wake Up, Women! Submission Doesn't Mean Stupidity* [Mulheres, acordem! Submissão não significa idiotice],[13] que pode ajudá-la a discernir se você está em uma situação abusiva em casa.

### Dois cérebros, uma cabeça

Anos atrás, tive a falsa impressão de que não podia opinar sobre qualquer coisa que Mike quisesse fazer, porque ele era o cabeça. Essa ideia nos criou grandes problemas de tempos em tempos, porque às vezes as minhas opiniões proporcionavam um bom equilíbrio às suas ideias. Algumas de suas decisões me deixavam muito preocupada, mas eu não dizia nada.

Certo dia, um homem pediu-nos dinheiro emprestado, um valor muito alto para nós. Senti-me terrivelmente apreensiva a respeito do assunto, mas achei que não podia contrariar a decisão de Mike. Emprestamos o dinheiro ao homem sem lhe pedir que assinasse um papel prometendo que nos pagaria.

---

13 W Publishing Group, 1994.

Não recebemos o dinheiro até hoje. Infelizmente, sofremos financeiramente por causa do empréstimo. Tive de lidar com a mágoa e a raiva quando faltava dinheiro para pagar as despesas da casa. Que lição dura! Não fui uma boa *auxiliadora* de Mike com o meu silêncio.

Algumas esposas se zangam ao pensar na liderança correta no lar e querem tirar essa responsabilidade do marido. Para mim, é exatamente o oposto. Sinto-me mais realizada, protegida e mais liberta que impedida com a liderança de Mike. Não devo me aborrecer pelo fato de Deus ter-me feito mulher e colocado a liderança da casa nos ombros de Mike, da mesma forma que não devo me aborrecer por ter 1,59 metro de altura e Mike, 1,80 metro!

Tenho certeza de que o meu marido é responsável perante Deus por ser o líder espiritual da nossa casa. Isso não anula de modo algum a minha função de líder espiritual. No entanto, significa que Mike precisa ter certeza de que está correto perante Deus em suas decisões e ações em benefício de ambos.

Acima de tudo, acho que as mulheres *querem* que o marido exerça um papel mais ativo na questão de orar com elas e por elas e, se tiverem filhos, ensinar a Palavra de Deus a eles. De alguma forma, a passividade dos homens que começou no Éden continua até hoje.

Pessoalmente, não creio que seja bíblico chamar os homens de "sacerdotes do lar". Apesar de entender as conotações positivas intencionais, na realidade existe apenas um sumo sacerdote e mediador entre Deus e seus filhos: o Senhor Jesus Cristo. Todos nós podemos nos aproximar de Cristo individualmente; as mulheres não precisam dos homens para ouvir a voz de Deus em favor delas.

Ao estudar livros tanto tradicionalistas quanto igualitários, descobri muitos pontos de ambos os lados com os quais concordo sinceramente. Mencionei antes o livro Recovering Biblical *Manhood and Womanhood* [Recuperando a masculinidade e a feminilidade bíblicas], de John Piper e Wayne Grudem, que apresenta uma resposta extensiva ao feminismo evangélico. Apesar de divergir deles em alguns pontos a respeito do papel da mulher na Igreja, penso que o que dizem é excelente. Piper e Grudem acreditam claramente que liderança envolve autoridade e que a palavra *cabeça* significa "fonte" em algumas passagens, mas significa "autoridade" em outras.

Piper apresenta uma visão interessante no capítulo intitulado "Uma visão da complementaridade bíblica":

> Se eu tivesse de colocar o dedo em um pecado devastador de hoje, não seria no tal movimento feminino, mas na falta de liderança espiritual dos homens em casa e na Igreja. Satanás conseguiu uma incrível vitória tática ao disseminar a noção de que o chamado aos homens para serem líderes nasce do orgulho e do pecado, sendo que, na verdade, o orgulho é exatamente o que impede a liderança espiritual. A falta de objetividade espiritual, a fraqueza, a letargia e a covardia entre os homens é um problema sério, não o aumento de interesse nos ministérios das mulheres.[14]

O pastor de uma igreja que Mike e eu frequentávamos me disse: "Vamos deixar os seus dons em segundo plano para que o seu marido possa aparecer". Entendi que, em vez de tentar reprimir os dons, tal como profecia, que o Senhor me concedeu, ele deveria ter dito: "Cindy, vejo que o Senhor deseja aumentar a

[14] PIPER & GRUDEM, *Recovering Biblical Manhood and Womanhood*, p. 53.

capacidade do seu marido de dar mais visibilidade aos dons que ele tem, e vou ajudá-lo para que isso aconteça". (É claro que a situação me deu a grande oportunidade de crescer espiritualmente no perdão e na graça.)

Dennis Lindsay é presidente do Instituto Cristo para as Nações em Dallas, Texas, onde dá aulas sobre casamento. Ele diz que a esposa se sujeita à posição dada ao marido por Deus, ao passo que o marido se sujeita à pessoa de sua esposa. Também faz os seguintes comentários sobre submissão ou sobre nos sujeitar a outra pessoa:

> É a arte de aprender a perder quando podemos vencer com facilidade. Uma das melhores ilustrações de submissão na experiência do dia a dia refere-se aos navios. A tripulação se sujeita às ordens do capitão. Mas há outra regra a ser observada. A embarcação que possui maior vantagem de poder de manobra deve dar lugar à embarcação com menor poder de manobra. Um barco de pesca a motor deve dar lugar a um veleiro, pois a força deve dar lugar à vela. O mesmo ocorre com as aeronaves — quanto maiores forem sua força e poder de manobra, menos direito de passagem elas têm. Os cristãos, assim como os marinheiros e os pilotos, devem aprender a dar lugar um ao outro para evitar colisões na vida em conjunto.

Lembro que o meu pai me escreveu uma carta sobre casamento quando eu namorava Mike. Ele disse: "Querida, você deve dedicar-se 100% a Mike, e ele deve fazer o mesmo por você. Se fizerem isso, cada um de vocês terá 100% de suas necessidades supridas".

De uma forma ou outra, penso que nenhum de nós tem esse assunto de liderança e submissão totalmente solucionado. O dr. Gary Greig disse-me certa vez: — Cindy, há tanta necessidade de reconciliação de gêneros no Corpo de Cristo que não tenho certeza se algum de nós verá esse assunto com mais clareza enquanto o Senhor não realizar uma obra mais profunda na cura das feridas tanto nos homens quanto nas mulheres.

— Amém, Gary! — eu tive de dizer. E talvez chegue o dia em que o Senhor me mostrará que não escrevi este capítulo corretamente — estou aberta a isso, mas o Senhor sabe que estudei muito, orei e fiz o melhor trabalho possível ao expressar o que entendi ser o coração de Deus sobre esse assunto.

Embora este capítulo trate principalmente de passagens das Escrituras relativas ao lar, o próximo capítulo se aprofundará nas questões sobre o trabalho das mulheres dentro da Igreja e no ministério em tempo integral.

# CAPÍTULO 10

# Ah, aquelas passagens difíceis!

Vários anos atrás, o meu marido foi entrevistado pela revista *Charisma* sobre o nosso ministério, o Generals International. Quando lhe perguntaram sobre como ele encontrou paz a respeito do chamado de Deus para a minha vida, Mike respondeu: "Com exceção de todas as questões teológicas, tudo se resumiu à pergunta básica se Cindy havia ou não recebido uma unção de Deus. Assim que reconheci que ela recebeu, assumi a responsabilidade de confiar o assunto a Deus. Foi ele quem a colocou ali".

Eu gostaria que essas palavras pudessem resolver os assuntos polêmicos dentro da Igreja a respeito das mulheres: se elas podem ter autoridade espiritual e ensinar os homens. Recentemente, um líder me disse: "Em termos de experiência, ganhei muita com os ministérios femininos, mas, em termos teológicos, não vejo nada disso nas Escrituras".

Há muitos grupos lutando realmente contra esses problemas. As associações de pastores estão debatendo esse assunto, e as líderes têm sido feridas profundamente pelos líderes que, por um lado, dizem que a Igreja jamais avançará se não houver unidade, mas, por outro lado, recusam a convidar líderes do sexo feminino para reuniões de liderança de pastores e líderes.

Uma amiga ligou-me recentemente depois de conversar com um grupo que planejava realizar uma reunião de liderança de oração em seu estado. A pergunta posta sobre a mesa foi se as líderes deveriam ser convidadas ou não a participar. Ela contou que o grupo ficou dividido. O fato mais perturbador foi que a questão de homem/mulher girou em torno de quem teria permissão — ou não teria — de conduzir a oração diante dos participantes. Esse mesmo grupo não questionou o fato de que os líderes cujos nomes foram propostos eram divorciados ou tinham opiniões diferentes sobre a questão do arrebatamento.

### Construindo em cima de um terreno coletivo

É muito importante encontrar um terreno coletivo quando nos esforçamos para haver unidade no Corpo de Cristo. Quais são os dois pontos a considerar?

Primeiro, quais são as verdades absolutas que todos nós temos em comum? Estas devem ser o foco da nossa unidade. Um exemplo é a salvação pela cruz de Cristo.

Segundo, precisamos respeitar as crenças diferentes dos outros que não se afastam da centralidade do evangelho. Exemplos: modos de batizar e tomar a ceia.

Por que acredito que isso é importante? A unidade é construída em torno dos versículos das Escrituras cuja interpretação é clara. E mais, parece que os assuntos que antes causavam grandes divisões, como dom de línguas, cura, divórcio, modo de batismo e outras questões doutrinárias, não mais nos impedem de viver em unidade.

Há, porém, um assunto que continua a dividir e a melindrar muitas pessoas no Corpo de Cristo. Enquanto escrevia o capítulo 8, sobre a questão da submissão, outro assunto principal, que causa divisão hoje, corria paralelamente: as mulheres podem dar aula aos homens?

Algumas igrejas acreditam que as mulheres podem dar aula aos homens; outras não. Os dois tipos de igreja podem aderir firmemente às verdades absolutas da mensagem do evangelho da salvação, desde que também respeitem as diferenças de opiniões a respeito de vários textos das Escrituras que estão abertos à interpretação. No entanto, em reuniões de liderança nas cidades, muitas dessas igrejas excluem líderes do sexo feminino tanto física quanto verbalmente (verbalmente no sentido de que os nomes e pronomes usados pelas lideranças estão sempre no masculino; por exemplo: "Nossos *homens* vão conduzir esta cidade a Deus!").

A respeito do muro de divisão na Igreja acerca das mulheres líderes, as Escrituras apresentam a promessa profética em Atos 2.17 de que Deus derramará de seu Espírito sobre os homens e também sobre as mulheres. Certamente Satanás deseja impedir a qualquer custo esse movimento do fim dos tempos — até o ponto de usar cristãos bem-intencionados que impõem limites humanos ao Espírito Santo por esquecer que ele pode escolher quem quiser, do modo que quiser, para cumprir seus propósitos e no momento em que achar oportuno.

*As Escrituras apresentam a promessa profética em Atos 2.17 de que Deus derramará de seu Espírito sobre os homens e também sobre as mulheres. Certamente Satanás deseja impedir a qualquer custo esse movimento do fim dos tempos.*

Deus pode escolher uma Débora ou uma Ester, bem como um Davi ou um Daniel.

Com a soberania de Deus e suas promessas proféticas em mente, antes de passar para o capítulo 11, precisamos analisar as passagens mais difíceis da Bíblia sobre as mulheres que sentem o chamado de Deus para o ministério em tempo integral. As duas passagens que trazem mais confusão e restrição a respeito do ministério feminino na Igreja são 1Coríntios 14.34,35 e 1Timóteo 2.11-15.

Enquanto nos aprofundamos nessas passagens, porei na balança várias interpretações que estudei e também comentários atuais sobre o que as passagens *não* dizem, segundo a minha opinião.

Há quatro princípios essenciais para interpretar as Escrituras. Tentei não deixar o assunto tão pesado ou maçante a ponto de você não apreciar a leitura. Ao contrário, esforcei-me para "fatiar" e "gotejar" para você pilhas de pesquisa em terminologia menos complicada. Os quatro princípios são:

1. Determinar a intenção do autor.
2. Determinar o contexto do capítulo, do livro e do restante da Bíblia.
3. Determinar o ambiente histórico ou cultural da época em que foi escrito.
4. Interpretar passagens obscuras à luz de passagens mais claras.

No restante deste capítulo, usaremos esses princípios para estudar as duas passagens difíceis.

## 1Coríntios 14

Vamos começar por 1Coríntios 14.34,35:

> [...] permaneçam as mulheres em silêncio nas igrejas, pois não lhes é permitido falar; antes permaneçam em submissão, como diz a Lei. Se quiserem aprender alguma coisa, que perguntem a seus maridos em casa; pois é vergonhoso uma mulher falar na igreja.

A interpretação dessa passagem depende quase sempre do que Paulo quer dizer com *permaneçam em silêncio* e *não lhes é permitido falar* e mais ainda com o sistema de crença do leitor a respeito do que a mulher pode fazer na Igreja. Alguns grupos interpretam que as mulheres não têm permissão para falar em voz alta na igreja; outros usam a passagem como uma advertência velada de que as mulheres não têm permissão para pregar. Nenhuma interpretação leva em consideração a prática de Paulo de usar mulheres no ministério nem sua intenção nesse contexto específico.

### *A verdadeira preocupação de Paulo*

Em geral, pouquíssimas igrejas acham que as mulheres não devem falar nada na igreja. (Isso limitaria gravemente o interesse da mulher em ir à igreja, porque nós, mulheres, em geral adoramos conversar.)

Vemos que Jesus foi contra a índole cultural e encorajou as mulheres a "ir e falar" — desde a mulher samaritana que pregou à cidade inteira (v. João 4.28-30) até as duas Marias, quando saiu da sepultura e lhes ordenou que divulgassem a mensagem de que ele estava vivo (v. Mateus 28.1,8-10).

As cartas de Paulo aos coríntios e a Timóteo abordam problemas específicos dentro de determinadas igrejas. As duas cartas a Timóteo falam extensivamente sobre o falso ensino e os falsos mestres que estavam desencaminhando as mulheres. E as duas cartas à igreja em Corinto têm a intenção de corrigir graves violações à ordem e aos bons costumes. Esses problemas estavam causando confusão na igreja, como vemos em 1Coríntios 14.33: "Pois Deus não é Deus de desordem, mas de paz".

Qual era o problema em Corinto? Sabemos que Paulo organizou a igreja em Corinto por volta do ano 50 d.C., que alguns judeus ilustres estavam entre os primeiros cristãos (v. Atos 18.4,8) e que provavelmente a maior parte da igreja viera do paganismo e "poucos eram de nobre nascimento" (v. 1Coríntios 1.26). Também, na época, quase todas as mulheres eram analfabetas e, ao contrário dos homens, não tinham o privilégio de estudar. Uma das características mais incríveis dessa passagem é que as mulheres são encorajadas a aprender. Hoje, a maioria de nós não entende o impacto dessa afirmação porque os nossos padrões culturais não proíbem as mulheres de estudar. Essa, contudo, foi uma afirmação reveladora durante a época de Paulo.

Rebecca Merrill Groothuis apresenta o seguinte *insight* em seu livro *Good News for Women* [Boas notícias para as mulheres]:

> O contexto dessa passagem refere-se à manutenção da ordem durante o culto. A mesma palavra usada para o silêncio das mulheres é ordenada àqueles que falavam em línguas sem um intérprete. A intenção de Paulo é evidentemente silenciar apenas para não interromper quem falava. Esse tipo de interrupção mencionado respeitosamente às mulheres talvez tivesse relação com interromper o orador em público com perguntas — uma prática comum na época. Paulo diz que as mulheres devem guardar as perguntas e fazê-las ao marido depois quando estivessem em casa (v. 1Coríntios 14.35). Isso indica que ele está preocupado principalmente

> com as mulheres que interrompem o ensino, não com as mulheres que ensinam. Aparentemente, as mulheres faziam perguntas em voz alta e atrapalhavam a ordem do culto na igreja.[1]

A palavra *silêncio* tem a conotação de "segurar a língua", o que se encaixa nessa interpretação.[2] A palavra *mulheres* (em grego, *gune*) nessa passagem não se refere a "mulheres" em geral, mas a "esposas", porque 1Coríntios 14.35 menciona especificamente maridos.[3] Outra palavra nessa passagem traduzida por "vergonhoso" significa "indigno" ou que não se adapta ao que é direito ou à situação.[4]

É fácil interpretar erroneamente o que estava acontecendo na igreja primitiva se tentarmos vê-la através do filtro dos nossos templos e auditórios modernos. As reuniões na igreja primitiva eram quase sempre realizadas em ambientes domésticos, porque, como já mencionei, basílicas ou templos só foram construídos a partir do século IV. Mesmo que a casa fosse grande, ainda assim seria perturbador se alguém fizesse perguntas em voz alta durante as reuniões. Se os homens se sentassem separados das mulheres, como era a prática (e continua a ser até hoje em muitas igrejas fora do mundo ocidental), o problema seria aumentado.

### *Definindo a "Lei"*

Há uma perspectiva interessante nessa passagem feita por Katharine Bushnell em *God's Word for Women*. Ela começa

---

1 Grand Rapids: Baker, 1997. p. 203.

2 Bauer, **Greek-English Lexicon**, verbete n. 749d. V. tb. Strong, **Exhaustive Concordance**, verbete n. 4601.

3 Ibid., verbete n. 168b. Ibid., verbete n. 1135.

4 Ibid., verbete n. 25b. Ibid., verbete n. 149.

a lição 25 mencionando que as mulheres deviam usar véu somente quando estivessem orando ou profetizando; portanto, a passagem deixa claro que as mulheres não eram proibidas de orar e profetizar (v. 1Coríntios 11.4,5). A esse respeito, até os mais tradicionalistas concordam em que as mulheres podem orar e profetizar na igreja, mas, ao mesmo tempo, proíbem as mulheres de ensinar homens.

A seguir, Bushnell cita 1Coríntios 14.34, onde Paulo escreve: "Não lhes é permitido [às mulheres] falar [...], como diz a Lei", o que nos leva a uma pergunta interessante: Onde está escrito na Lei que as mulheres não têm permissão para falar? O Antigo Testamento não diz absolutamente nada, desde Gênesis até Malaquias, sobre proibir as mulheres de falar. Essa "lei" não está em nenhum outro lugar na Bíblia, a não ser nessa única afirmação de Paulo. Além do mais, sabemos perfeitamente bem que o Antigo Testamento dá permissão explícita às mulheres para falarem em público (v. Números 27.1-7). Jesus também encoraja as mulheres a falar, sem repreendê-las (v. Lucas 8.47; 11.27; 13.13).[5]

Bushnell continua a objetar a noção de que as mulheres precisam permanecer em silêncio e diz que não sabemos, em comparação, se os homens tinham permissão de interromper o orador para fazer perguntas. Bushnell também ressalta que, embora Paulo se refira às esposas nessa passagem, nem todas as ouvintes eram casadas; algumas eram solteiras, viúvas ou divorciadas. Outras talvez convivessem com um judeu não crente ou até com um marido pagão, a quem não podiam consultar sobre assuntos pertinentes aos cristãos.[6]

---

5 Bushnell, **God's Word to Women**, parágrafo 203.

6 Ibid.

Alguns teólogos tradicionalistas dizem que a "lei" que proíbe as mulheres de falar em público foi dada em Gênesis 3.16b: "Seu desejo será para o seu marido, e ele a dominará". Alguns, mas não todos, interpretam essa passagem como uma restrição para as mulheres em geral e concluem que todo homem tem domínio sobre toda mulher na Igreja. Já discutimos tal falácia, notando que essa passagem em Gênesis fala de autoridade doméstica no lar, não de autoridade espiritual na Igreja, porque se dirige às mulheres que possuem marido, não às mulheres em geral.

Então, o que a Bíblia quer dizer com "como diz a Lei"? Bushnell prossegue explicando o assunto ao citar 1Coríntios 7.1. Paulo estava trabalhando com uma lista de perguntas que os coríntios lhe haviam enviado. A cada nova pergunta, Paulo reafirmava a pergunta ou citava palavras de outra carta, para dar a resposta.[7]

Bushnell acredita que 1Coríntios 14.34,35 foi uma nova pergunta feita a Paulo e cuja resposta está no versículo 36: "Acaso a palavra de Deus originou-se entre vocês? São vocês o único povo que ela alcançou?". O que se segue, até o fim do capítulo, são orientações referentes a profetizar e falar em línguas.[8]

Mais adiante, Bushnell sugere que os judaizantes estavam tentando estabelecer a Igreja segundo suas tradições judaicas não bíblicas, que afirmam que a mulher é proibida de falar nas sinagogas. Paulo estava, na verdade, repreendendo a igreja em Corinto por não liberar as mulheres e por deixá-las sob o legalismo que os judaizantes tentavam impor à Igreja.

---

7 Para possíveis exemplos, v. 1Coríntios 7.2; 8.1; 10.23; 12.1; 14.34,35; 15.12; 16.1,12.

8 Bushnell, **God's Word to Women**, parágrafo 203.

### *Ordenando as prioridades*

Repetindo, creio que a interpretação mais firme é a que se refere à interrupção na igreja em Corinto quando as mulheres casadas faziam perguntas durante os cultos. Não creio que Paulo esteja dizendo que as mulheres não devem falar de modo algum, porque 1Coríntios 11.5, Atos 18.26 e 21.9 deixam claro que elas tinham permissão de falar. Entendo, contudo, que pessoas sensatas podem chegar a conclusões diferentes.

O dr. Jim Davis e a dra. Donna Johnson levantam alguns pontos interessantes sobre a ambiguidade dessa passagem de 1Coríntios em seu livro *Redefining the Role of Women in the Church* [Redefinindo o papel das mulheres na Igreja]:

> É sempre difícil identificar o contexto histórico no qual Paulo escreveu. Ele escreveu para abordar problemas nas igrejas; por isso, sem conhecer a situação do local é difícil entender suas reações. Nem sempre temos certeza se o ensino de Paulo se aplica somente à situação de uma determinada igreja ou se ele se aplica universalmente.
>
> Segundo, as passagens sobre as mulheres são repletas de expressões ambíguas e, às vezes, contêm palavras de difícil tradução. Em 1Coríntios 11.10, Paulo escreve: "Por essa razão e por causa dos anjos, a mulher deve ter sobre a cabeça um sinal de autoridade". O que isso significa? Por que ele menciona anjos? Estaria se referindo ao papel dos anjos na adoração? Em 1Coríntios 14.34, ele escreve: "Permaneçam as mulheres em silêncio nas igrejas".
>
> Por que Paulo não foi mais claro? O que ele queria dizer exatamente? Alguém poderia suspeitar que ele não é mais claro porque o assunto não era importante na igreja primitiva. É improvável que a igreja do século I tivesse a mesma preocupação que nós com

> as estruturas e o *status* eclesiásticos. Sem dúvida, estavam atarefados demais pregando o evangelho, sem se preocupar com as descrições de funções precisas referentes às mulheres em suas igrejas.[9]

A última frase é poderosa. Ao viajar ao redor do mundo, tenho visto grandes avivamentos em países como Colômbia e Argentina. Tenho visto igrejas em grande avivamento tão atarefadas para discipular os convertidos que ficam felizes por ter colaboradores — homens ou mulheres! Em Bogotá, Colômbia, um jovem pastor de pouco mais de 20 anos de idade queixou-se para Mike e para mim que estava realizando uma obra árdua para o Senhor, porque, sozinho, era responsável por 130 ou mais grupos de células. Incrível, não?

Acho interessante que 1Coríntios 14.34,35 e 1Timóteo 2.11-15 nos cause tantos problemas, ao passo que outras passagens obscuras na Bíblia raramente nos incomodam, apesar de não as entendermos completamente. Poucos cristãos, por exemplo, gastam muito tempo tentando interpretar o versículo que trata do batismo pelos mortos (v. 1Coríntios 15.29).

Creio que chegará o dia em que olharemos para trás, para a controvérsia sobre as mulheres que ensinam na igreja e simplesmente vamos balançar a cabeça e nos perguntar se o problema era tão grande assim. Não quero que as líderes jovens tenham de lidar com a rejeição em seus ministérios unicamente por serem mulheres. Na verdade, conforme mencionei na introdução deste livro, esse é um dos motivos principais para eu escrever sobre o assunto.

Anos atrás, quando estava sozinha e lutando para ser líder em meio a rejeição e mal-entendidos, prometi ao Senhor que

9 Santa Rosa Beach, FL: Christian International Ministries Network, 1997. p. 35.

faria o possível para que outras líderes jovens não sofressem o que sofri. É por isso que no próximo capítulo vou dividir o meu coração com as mulheres (e com as pessoas que as amam) que receberam um chamado de Deus.

## Examinando 1Timóteo 2

Provavelmente a passagem mais polêmica e enigmática a respeito das mulheres na igreja é 1Timóteo 2.11-15:

> A mulher deve aprender em silêncio, com toda a sujeição. Não permito que a mulher ensine, nem que tenha autoridade sobre o homem. Esteja, porém, em silêncio. Porque primeiro foi formado Adão e depois Eva. E Adão não foi enganado, mas sim a mulher que, tendo sido enganada, tornou-se transgressora. Entretanto, a mulher será salva dando à luz filhos — se elas permanecerem na fé, no amor e na santidade, com bom senso.

Ao estudar essa passagem, considerei o livro de Richard e Catherine Clark Kroeger intitulado *I Suffer Not a Woman* [Não permito que as mulheres] particularmente esclarecedor para entendermos o ambiente histórico e religioso de Éfeso na época em que 1Timóteo foi escrito. O estudo deles revela um mundo de paganismo idólatra com base em uma sociedade matriarcal e de adoração a deusas.

A cidade de Éfeso, a quarta maior do Império Romano, localiza-se na costa oeste do país hoje chamado Turquia, na antiga Ásia Menor. Não era um lugar fácil para alguém levar a mensagem cristã. No período pré-helênico, foi construído um famoso santuário para a "grande deusa-mãe", e a tradição diz que a imagem original fora levada pelas amazonas, mulheres guerreiras da terra dos taurianos no mar Negro. O ídolo foi colocado em um carvalho; mais tarde, porém, foi removido para um santuário, sobre o qual o restante do templo foi ampliado.[10]

Posteriormente, a "grande deusa-mãe" passou a ser reverenciada como Ártemis ou Diana dos efésios. Sua coroa representava os muros da cidade. Incontáveis peregrinos chegavam todos os anos para adorá-la nessa cidade, e despejavam tanta riqueza em sua tesouraria no Artemísio que ele se tornou um enorme centro bancário e financeiro por toda a Ásia Menor.

William M. Ransay (1851-1939), estudioso do Novo Testamento, insistia em que não havia nenhuma coincidência no fato de a virgem Maria ter sido primeiramente chamada de *theotokos* ("aquela que gerou Deus") em Éfeso, onde a própria Ártemis também havia recebido o mesmo título antes.[11]

Outro aspecto importante do nosso estudo é entender qual foi o motivo principal para Paulo ter escrito a Timóteo: a heresia que se infiltrava na Igreja. Vemos três pessoas mencionadas que se opunham rigidamente à doutrina: Himeneu, Alexandre e Fileto (v. 1Timóteo 1.20; 2Timóteo 2.17; 4.14). Os Kroeger sugerem que pelo menos uma dessas pessoas era mulher e que 1Timóteo 2.12 a proíbe de ensinar uma heresia que estava criando sérios problemas na Igreja.[12]

A principal heresia que causava problemas era um emergente sistema filosófico e religioso chamado gnosticismo (da palavra grega *gnosis*, que significa "conhecimento"). O gnosticismo é um engano particularmente perverso que, entre outras coisas, ensina o seguinte:

---

10 Grand Rapids: Baker, 1992. p. 47.

11 Ibid., p. 54.

12 Ibid., p. 59-60.

Eva foi a "iluminadora" da humanidade por ter sido a primeira a receber o "verdadeiro conhecimento" da serpente, a quem os gnósticos consideravam "salvadora" e reveladora da verdade. Os gnósticos acreditavam que Eva ensinou essa nova revelação a Adão, e, por ser a mãe de todos, foi progenitora da raça humana. Adão, eles diziam, era filho de Eva, não seu marido. Essa crença refletia a doutrina gnóstica de que uma divindade feminina podia gerar filhos sem a participação masculina.[13]

## *O "silêncio" de uma aluna dócil*

Agora, vamos voltar a 1Timóteo 2.11-15 com base na origem histórica e religiosa. Vemos uma admoestação semelhante para as mulheres aprenderem em silêncio, da mesma forma que vimos na passagem de 1Coríntios. Dessa vez, no entanto, a palavra grega usada é diferente da palavra em 1Coríntios 14.34 traduzida por "permaneçam em silêncio". Embora a frase *permaneçam em silêncio* em 1Coríntios signifique "mantenham a paz", a palavra *silêncio* (em grego *hesuchia*) usada em 1Timóteo significa "sossego" ou "tranquilidade" ou até "consentimento". Expressa a atitude do aprendiz.

A atitude dócil é a mesma atitude de submissão humilde que qualquer estudioso rabínico possuía na época. Que belo pensamento! Paulo estava dizendo àquelas mulheres, que nunca receberam permissão para se aprofundar nos estudos no sistema de sinagogas judaico, que poderiam ser discípulas em pleno desenvolvimento.

Por que isso era especialmente importante para as mulheres? A cultura da época adorava Diana, ou Ártemis, e sofria grande influência do gnosticismo emergente. Essas mulheres precisavam conhecer a verdade, a fim de que não fossem influenciadas

---

13 Rousu, Don. The Truth About Women in Public Ministry. **Spread the Fire**, p. 5, Oct. 1997.

ou enganadas por falsos mestres e, dessa forma, ficassem isoladas do engano da sociedade ao redor delas.

As decisões dos tradutores de interpretar a palavra grega *hesuchia* como "silêncio" em várias versões bíblicas é outro ponto no qual existe um claro preconceito contra as mulheres. Quando *hesuchia* é usada para referir-se às mulheres, os tradutores escolheram "silêncio". Quando *hesuchia* é usada para referir-se aos homens, escolheram "tranquilamente" (v. 2Tessalonicenses 3.12).

### *Não ensinar nada ou não ensinar heresia?*

Então, o que essa passagem significa? Em vez de proibir completamente as mulheres de ensinar, é possível que elas não devessem ensinar heresias. Afinal, foi nessa mesma cidade de Éfeso que Priscila e Áquila, a quem Paulo chama de "meus colaboradores" (Romanos 16.3), ensinaram Apolo (v. Atos 18.26). Outras admoestações em 1Timóteo sugerem que as mulheres estavam andando de casa em casa (ou quem sabe de igreja em igreja) induzindo outras pessoas a se perderem. Paulo escreve a respeito desse assunto em 1Timóteo 5.13, onde essas mulheres são descritas como "indiscretas", falando coisas que não deviam. No versículo 15, Paulo adverte que algumas já se haviam desviado, para seguir a Satanás por causa do erro de seus ensinamentos.

A palavra "indiscretas", que dá a entender que as mulheres estavam ociosas e fazendo mexericos, refere-se, na verdade, a pessoas fazendo algo que podia ser considerado uma forma de feitiçaria. A palavra grega para "indiscretas", *periergos*, é a mesma traduzida por "prática de ocultismo" em Atos 19.19. As tais "indiscretas" estavam dispensando algo muito mais mortal que contos da carochinha.

David Joel Hamilton escreveu uma excelente tese de mestrado para seu trabalho de conclusão de curso na University of the Nations (Youth With a Mission University, em Kona, Havaí). Ele também sugere que Paulo não se dirigiu a todas as mulheres, às mulheres em geral, mas a uma mulher específica que estava ensinando heresia, porque ele fala de "mulheres", no plural, em 1Timóteo 2.9,10, depois muda para "mulher" em nos v. 11-15a, e volta a falar de "mulheres" ["elas"] na segunda parte do versículo 15.[14]

Uma das partes mais difíceis dessa passagem está no versículo 12 do mesmo capítulo, porque parece dizer que a permissão para as mulheres ensinarem os homens lhes daria autoridade sobre eles ou os tiraria da posição destinada somente aos homens. Parte da dificuldade surge porque a palavra grega *authentein* aparece apenas aqui e em nenhum outro lugar no Novo Testamento. Vamos dar uma olhada nessa palavra *authentein* para tentar descobrir seu significado.

A interpretação mais predominante de *authentein* parece ser "dominar". Os tradicionalistas usam essa passagem para demonstrar que as mulheres não devem ensinar os homens porque "os dominariam" ou "usurpariam sua autoridade". John Piper e Wayne Grudem escrevem sobre essa opinião em seu livro *Recovering Biblical Manhood and Womanhood.*

Há, contudo, uma incoerência digna de nota no modo segundo o qual os vários tradicionalistas proíbem as mulheres de ensinar. Piper, por exemplo, apresenta uma lista dos ministérios dos quais, segundo ele, as mulheres poderiam participar, que

---

14 **I Commend to You Our Sister**. Master's thesis. 1966. Kona, Hawaii: University of the Nations. p. 271.

inclui ensinar a grupos na faixa etária dos universitários.[15] Outros tradicionalistas dizem que uma missionária pode atuar como líder e professora, mas não pode pastorear uma igreja. Alguns permitem que a mulher "compartilhe" testemunhos do agir de Deus visto no campo missionário, desde que ela não ocupe o púlpito. Nesse caso, a proibição não é violada porque a mulher não está "ensinando", mas "compartilhando". Outros tradicionalistas dizem que a mulher está ensinando quando abre a Bíblia para ler um texto bíblico durante seu tempo de "compartilhamento". A linha entre "ensinar" e compartilhar" é, na verdade, muito incerta.

Aqueles que traçam linhas artificiais em torno do ensino e da autoridade estão fazendo "divisões hermenêuticas arbitrárias", isto é, fazendo distinções em níveis de autoridade no ministério que não estão delineados nas Escrituras.[16]

Além do mais, as opiniões dos tradicionalistas que limitam o local e a plateia para as mulheres não parecem coerentes com outros escritos de Paulo. Considere novamente Priscila que ensinou Apolo; ele não era um frequentador de igreja comum, mas um líder cristão. Outro ponto que alguns talvez não tenham considerado é o testemunho de Maria Madalena a respeito da ressurreição (v. Lucas 24.10; João 20.17,18). Durante milênios, aos homens foi ensinado o fato glorioso de que Jesus *ressuscitou, como tinha dito*, pelo testemunho dessa mulher. O Espírito Santo confiou a maior mensagem de todos os tempos a ela, sabendo que os homens de todos os lugares aprenderiam com ela. Deus sabia o que estava fazendo e o precedente que abriria para a Igreja depois disso!

---

15 P. 59.

16 Groothuis, **Good News for Women**, p. 211.

Outro problema com a posição dos tradicionalistas é que, às vezes, eles supõem que Timóteo e a Igreja do Novo Testamento sabiam que as mulheres não tinham a permissão de ensinar os homens. Groothuis tem o seguinte a dizer:

> Paulo não declara a proibição na forma de um lembrete, e ela não é mencionada em nenhum outro lugar do Novo Testamento. Como os tradicionalistas podem ter tanta certeza de que era "de Paulo a posição que, em todas as igrejas, as mulheres não deviam ensinar os homens ou ter autoridade sobre eles", e que ele estava ministrando "ensino explícito sobre o assunto aqui simplesmente porque a questão veio à tona como um problema nessa igreja"? Craig Keener observa que o mais importante nas palavras da passagem é que Paulo não supõe que Timóteo já conheça essa regra. [...] Paulo sempre lembra os leitores das tradições que deviam conhecer, dizendo: "Você sabe" ou "Você não sabe?" ou "De acordo com as tradições que lhes transmiti". Mas, nesse caso, não há indicações de que Paulo esteja simplesmente lembrando Timóteo de uma regra estabelecida, que Timóteo já conhecesse. Além do mais, não há textos paralelos no Novo Testamento que respaldem a opinião de que as igrejas do Novo Testamento normalmente negassem às mulheres a autoridade de ensinar. Uma vez que essa passagem se relaciona tão proximamente com a situação que Timóteo estava confrontando em Éfeso, não devemos usá-la na ausência de outros textos para provar que Paul quis dizer isso universalmente.[17]

Se Paulo não pretendia que esses textos proibissem as mulheres de ensinar os homens, então o que ele estava dizendo nessas passagens? O que mais estava tentando corrigir na Igreja? Para encontrar a resposta, precisamos estudar com mais profundidade o significado da palavra *authentein* no século I. Se as palavras

17 Ibid., p. 99.

adquirem significados diferentes no decorrer de uma geração, imagine como podem mudar ao longo de muitos séculos!

### Uma análise mais criteriosa da heresia gnóstica

Qual era o significado de *authentein* na ocasião em que Paulo escreveu a Timóteo? Apesar de ter sido traduzida por "autoridade" em quase todas as Bíblias de língua inglesa, *authentein* não é sinônimo de *exousia*, a palavra usada para "autoridade" em outras passagens. Estudos do uso de *authentein* na literatura da época mostram que originalmente a palavra *authentein* significava "assassinato". No século II e III d.C., sua conotação mudou para "ter autoridade sobre". *Authentein* foi também usada em conexão com sexo e assassinato. As mulheres eram conhecidas por amaldiçoar os homens até a morte com uso de "tábuas de maldição".

Existe evidência de outro possível significado de *authentein* naquela época — o de "originador". Observamos a heresia gnóstica durante esse período, que ensinava que Eva fora a primeira virgem, aquela que não tinha marido e originadora de toda a vida. Ela era a "iluminadora", cheia de sabedoria, e Adão adquiriu vida quando ela viu seu semelhante deitado na terra e ordenou-lhe que vivesse. Quando a viu, ele disse: "Você será chamada 'mãe dos vivos' porque me deu vida".[18]

A heresia gnóstica é exposta com facilidade. A Bíblia afirma que Adão foi criado primeiro, depois Eva. A ideia de que *authentein* possa significar "originador" em vez de alguém que "tenha autoridade sobre" parece encaixar-se no restante da passagem: "Porque primeiro foi formado Adão, e depois Eva. E Adão não foi

[18] Ibid., p. 121.

enganado, mas sim a mulher que, tendo sido enganada, tornou--se transgressora" (1Timóteo 2.13,14). Paulo poderia muito bem ter considerado a heresia gnóstica de que Eva foi a originadora.

A heresia sofre mais um golpe no versículo 14, que afirma que Eva foi enganada. A Eva da heresia gnóstica jamais teria sido enganada, pois era a iluminadora onisciente. O assunto é esclarecido em 1Timóteo 2.14. Há apenas um que tudo sabe: o próprio Deus. Em consequência dessa interpretação, a passagem poderia ser traduzida assim: "Não permito (tempo presente para aquela situação) que a mulher ensine ou que se proclame a originadora do homem (*authentein*). [...] Adão foi formado primeiro, depois Eva".[19]

Com base na heresia reinante de deusa-mãe e que emergiu do gnosticismo na época de 1 e 2Timóteo e Tito, parece claro que Paulo estava apresentando uma correção em 1Timóteo 2.11-15. Estava corrigindo as mulheres, ou possivelmente "uma mulher" ou até "uma esposa", que ensinavam algum tipo de heresia. (A palavra para "mulheres" aqui também pode significar "esposas".)

Mesmo que se admita a interpretação dos tradicionalistas que *authentein* signifique "ter autoridade sobre/dominar", a passagem se aplicaria à *atitude* de alguém que ensina. Nenhuma mulher cristã piedosa (ou homem, neste caso) deve ser controladora, manipuladora ou dominadora. Em outras palavras, *authentein* poderia estar considerando a *atitude* de humildade da mulher ao ensinar, não de uma completa proibição de ensinar os homens.

Spiros Zodhiates, doutor em teologia e editor do *Hebrew Greek Key Lexicon Bible* [Dicionário bíblico hebraico e grego], diz a respeito de 1Timóteo 2.12:

---

[19] Rousu, The Truth, p. 6. Rousu prossegue dizendo que essa afirmação contradiz diretamente a noção de que Eva foi a "iluminadora" e mensageira da nova criação.

> O texto problemático contém duas palavras gregas: *gune*, que significa mulher ou esposa; e *aner*, que significa homem ou marido. Quanto a 1Timóteo 2.12, o texto não deve ser interpretado como uma ordem de Paulo proibindo que qualquer mulher ensinasse, mas uma ordem apenas para uma esposa cujo ensinamento pode ser interpretado pelos que a ouvem como se ela tivesse domínio no que se refere ao relacionamento entre ela e o marido.[20]

Essa é a explicação que Kay Arthur, do Precept Ministries, uma das professoras mais famosas de nosso tempo, dá àqueles que lhe perguntam sobre seu direito de ensinar no Corpo de Cristo com relação a essa passagem difícil.

Katharine Bushnell sugere ainda outra interpretação dessa passagem. Ela chama a atenção para o fato de que essa carta a Timóteo, o bispo de Éfeso, foi escrita por volta de 67 d.C., após o terrível martírio da Igreja Romana sob o domínio de Nero em 64 d.C.,[21] e deve ser um aviso. Nero mandou matar milhares de cristãos romanos depois de acusá-los de terem queimado a cidade, embora se suponha que a ordem de queimar a cidade tenha vindo do próprio Nero. Nero foi extremamente cruel nos meios que usou para martirizar os cristãos. Alguns foram cobertos com pele de

---

20 Zodhiates diz: "Mas eu não permito que uma mulher (*gunaiki*, que deveria ser traduzido por esposa ou mulher em seu relacionamento como esposa) ensine (*didaskein*, o infinitivo de *didasko*, ensinar, indicando continuidade de ensino), o que pode ser interpretado como dominadora de seu marido". Se essa fosse uma proibição para as mulheres ensinarem os homens, teria sido dito *authenteo*, "usurpar autoridade do" *andron*, no genitivo plural, em vez de no genitivo singular, homens. Em vez de *andros* no singular significando "sobre o homem", referindo-se ao próprio marido dela. "Paulo está ansioso por deixar muito claro aqui que nenhuma mulher, ao ensinar, deve dar a impressão de que é a chefe e que está dominando o marido. Se houver a possibilidade de dar essa impressão, ela deve permanecer calada. O relacionamento expresso em 1Timóteo 2.13 não é o de Adão e Eva como homem e mulher, mas como marido e esposa."

21 **God's Word to Women**, parágrafo 195.

animais selvagens e soltos para serem devorados por cães; outros foram pregados em cruzes e muitos foram cobertos com material inflamável e incendiados para servir de tochas durante a noite.[22]

Em seu livro *The Early Days of Christianity* [Os primórdios do cristianismo], o arquidiácono Farrar diz:

> As mulheres cristãs, servas modestas, devem desempenhar seu papel como sacerdotisas de Saturno e Ceres, e em dramas manchados de sangue da morte. [...] Mitologias infames foram encenadas, nas quais as mulheres desempenham seu papel em tormentas de vergonha mais intoleráveis que a morte.[23]

Com base nesses eventos traumáticos e angustiantes, Bushnell sugere que 1Timóteo 2.11-15 não foi uma admoestação às mulheres para que parassem definitivamente de ensinar, mas para que fossem discretas e cautelosas durante aquele tempo de perseguição. Acho que a especulação de Bushnell não é convincente. Por exemplo, baseia-se em uma ideia de silêncio, contra a qual temos as palavras firmes de Jesus e de Paulo a todos os cristãos. Jesus não disse que somente os homens deviam pegar a sua cruz e segui-lo (v. Marcos 8.36-38). Paulo não disse que somente os homens deviam vestir toda a armadura de Deus (v. Efésios 6.10-18) ou que as mulheres não deviam querer ter a mesma atitude de Cristo, que foi obediente até a morte (v. Filipenses 2.5-8). E mais, essa interpretação não explica o restante da passagem.

Em resumo, creio que indiscutivelmente há espaço para interpretações não tradicionalistas dessa passagem. Se a admoestação às mulheres de não ensinar fosse universal, ela teria sido

---

22 Ibid., parágrafo 314.

23 Ibid., parágrafo 322.

enfatizada em outras passagens. Ao contrário, encontramos muitas passagens mostrando que as mulheres ensinaram, sim, os homens e ocuparam lugares importantes como líderes na Igreja (v. Atos 18.26; 21.9; Romanos 16.1,3,7; 2João). O Antigo Testamento, que era a Bíblia da igreja primitiva, apresenta claros precedentes de mulheres que ensinam homens em uma variedade de lugares (v. 2Reis 22.14; Provérbios 1.8; 31.26; Miqueias 6.4).

Acredito que hoje o Senhor está falando claramente ao Corpo de Cristo sobre a necessidade de reexaminar o nosso sistema de crença a respeito das mulheres que ensinam. Precisamos abrir os olhos para o fato de que, quando Deus unge as mulheres com o dom do ensino, ele está liberando grandes revelações e bênçãos à igreja por meio delas.

Oro para que este capítulo tenha trazido graça e entendimento ao grande número de mulheres e de homens sobre os quais vejo a mão do Senhor sobre a vida de cada um para realizarem a obra para a qual foram chamados e escolhidos nesta última e magnífica hora de colheita antes da volta do Senhor Jesus Cristo para buscar sua Noiva.

Nos próximos dois capítulos continuaremos a construir sobre o alicerce que assentamos para o livro. O capítulo 11 tem como subtítulo "Autoridade espiritual". Aprofundaremos mais no assunto das mulheres na direção da igreja e apresentaremos aplicações práticas para as mulheres que ministram na igreja.

## CAPÍTULO 11

# Ungidas para servir (Autoridade espiritual)

Alguns anos atrás, um jovem pastor perguntou: — Cindy, quanto lhe custou servir a Deus como ministra do evangelho?

Não tive de pensar nem um segundo para responder: — Tudo. Custou-me tudo. Morte aos meus desejos, sonhos, tempo. Abrir mão de momentos preciosos com a minha família e com os meus filhos dos quais qualquer mãe gostaria de participar. — E poderia ter ido bem mais longe. A pergunta trouxe à tona lembranças das noites em que passei sozinha em quartos de hotel quando parecia que cada demônio no inferno sabia o meu endereço.

Parei por um instante ao sentir uma onda maior de emoção invadir todo o meu ser. Então prossegui: — E você sabe o que ganhei? Tudo.

Talvez você pergunte: — Vale a pena?

Enquanto faço essa pergunta a mim mesma, mentalizo imagens de centenas de pessoas de todos os países do mundo aceitando a Cristo, com lágrimas descendo pelo rosto. Pergunto-me: *Qual é o preço de uma alma resgatada da eternidade do inferno?*.

Então concluo de novo e de novo: *Sim, vale a pena. Por essa alma, eu obedeceria ao chamado do Senhor quantas vezes fossem necessárias. É por isso que faço o que faço, e essa é a minha maior e mais sublime recompensa.*

## A graça do Senhor é suficiente para qualquer obstáculo

Este capítulo contém conselhos para as mulheres chamadas por Deus para ministrar em qualquer área — como líderes no local de trabalho ou na igreja. Também será útil a *todos* os leitores porque proporciona uma janela para os desafios especiais e únicos das mulheres que dedicam tempo integral ao serviço cristão (e todas as mulheres no ministério que leem este capítulo provavelmente estão rindo e dizendo: "Amém, Cindy, amém!"). Quero dizer que Deus está chamando as mulheres, tanto jovens quanto idosas, para que se levantem e sejam uma voz, dentro e fora da igreja. Por mais difícil que seja de acreditar, há igrejas nas quais a mulher não pode ocupar o púlpito nem mesmo para dar um aviso!

Ao viajar e ensinar a respeito de oração e guerra espiritual, tenho encontrado muitos obstáculos por ser mulher. De fato, como já afirmei, certa vez queixei-me ao Senhor porque era difícil demais ser ministra do evangelho sem ter de falar sobre um assunto tão polêmico. Você pode ver, claro, como o Senhor ficou impressionado com os meus comentários — meu próximo novo tópico foi esse sobre as mulheres e a igreja, que é bastante polêmico! Serviu para eu parar de reclamar! Portanto, a lição desta parte do livro é esta: Nunca, nunca se queixe ao Senhor. Apenas lhe diga: "Sim, Senhor, farei com alegria. Tudo o que me pedires, Senhor, e sempre que desejares".

### "Deus, tu roubaste a minha esposa!"

Um obstáculo inicial que Mike e eu enfrentamos foi que Mike concordou racionalmente que eu deveria pregar, mas em seu coração havia uma grande luta. Penso que você é capaz de resumi-la com estas palavras: "Deus, tu roubaste a minha esposa!". Veja, por ser uma boa esposa sulina que eu era, tinha de fazer tudo para Mike. Ele nunca engraxava seus sapatos, não lavava o carro nem passava suas camisas. Não sabia cozinhar e havia lavado a louça apenas uma ou duas vezes em nove anos de casamento. Na verdade, ele mal sabia usar o micro-ondas, e lavar a roupa na máquina estava totalmente fora de cogitação. (Hoje, os nossos amigos com 20 e poucos anos de idade acham difícil acreditar nisso.)

Durante aquele período inicial, eu me oferecia frequentemente para abandonar o ministério, mas Mike sempre protestava: "Não, sei que é isso que Deus deseja realizar na sua vida".

Havia outro grande problema: os nossos filhos ainda eram muito pequenos. Daniel tinha 2 anos e Mary 5. Tive numerosos e grandes embates com Deus sobre a educação dos filhos. Supliquei ao Senhor que me desse um tempo até eles crescerem para eu iniciar no ministério, mas todas as vezes que recorria a ele a resposta era a mesma: "*Pegue a sua cruz e siga-me agora*".

Eu sempre me perguntava por que Deus exigia esse tipo de sacrifício da minha parte e permitia que outras mulheres permanecessem em casa até os filhos crescerem. Hoje entendo que foi por causa dos assuntos que eu deveria ensinar de acordo com seu chamado: oração, cura das nações e guerra espiritual. Apesar de ter certeza de que eu não era a única que ensinava esses assuntos, sei que o Generals International tem sido usado como pioneiro para levar essas mensagens a muitos países ao redor do mundo. Recebemos cartas e mais cartas de leitores que nos contam como organizaram iniciativas nacionais de oração usando os materiais que o Senhor nos concedeu.

Se eu considerar o alto preço pessoal que me custou como esposa, mãe e mulher, posso entender por que Deus não chama mais mulheres da idade que eu tinha quando ele me chamou para viajar pelo mundo e ensinar. No entanto, se Deus está deixando claro esse desejo dele para a sua vida, não tenha medo de dizer "sim" ao Senhor. Sua graça é suficiente.

Outro desafio que enfrentei quando era uma jovem ministra foi que não conhecia nenhuma outra mulher com a mesma missão e idade que eu tinha na época. Eu participava de reuniões nas quais planos eram feitos com mulheres que, na maior parte, tinham filhos crescidos ou até adultos. Elas tinham mais liberdade que eu; portanto, não aceitei vários convites para trabalhar como voluntária em organizações porque queria ficar mais em casa com os meus filhos. Eu insistia em dizer que precisava da confirmação de Deus em triplo na parede do meu quarto antes de viajar e ensinar.

Será que não entendi a confirmação de Deus algumas vezes e parti quando podia ter ficado em casa? Sim, creio que sim. Embora não me lembre de nenhum momento específico, tenho certeza de que, em meu zelo juvenil, eu me confundi em algumas ocasiões. Mike foi um bom ponto de equilíbrio para mim. Orava comigo quando eu tinha dúvidas se deveria sair de casa para ensinar. Quando nós dois estávamos inseguros, ligávamos para o nosso pastor em busca de conselho e depois para a diretoria do nosso ministério.

Nunca me esquecerei do dia em que ouvi uma futrica (ou fofoca) de que alguns homens e mulheres da nossa igreja andavam dizendo que eu não era "verdadeiramente submissa" ao meu marido. Aquelas palavras me magoaram tanto que senti como se alguém tivesse cravado uma faca no meu coração. Eram as mesmas pessoas por quem eu havia orado e imaginava que fossem amigos.

Mais tarde naquela noite, Mike notou o meu semblante triste e perguntou-me qual era o problema. Contei-lhe o que acontecera e ele me abraçou e disse: "Por que essa gente não pergunta a mim se você é submissa? Afinal, sou o seu marido e, pode acreditar, eu lhes diria algumas verdades!". Que libertação maravilhosa! Mike protegeu-me e cuidou de mim da maneira exata que eu necessitava, e deixei de lado o que aqueles intrometidos diziam.

### Questões conjugais e questões opressivas

Um dos assuntos mais difíceis que Mike e eu tivemos de discutir foi a submissão. Às vezes, quando participávamos do mesmo grupo de ministros, o relacionamento entre nós em termos de autoridade era diferente do que quando estávamos em casa. A explicação é que estávamos lidando com áreas espirituais de autoridade nas quais não há distinção entre homem e mulher, diferente da questão de autoridade doméstica (assuntos familiares de marido e esposa).

Conforme já mencionei, tivemos algumas discussões e brigas sérias a respeito desses problemas. Manter a casa limpa foi relativamente fácil de resolver. Mike trabalhava o dia todo e chegava tarde à casa, e as coisas se acumulavam quando eu estava fora. (Principalmente roupas para lavar!) Eu deixava as tarefas domésticas para trás por causa das minhas viagens frequentes e acreditávamos que Deus nos daria condições financeiras para contratar alguém para limpar a casa uma vez por semana. No início, não tínhamos dinheiro, mas tão logo demos um salto de fé, Deus proporcionou os meios todas as semanas.

Resolvemos o problema das camisas de Mike quando decidimos levá-las à lavanderia. Em vez de permitir que os problemas tomassem conta de nós, aprendemos a procurar alternativas criativas que atendessem às necessidades de ambos.

Uma grande revelação foi reconhecer a nossa necessidade de identificar a função de cada um quando conversávamos. As pessoas confundem suas funções inconscientemente. Poderiam, por exemplo, ter um nível de autoridade no trabalho e outro na igreja e outro ainda em uma reunião de diretoria. Elas entram e saem dessas funções o tempo todo. Percebemos que, quando Mike e eu falávamos de ministérios, dele e meu, estávamos na área da autoridade espiritual onde não há distinção entre homem e mulher. E, no momento seguinte, quando mudávamos o assunto para os nossos filhos ou a nossa casa, passávamos para o nível doméstico de autoridade.

Mesmo quando reconhecemos as nossas funções, a situação torna-se às vezes sombria. Tivemos de aprender a navegar juntos no ministério, embora continuemos a ser homem e mulher. E, como tal, temos necessidades específicas na questão de gênero, mesmo quando nos encontramos na área da autoridade espiritual. Falei um pouco desse assunto antes quando descrevi que os homens se relacionam por meio de zombaria ou provocação, e as mulheres por meio da afirmação.

Lembro de um momento tenso quando me senti profundamente ofendida por causa de algumas acusações falsas.

Mike, que ainda trabalhava na empresa aérea, estava apressado para sair de casa. Eu havia tentado falar com ele sobre a grande mágoa que sentia porque um pastor me acusara de ter um espírito de adivinhação (na época, poucas pessoas entendiam o significado de dom profético; portanto, toda antevisão era considerada adivinhação). Na pressa, Mike dirigiu-se a mim mais ou menos como se estivesse falando com outro homem: — Cindy, é melhor você parar de ser tão sensível! — (Está provado que as intercessoras proféticas tendem a ser mais sensíveis que as outras pessoas.)

Enquanto Mike atravessava a porta, olhei para ele e disse entre os dentes: — Mas eu também sou mulher e sua esposa! — Ele fechou a porta e saiu. Joguei-me de encontro à porta, chorando. De repente, olhei para cima e vi Mike em pé ali com os braços abertos, querendo me abraçar. Corri em sua direção. Ele me abraçou com força e disse: — Sinto muito, querida. Tratei você como costumo tratar os homens. — Penso que ele me considerava forte demais, a ponto de suportar qualquer coisa!

No decorrer dos anos, Mike aprendeu a proteger-me, tanto na área espiritual quanto na doméstica. Eu chegava a sentir dó de alguém que tentasse me ofender, porque ele pegava imediatamente o telefone e falava com a pessoa, para colocá-la em seu devido lugar. Em algumas poucas ocasiões, pedi-lhe que não interviesse porque, a meu ver, isso só pioraria a situação. Depois de pensar por alguns minutos, ele concordava. Hoje, o nosso filho, Daniel, é vice-presidente da Generals International e, assim como o pai, tornou-se também o meu protetor! Daniel cuida dos *sites* de relacionamento que me ofendem e Mike responde aos *e-mails* agressivos. Não chego a ver a maioria deles.

Mike e eu descobrimos que nos relacionamos melhor quando mantemos a nossa identidade em Cristo, não em quem somos ou no que estamos fazendo na vida. Para Mike, isso quase sempre é difícil. Ele ocupava uma posição de extrema responsabilidade na American Airlines, mas, quando viajava comigo, as pessoas o chamavam, em tom de brincadeira, de "sr. Cindy Jacobs". Posso dizer que me doía muito ouvir esse tipo de comentário. E dói até hoje, porque ele é cofundador do ministério e, em essência, cuida dos detalhes práticos da organização. Mike está muito longe de ser o sr. Cindy Jacobs. O Generals International não conseguiria funcionar sem ele. Mike é o CEO da organização e toma conta das auditorias e orçamentos, e preside as reuniões de diretoria. Como homem de negócios, Mike faz da GI uma organização de integridade.

*Mike e eu descobrimos que nos relacionamos melhor quando mantemos a nossa identidade em Cristo, não em quem somos ou no que estamos fazendo na vida.*

Inevitavelmente, surgem situações a respeito do ministério que provocam divergências entre nós. Em geral, oramos e chegamos a um acordo viável, ou um de nós cede em favor do outro. No entanto, quando chegamos a um impasse, recorremos à diretoria do Generals International em busca de conselho. (A diretoria tem opiniões firmes e jamais diz "sim" a tudo. Os diretores não têm medo de nos dar conselhos sábios e de nos corrigir; e têm feito isso em numerosas ocasiões.) Cada um de nós apresenta sua opinião quando recorremos à diretoria e nunca deixamos de chegar a um consenso depois de receber seus conselhos.

No passado, quando enfrentávamos problemas conjugais que espirravam no ministério, recorríamos a Dutch Sheets, nosso amigo, e pastor na época, em busca de conselho. Sua sabedoria tem sido uma grande bênção para Mike e para mim. A maior parte das questões de autoridade doméstica não requer a mediação de outras pessoas, mas sugiro que todos os casais devem se dispor a procurar um mediador se o problema for tão importante a ponto de impactar a vida de um ou do outro.

Se você leu um dos livros que escrevi, conhece a minha firme opinião sobre o assunto de sujeitar-se à autoridade espiritual de sua igreja. Grande parte dos ministros itinerantes cometem o grande erro de não manter um relacionamento pessoal com seu pastor. Alguns chegam a ter medo desse tipo de autoridade. Mike e eu, no entanto, sempre consideramos isso como uma grande bênção. Se você não se relaciona com nenhum pastor, peça a Deus que lhe mostre uma igreja que possa proteger você e seu ministério e, se for casado, proteger também seu cônjuge. Mike e eu encontramos uma nova igreja logo depois que voltamos a morar em Dallas, Texas. Já mencionei que o nosso pastor, Jim Hennesy, ora por nós e aconselha-nos com sabedoria. Sua esposa, Becky, também pastora, tornou-se uma amiga muito querida.

Enfrentei algumas grandes lutas de identidade ao tentar descobrir o papel da mulher que trabalha em tempo integral no ministério. Por exemplo, tive muita dificuldade de chamar a mim mesma ministra do evangelho. Mesmo depois de viajar e palestrar durante muito tempo continuei a ter dificuldade de admitir que era uma ministra. Finalmente, o Senhor falou comigo e disse: *Cindy, você aceitou o chamado de Deus para a sua vida, mas nunca o aceitou com entusiasmo. Você não gosta de ser ministra. No seu coração, gostaria de ser outra coisa na vida.*

Uau! Foram palavras difíceis de ouvir, mas verdadeiras — muito, muito verdadeiras! E o Senhor prosseguiu carinhosamente: *Se você não ama a pessoa que criei para você ser, não se ama e, se não se ama, como pode amar os outros? Eu fiz de você uma ministra do evangelho, e você sempre será uma ministra do evangelho.*

Naquele momento, aceitei o chamado. "Senhor, perdoa-me por não querer ser a pessoa que planejaste para mim. Escolho aceitar o chamado hoje, com muito entusiasmo." Daquele momento em diante, fui liberta e comecei a ter facilidade de dizer às pessoas, com grande e plena alegria, que era ministra.

### Desafio transformador

Este livro foi uma jornada e tanto para mim por causa da colaboração de amigos especiais. Minha boa amiga e parceira de oração, Quin Sherrer, coautora de *A Woman's Guide to Spiritual Warfare* [Guia da mulher para a guerra espiritual] com outra amiga, Ruthanne Garlock, encorajou-me a escrever sobre a minha ordenação, para que as pessoas tivessem uma ideia dos desafios enfrentados por uma ministra do evangelho. Portanto, aqui vai...

Para começar, enfrentei o grande desafio de encontrar alguém que me ordenasse ministra. Quase cinco anos depois de ter recebido licença para ser ministra, senti que era hora de ser ordenada. (A propósito, recebi a licença de forma estranha. Após um culto, entregaram-me um cartão de licença, enquanto os meus colegas do sexo masculino receberam um mandato.) De qualquer forma, perguntei ao meu pastor se ele me ordenaria, e, acredite se quiser, ele decidiu ordenar Mike.

Posteriormente, perguntei ao meu pastor de novo por que queria receber a consagração pastoral que se segue à ordenação.

Ele concordou que faria o culto de ordenação durante uma conferência profética que Mike e eu estávamos dirigindo na igreja. Pouco antes da ordenação, o pastor disse-me que estava cancelada. Perguntei o motivo e ele disse em voz baixa: "Ah, não vai haver tempo. Esticaria muito o culto".

Fiquei arrasada e constrangida, porque havia convidado amigos para a ordenação, e não havia tempo suficiente para cancelar o convite. No entanto, o Senhor foi misericordioso comigo. Na noite anterior ao início da conferência, enquanto eu lavava a louça, um anjo postou-se rapidamente ao meu lado e disse: "Cindy, tudo vai dar certo". Uma paz incrível inundou-me a alma, e ele tinha razão — tudo deu certo.

Mais tarde, o pastor pediu-me perdão e disse não ter percebido que ele tinha problemas em ordenar uma ministra do evangelho.

Pouco tempo depois, o novo pastor da nossa igreja, o reverendo Don Connell, descobriu o que acontecera a respeito da minha ordenação e falou comigo após o culto. Disse que eu seria ordenada e que lamentava muito a maneira pela qual fora tratada. Que belas palavras de cura! Na época, eu viajava pelo mundo inteiro falando a milhares de pessoas. Sabia que Deus me ordenara por meio de seu Espírito, mas entendia que só recebemos uma poderosa unção quando somos separados para o serviço durante a ordenação e a imposição de mãos.

É uma verdade dizer que os que esperam recebem coisas boas. O meu culto de ordenação foi uma comemoração gloriosa. Tivemos cantores especiais, adoração e belo processional. Fizeram parte da minha comissão de ordenação: Peter Wagner, Dutch Sheets, Elizabeth Alves, Eric Belcher, Don e Bernadean Connell, e Mike. Foi maravilhosa e indescritível! O grupo fez um presbitério profético, no qual profetizaram sobre a minha vida, e tudo foi maravilhoso — até o momento em que um africano foi à frente e começou a "profetizar". Disse que eu devia beijar os pés do meu marido e, entre outras coisas, chamá-lo de "Senhor". Mal pude acreditar no que estava acontecendo. Foi mais parecido com um pesadelo.

Graças a Deus pela comissão, que o chamou ao lado e o corrigiu por falsa profecia. Explicaram que ele estava misturando sua cultura com as próprias emoções. Depois lhe disseram que as mulheres americanas não beijam os pés do marido! O Senhor reverteu o final da ordenação e promoveu uma poderosa consagração pastoral por meio de imposição de mãos e mensagem de ordenação.

Durante o presbitério profético o Senhor falou por meio de Dutch Sheets que eu era uma Débora, cujo nome significava "abelha", e que haveria ocasiões nas quais minhas palavras seriam doces ao paladar e em outras elas carregariam um ferrão. Eric Belcher, na época vice-presidente de Christ for Nations, também falou de Débora como profetiza para as nações.

### Vamos falar de ordenação

Enquanto estudava o tema ordenação, descobri que há uma pequena armadilha eclesiástica enrolada em torno desse assunto. *Ordenação* é simplesmente separar uma pessoa para o chamado de Deus e consagrá-la ao ministério por meio de imposição de mãos. A autoridade espiritual vem com o reconhecimento e a afirmação de separar a pessoa para o evangelho.

Surpreendi-me com o teto de vidro que ainda existe a respeito da ordenação de mulheres. Muitos líderes que dizem defender as mulheres no ministério não ordenam mulheres como pastoras da mesma forma que ordenam homens. Em muitos casos, o problema é o preconceito cultural contra as mulheres. Embora a ordenação não seja absolutamente essencial para o ministério, não deve existir uma regra dupla. Se uma igreja ordena um homem para ocupar uma determinada posição, e uma mulher ocupa uma posição de nível semelhante, então a mulher precisa também ser ordenada. As mulheres me contaram que, em tempos passados, os pastores riam e diziam: "Eu a ordenaria se você fosse homem". A maioria dos homens não percebe como esses comentários são dolorosos para as mulheres.

Creio que é tão importante ordenar os ministros itinerantes — bem como os que trabalham em tempo integral em outras esferas de autoridade — quanto ordenar aqueles que pastoreiam igreja. Em geral, parece haver um sentimento oculto de que os ministros itinerantes são cidadãos de segunda classe e somente os que pastoreiam uma igreja devem ser ordenados. Vamos refletir na mensagem que isso envia. Há mais de uma Igreja? Os ministros itinerantes estão "fora" da Igreja e os que pastoreiam uma igreja estão "dentro" da Igreja? Embora essa mensagem não seja intencional, continua sendo a mesma coisa. Há somente uma Igreja; todos nós somos parte do Corpo de Cristo.

Talvez um dia a ordenação será completamente diferente da ordenação de hoje. Algumas pessoas não acreditam que a ordenação, conforme praticada atualmente, seja válida. Pessoalmente, acredito que sim, mas penso também que, se acreditamos de fato que não há distinção entre homem e mulher no Espírito, e que Deus derramou seu Espírito sobre servas e servos no Pentecoste, a regra dupla não deveria existir na Igreja.

Se você é mulher e já atravessou tempos difíceis, por favor, não permita que nenhuma raiz de amargura brote no seu coração contra os homens (v. Hebreus 12.15). Não lutamos contra seres humanos, mas contra principados e poderes das trevas (v. Efésios 6.12). Use os tempos difíceis como experiências para ter um caráter aprovado (v. Romanos 5.1-5).

### Não recebeu o chamado? Não entre na batalha

Se você, mulher, está considerando um chamado para o serviço cristão em tempo integral como ministra do evangelho, tenho uma palavra especial para você. Assegure-se de que foi *chamada*. Existem tantos desafios para as mulheres em cargos de liderança que você precisa "ter certeza" de que está obedecendo à vontade de Deus, não a seus desejos pessoais. Deus é capaz de deixar o seu chamado bastante claro para você. Quando vem dele, o chamado queima profundamente dentro do seu coração. Se estiver em dúvida, você será sacudida pelas tempestades que rodopiam em torno desse assunto polêmico, e certamente será pesada na balança e achada em falta.[1]

Anne Graham Lotz, filha de Billy Graham, conta sua história na *Christianity Today*:

> Iniciei a minha carreira como ministra itinerante em resposta ao chamado de Deus para a minha vida, que foi confirmado por Atos 26.15-18. Pela sua Palavra eu sabia que seria sua serva e uma testemunha de Jesus Cristo que incluiria evangelismo e discipulado ao redor do mundo. Um dos convites que aceitei foi a oportunidade de falar a aproximadamente mil pastores e líderes de igreja.

[1] V. Daniel 5.27.

> Mas, quando me apresentei para falar, alguns homens na plateia se levantaram, viraram suas cadeiras e deram as costas para mim.
>
> Fui para casa e orei: "Senhor, tu sabes que falar a uma plateia que inclui homens não tem sido problema para mim. Mas obviamente é um problema para eles, e não posso continuar a ocupar o púlpito e ignorar o assunto".
>
> Enquanto procurava uma resposta nas Escrituras, parece que Deus me fez lembrar de João 20, onde está escrito que, após sua ressurreição, Jesus enviou Maria Madalena de modo semelhante. Deus também me falou por meio da passagem de Jeremias 1.7,8, ordenando-me que fosse obediente ao meu chamado, sem medo da "cara deles" — ou das costas deles. Deus reforçou isso no versículo 17, ordenando-me claramente: " 'E você, prepare-se! Vá dizer-lhes tudo o que eu ordenar. Não fique aterrorizado[a] por causa deles, senão eu o[a] aterrorizarei diante deles' ". Em outras palavras, eu não tinha de prestar contas à minha plateia; tinha de prestar contas a Deus.[2]

Outras mulheres sofreram perseguições públicas semelhantes quando foram convidadas a falar em conferências de comissões organizadoras. Jill Briscoe, conselheira leiga do ministério feminino na Elmbrook Church em Brookfield, Wisconsin, onde seu marido, Stuart, foi pastor, conta como isso aconteceu com ela quando estava falando em uma convenção de 3 mil jovens:

> Apresentei o tema, abri as Escrituras, li para eles e comecei a explicar o texto. Naquele ponto, um pastor levantou-se e gritou: "Pare, em nome do Senhor!". Disse que eu não devia estar ali. Depois repreendeu o meu marido, dizendo que ele deveria ter vergonha por permitir que sua esposa usurpasse sua autoridade. Em seguida, levou seus filhos pequenos embora, e várias outras

2 Ministering Women. **Christianity Today**, p. 17, 8th Apr. 1996.

> pessoas o acompanharam. A boa notícia é que 3 mil crianças entediadas ficaram, de repente, muito atentas. Mas o ocorrido me fez sentir vulnerável e chocada.[3]

Essas são apenas duas das histórias de horror que ouço das líderes na Igreja. Contaram-me que uma ministra do evangelho como eu foi "desordenada" no Texas por seu pastor depois que um grupo apostólico chegou à cidade. Outra amiga dirigiu-se à igreja com a família em um domingo de manhã depois de viajar para fazer palestras a vários grupos e foi excomungada publicamente na frente da igreja por viajar muito. Agradecemos a Deus porque seus dons e chamados são irrevogáveis (v. Romanos 11.29) e porque nossa ordenação não pode ser cancelada no Reino de Deus. (Não quero dizer que Deus nunca repreende seus filhos, mas essas mulheres foram disciplinadas injustamente de acordo com os limites culturais, não com os limites bíblicos.)

Estou sendo totalmente sincera e aberta com você, por isso admito que tive de me isolar algumas vezes para perdoar os que me ofenderam — não apenas pessoas conhecidas, mas pessoas que considerava amigas. De alguma forma, Deus abençoou-me com enorme favor, e parece que me recuperei. Lamento dizer, no entanto, que nem todas as pessoas que conheço conseguiram recuperar-se.

## Marilyn Hickey: exemplo de trabalho

A maioria das pioneiras na Igreja de hoje é composta de mulheres. Escrevi a respeito de algumas no capítulo "Heroínas

3 Ministering Women: A Forum with Jill Briscoe, Mary Kassian, Jean Thompson e Miriam Adeney, presidido por Wendy Murray Zoba e Helen Lee. **Christianity Today**, p. 4, 8th Apr. 1996.

da fé" e também em "Mães e outras grandes mulheres de fé". Gostaria de incluir uma delas neste capítulo porque a admiro tanto como mulher como exemplo de trabalho para a minha geração. Seu nome é Marilyn Hickey.

Liguei um dia para Marilyn a fim de perguntar se ela me daria uma entrevista para este livro. Gosto sempre de conversar com ela. Apesar de ser vista por mais de 65 milhões de pessoas por dia em seu programa de televisão e de ter viajado a 125 países do mundo para ministrar o evangelho, Marilyn é sempre humilde, cordial e amável.

Wally, o marido de Marilyn, atendeu ao telefone antes da esposa. Ela disse que ele sempre a elogiava e encorajava em qualquer situação que ela usasse seu dom de ensinar. Marilyn começou a ensinar em um estudo bíblico doméstico para sua igreja, que rapidamente se multiplicou e chegou a 20. Naquela época, ela foi incentivada a dar início a um programa de rádio de 5 minutos, que logo passou a durar 15 minutos por dia. Mais tarde, Deus a chamou para a televisão.

Marilyn trabalhou com seu marido pastor na Orchard Road Church em Denver, Colorado (antiga "Happy Church"), durante anos, mas seu principal chamado era ser missionária evangelista e mestra. Ela diz: "Deus chamou-me para cobrir a terra com sua Palavra". Marylin apresenta seu programa de televisão ao lado da filha, Sarah Bowling. Em 2004, Sara e seu marido, Reese, assumiram o pastorado da igreja. O marido de Marilyn faleceu em 2012, mas ela continua viajando pelo mundo, pregando a grandes multidões e realizando reuniões de cura.

Talvez você saiba que Marilyn, assim como eu, foi bombardeada por muitos livros escritos contra o que ela ensina (ou o que supostamente ensina). Curiosa, perguntei: — Marilyn, você lê as críticas que escrevem contra você?

— Não — ela respondeu. — Preciso estudar e ler tantas coisas que não tenho tempo para parar e ler essas críticas.

O que mais me tocou quando conversei com ela foi sua maneira de não se ofender apesar das perseguições e incompreensões que tem sofrido. Tive a oportunidade de ver o coração de uma grande mulher que pagou o preço e, ainda assim, continua a dedicar-se a seu chamado de modo terno e compassivo.

### Fatos a respeito de mulheres no ministério

Em 2009, o Barna Group revelou que o número de mulheres que atuavam como pastoras seniores havia dobrado em relação à década anterior, de 5% para 10%. Esse número não foi tão encorajador para mim, porque 10% de pastoras seniores — quando comparados ao número total de mulheres na igreja — continuam supreendentemente baixos. Cinquenta e oito por cento de pastoras são afiliadas a uma importante denominação tradicional.[4]

Também, de acordo com o Barna Group, as pastoras, em geral, são muito mais instruídas que seus colegas do sexo masculino. Graduaram-se 77% no seminário em comparação com 63% de pastores homens. No entanto, as pastoras ganham cerca de 3.300 dólares a menos anualmente que seus colegas do sexo masculino.[5] Acredita-se que o ganho é menor porque as mulheres tendem a pastorear igrejas menores; no entanto, um estudo de 15 denominações protestantes realizado pelo Hartford Institute

4 Number of Female Senior Pastors in Protestant Churches Doubles in Past Decade. Barna Group, 14th Sep. 2009. Disponível em: <http://www.barna.com/research/number-of-female-senior-pastors-in-protestant-churches-doubles-in-past-decade/>.

5 Ibid.

descobriu que "as mulheres ganham 91% do salário dos homens com a mesma carga horária, realizando o mesmo tipo de trabalho, dentro da mesma denominação, em igreja do mesmo tamanho".[6]

O dr. Vinson Synan, reitor-emérito da School of Divinity da Regent University em Virginia Beach, Virginia, relatou que, a partir de 1991, as igrejas Assembleias de Deus possuíam 4.604 mulheres com credenciais pastorais — um número superior a qualquer outra denominação nos Estados Unidos. Esse número equivalia a 15% de todos os ministros nas igrejas Assembleia de Deus americanas. Desses 15%, cerca de 322 estavam relacionadas como "pastoras seniores".[7]

A partir do início de 2018, havia 9.142 mulheres credenciadas nas Assembleias de Deus, ou 24,3% de todos os seus ministros. Há, contudo, apenas 569 pastoras-líderes, em comparação com 10.500 pastores-líderes.[8] As igrejas Assembleias de Deus incluem Beth Grant no presbitério executivo, que é o mais alto conselho de administração dessa denominação. Ao analisar a disparidade de mulheres em funções de liderança nas denominações, Grant recomendou aos pastores homens presentes em um conselho geral que encorajassem garotas e moças a seguir a carreira ministerial. "Vocês podem dizer às meninas das suas igrejas: 'A mão de Deus está sobre você' ", disse ela.[9]

---

6 Clergy Women: An Uphill Calling. Hartford Institute for Religion Research, 2006. Disponível em: <http://hirr.hartsem.edu/bookshelf/clergywomen_abstract.html#women/men>.

7 Women in Ministry. **Ministries Today Magazine**, p. 50, Jan./Feb. 1993.

8 Kennedy, John W. More Women Heed Calling. **The General Council of the Assemblies of God**, 14th Feb. 2018. Disponível em: <https://news.ag.org/news/more-women-heed-calling>.

9 Bailey, Sarah Pulliam. Women Pastors Remain Scarce. **Christianity Today**, 7th Aug. 2009. Disponível em: <https://www.christianitytoday.com/women/2009/august/women-pastors-remain-scarce.html>.

Na Igreja Quadrangular, fundada por uma mulher, a irmã Aimee Semple McPherson, dos 6.818 pastores licenciados em 2009 nos Estados Unidos, 121 eram pastoras seniores (cerca de 10% de todos os pastores seniores),[10] e 37% de todos os ministros credenciados na denominação eram mulheres (isso inclui todas as funções ministeriais).[11] Tammy Dunahoo, supervisora geral interina da denominação, declarou: "A diretoria desenvolveu um plano para dar atenção concentrada a fim de identificar e remover todas as barreiras que impedem as mulheres chamadas por Deus de ocupar cargos de liderança".[12]

Apesar de algumas tendências encorajadoras, 51% das igrejas não permitem que as mulheres sejam pastoras titulares, e 33% das igrejas não permitem que as mulheres preguem.[13] A barreira no mundo do trabalho para as mulheres pastoras ou mulheres com autoridade sobre os homens parece ser o principal ponto de discórdia teológico, mesmo hoje entre algumas principais igrejas carismáticas e pentecostais. Há mais liberdade nas denominações protestantes tradicionais, como a episcopal ou presbiteriana, ao passo que outras, como a batista do sul, ainda insistem na posição de que as mulheres não são chamadas para ser pastoras seniores. Contudo, pelo fato de cada igreja ser governamentalmente autônoma, algumas aceitam mulheres na liderança pastoral.

---

10 The Foursquare Church. Foursquare by the Numbers. **Foursquare News**, 14th Apr. 2009. Disponível em: <https://www.foursquare.org/news/article/by_the_numbers_april_2009>.

11 SHEPSON, Bill. More Female Senior Pastors Than Ever Before, Study Finds. **Foursquare News**, 29th Sep. 2009. Disponível em: <https://www.foursquare.org/news/article/more_female_senior_pastors_than_ever_before_study_finds>.

12 Ibid.

13 BAILEY. Women Pastors. Dados obtidos do **National Congregation Study**. Disponível em: <www.soc.duke.edu/natcong/>.

Outras denominações pentecostais clássicas continuam a lutar com o problema da função das mulheres na Igreja. A Igreja de Deus em Cleveland, Tennessee, tem debatido a função das mulheres na Igreja. Alguns diálogos levantaram a questão de saber se o reconhecimento das mulheres em cargos de liderança está maximizando preocupações culturais acima dos ensinamentos bíblicos. A dra. Cheryl Bridges John, professora de discipulado e formação cristã no Seminário Teológico Pentecostal da Igreja de Deus, disse estar "chocada com o fato de haver tão pouco apoio para ordenar mulheres como bispas" e que "o debate mostra uma tensão doutrinária entre a santidade da denominação e as influências dos fundamentalistas".[14] Evidentemente, não significa que não haja outros líderes homens que se levantam em favor da função das mulheres no ministério.

### Protocolo prático para as mulheres no ministério

Enquanto orava sobre o que incluir neste capítulo, achei necessário oferecer algumas ideias práticas para as mulheres no ministério. Algumas informações serão mais dedicadas às ministras itinerantes, porque conheço melhor esse tipo de ministério. Poderia escrever um livro inteiro sobre o que aprendi a respeito das muitas áreas de protocolo a respeito das mulheres que exercem a função ministerial. Vamos analisar algumas dessas áreas.

Um assunto importante que as mulheres precisam aprender é como relacionar-se com os homens no ministério. Tenho adotado algumas políticas práticas como ministra itinerante para

---

[14] Gaines, Adrienne S. Church of God Debates Role of Women. **Charisma**, 6th Aug. 2010. Disponível em: <https://www.charismamag.com/site-archives/570-news/featured-news/11656-church-of-god-debates-role-of-women>.

resguardar-me de mexericos e de outros ataques que podem surgir por causa da minha interação com os homens em geral, e com os homens no ministério.

Uma das minhas primeiras linhas de defesa é uma carta pessoal enviada pelo nosso escritório antes de viajar a qualquer parte do mundo para palestrar. Nessa carta, o escritório declara que jamais devo ser recebida no aeroporto ou em outro lugar qualquer por um homem desacompanhado. Tive, às vezes, de me deslocar de carro com o motorista de um ministério importante que costuma enviar uma *van* para buscar seus palestrantes. Mas tento fazer disso uma exceção.

Outra política pessoal é que nunca saio para almoçar ou jantar com um homem a não ser que o meu marido esteja presente. Fiz uma exceção a essa regra uma vez quando tomei o café da manhã em um ambiente aberto, com pleno conhecimento de Mike. Sigo rigorosamente essas políticas mesmo quando o homem é bem mais jovem que eu, para manter claras e impecáveis a minha reputação e a dele. Creio que até as mulheres chamadas para o ministério em tempo integral como líderes empresariais não devem sair com homens casados. Esse procedimento pode tornar-se um parque de diversões para o Diabo e abrir portas de intimidade que não deveriam ser abertas.

Nós mulheres podemos encorajar um homem a interessar-se por nós, sem saber o que estamos fazendo. Passar longas horas em conversas íntimas, como mencionei na parte referente ao adultério espiritual, pode dar uma ideia errada aos homens. Nunca se coloque em situações comprometedoras. Por exemplo, não fique conversando com um homem dentro de um carro por muito tempo nem tenha longas conversas por telefone.

Há ocasiões em que aconselho o meu pastor ou recorro a ele em busca de conselho, e a conversa se estende, mas, repetindo, é uma exceção, não a regra. Se o pastor é casado, faço questão de ser amiga da esposa dele.

Uma das áreas que me causa preocupação é que as intercessoras — casadas ou solteiras — se relacionam de modo muito íntimo com seus pastores. Embora seja importante compartilhar o que Deus lhe mostrou, não fiquem sozinhos em um ambiente fechado, principalmente se você for casada ou o pastor for casado. Infelizmente, nessas aproximações, uma mulher ingênua pode ficar emocionalmente dependente da vida de seu pastor e vice-versa.

Antes de falar em qualquer igreja local, peço que o pastor sênior da igreja me envie uma carta convidando-me para o evento. Tive alguns problemas no início do ministério quando um presbítero ou alguém da igreja me fez o convite sem a concordância expressa do pastor sênior quanto a ministras do evangelho. Hoje, sempre peço uma carta de confirmação para ser arquivada no escritório, seja qual for a reunião da qual vou participar.

Para os ministros itinerantes, o assunto de dinheiro é, às vezes, difícil e exige clara comunicação. Como mencionei antes, a minha secretária envia uma carta detalhando as exigências do nosso ministério para a viagem, e a carta inclui os custos do projeto. Descobri que o envio da carta proporciona clareza e também um meio de tornar conhecidas outras necessidades. Quando comecei a viajar, descobri que os ofertas voluntárias de amor que recebia não chegavam a cobrir o custo da gasolina para chegar lá. Com o tempo, comecei a ficar magoada por achar que "o trabalhador merece o seu salário" (1Timóteo 5.18). A princípio, senti paz quando eu mesma pagava as despesas de viagem. Mas, depois de um tempo, ao sentir-me magoada, entendi que a graça de Deus para aquele período da minha vida havia findado. A comunicação clara de suas necessidades também ajuda as pessoas que estão pensando em convidá-la e lhes dá a oportunidade de receber uma confirmação do Senhor, se você deve ser a palestrante ou não.

Hoje, encontro pessoas generosas que contribuem para nosso ministério. Pelo fato de ele ser transmitido ao mundo todo pela televisão, as nossas despesas são um pouco maiores do que as de um ministro ou ministra itinerante que necessita de dinheiro suficiente apenas para cobrir as despesas da casa. Os pastores e pastoras também recebem salário de suas igrejas. Deus lhe mostrará como comunicar-se de maneira ética com os lugares que ele designou para você.

À medida que a minha visibilidade como líder aumentou, descobri também que o Corpo de Cristo tem a obrigação de ajudar financeiramente alguns eventos importantes; muitas vezes você terá de pagar suas despesas sem receber uma oferta voluntária e terá também de lançar a semente nos ministérios. Essa é uma responsabilidade do Corpo de Cristo. Tenho feito isso com eventos como "America for Jesus" e o "Empowered21 Global Council".

Nesta hora, há mulheres pregando e ensinando, conduzindo o louvor, trabalhando com os pobres, visitando prisões e realizando muitos outros trabalhos importantes. O Senhor está chamando exclusivamente mulheres para serem pioneiras em novos campos onde elas nunca andaram. É um privilégio e uma honra ser pioneira. Deus chama algumas mulheres para fazer o que outros nunca fizeram, a fim de facilitar o caminho para a nova geração. Quero ser assim. Deus concedeu-me um coração voltado a jovens líderes, tanto homens quanto mulheres. Gostaria de passar alguns momentos com cada um dos que me pedem orientação, mas simplesmente não tenho tempo.

Nos últimos anos, reuni-me em mesas-redondas com mulheres em fase inicial na função de liderança, mulheres que considero minhas filhas espirituais no Senhor. Todas são habilidosas e talentosas por mérito próprio.

Dois dos mais empolgantes projetos aos quais muitas jovens estão sendo chamadas hoje são fim do aborto e fim do tráfico humano. Erica Greve, da Unlikely Heroes, com base em Los Angeles, Califórnia, conseguiu resgatar mulheres que estavam sendo traficadas nas Filipinas. Seu trabalho está também chamando a atenção de algumas pessoas famosas na área do entretenimento.

Outra mulher, Jen Watson, vai a bares e ministra a dançarinos e dançarinas exóticos, mostrando-lhes o amor de Cristo. Muitos deles já foram resgatados.

Laura Allred, do Back to Life and Captured, andou mais de 380 quilômetros desde a maior clínica de aborto do hemisfério ocidental, localizado em Houston, Texas, até o tribunal em Dallas, Texas, no qual ocorreu o primeiro caso de legalização do aborto nos Estados Unidos. Trinta e nove mulheres, algumas com histórico de aborto, e outras que sobreviveram ao aborto, se submeteram a treinos rigorosos para essa caminhada pela vida. Suportaram bolhas nos pés, problemas climáticos, exaustão, desafios financeiros e outras dificuldades para defender crianças em gestação.

Esse chamado para promover justiça a quem não tem voz para se defender faz parte do DNA da próxima geração. Essas mulheres são corajosas e têm paixão pelo que fazem. Eu as chamo de "Nova Liga de Justiça", que, assim como a fictícia Mulher Maravilha da Liga de Justiça, luta contra a opressão.

As gerações estão em boas mãos com mulheres como essas que estão assumindo uma posição nos Estados Unidos ao lado de outras ao redor do mundo com ideias semelhantes.

Mencionei Sharon Ngai que, com seu marido, Jonathan, organizou a Radiance, uma casa de oração aberta ininterruptamente em Hollywood, Califórnia, em um antigo estúdio cinematográfico.

Minha amiga Becky Hennesy, pastora da Trinity Church of Cedar Hill, Texas, e seu marido, Jim, levaram adiante a visão que hoje é a Hope Mansion, uma casa/maternidade para mulheres que não querem abortar seus bebês, mas não têm aonde ir. Grande parte dessas jovens grávidas são deixadas ali pelo namorado, ameaçadas pelo marido ou jogadas na rua pela família porque estão grávidas e não querem provocar um aborto. Pessoas abnegadas como minha amiga e seu marido estão promovendo justiça a quem não tem justiça e tornaram-se uma voz a quem não tem voz.

Estou consciente de que você deve estar ansiando ter um diálogo com outras mulheres que estão iniciando na liderança. Por favor, peço às leitoras mais velhas deste livro que tentem encontrar suas "filhas". Precisamos de mães, e também de pais, para a próxima geração.

Para as muitas leitoras que me pedem ajuda, mas não tenho tempo para aconselhá-las, oro para que este capítulo as tenha ajudado a seguir seu chamado. É sempre uma grande frustração para mim quando as mulheres me pedem ajuda e não consigo dedicar-lhes um tempo pessoal, porque me preocupo com elas. Esse foi um dos principais motivos para eu escrever este capítulo.

Se você foi chamada ao ministério, mas sente-se frustrada, tenha certeza de que Deus abrirá um caminho onde parece não haver nenhum. Em todos os meus anos de ministério, nunca fiz uma autopromoção — deixei isso a cargo do Senhor. Nenhuma porta que eu considerava importante atravessar permaneceu fechada para mim. Deus abriu portas que me deixaram atônita. Nas minhas viagens, muitos pastores dizem que sou a primeira mulher a pregar o evangelho naquele púlpito. Essas palavras soam aos meus ouvidos desde o Paquistão e o Nepal até a América Latina. A verdade é esta: você não pode simplesmente manter o Espírito Santo fora do lugar onde ele deseja estar.

O próximo e último capítulo é muito empolgante e esclarecedor. "A reforma cultural" trata da maneira pela qual Deus vê as mulheres, como vê sua participação histórica no avivamento e em sua função na Igreja hoje.

CAPÍTULO 12

# A reforma cultural

Bendito seja aquele que não me fez um gentio;
bendito aquele que não me fez uma mulher;
bendito aquele que não me fez um
homem iletrado (ou escravo).
**Tosefta**[1]

Cem mulheres não são melhores
que dois homens.
**B. Berakhot (Talmude)**

A mulher é um jarro cheio de sujeira,
cuja boca está cheia de sangue,
mas todos correm atrás dela.
**Talmude Babilônico: Shabat 152A**

Quando um menino chega ao mundo,
a paz chega ao mundo; quando uma
menina chega, nada chega.
**Talmude Babilônico**

---

[1] Significa "suplemento". Uma forma das passagens *baraitot*. Essa oração litúrgica matinal era recitada todos os dias pelos homens judeus devotos na época de Paulo.

Esses provérbios retratam um mundo no qual as mulheres eram marginalizadas e desprezadas. Em meio a esse pensamento distorcido, chegou alguém que traria a reforma cultural — o Salvador, Jesus Cristo.

Não é de admirar que as mulheres o amassem! As mulheres foram as "últimas diante da cruz e as primeiras diante do sepulcro". Para o gênero feminino, nunca houve nem haverá alguém capaz de derrubar as barreiras e livrar os cativos como Jesus Cristo fez.

Enquanto estudava o amor de Jesus pelos humildes, necessitados e oprimidos, fiquei surpresa e cada vez mais consciente de como ele demonstra ser tão relacional como pessoa e, ainda assim, um reformador cultural. Para experimentar o total impacto daquele que derrubou os muros da divisão, vamos dar uma olhada no mundo no qual ele nasceu.

## Atitudes greco-romanas

A seguir, há uma amostra sucinta das práticas que caracterizavam as atitudes dos homens greco-romanos a respeito das mulheres. Os exemplos que se seguem foram extraídos do período que precedeu à época de Cristo.

### *Infanticídio*

Os bebês do sexo feminino eram expostos e abandonados até a morte com mais frequência que os bebês do sexo masculino. As meninas, afinal, eram um investimento caro e sem retorno, não apenas pelo preço de sustentá-las quando crianças, mas também por causa da despesa relativa ao dote (Posidipo — que viveu entre o século III e o século II a.C.).[2]

---

2 In: HAMILTON, I Commend to You Our Sister, p. 43.

### *Abuso*

Houve uma época em Roma em que os maridos cumprimentavam a esposa com um beijo. O beijo não era sinal de afeto, mas um teste para saber se a esposa havia ingerido vinho. Pensava-se que se uma mulher tomasse vinho ficaria "solta" e sexualmente desinibida. Se notasse hálito de vinho na mulher, o marido tinha o direito legal de matá-la.

As mulheres casavam-se, em geral, aos 12 anos de idade com homens muito mais velhos e esperava-se que gerassem um filho a cada dois anos.

Observe a perspectiva de Sêneca a respeito das mulheres: "As mulheres e a ignorância são as duas maiores calamidades do mundo".[3]

Sermônides de Amorgos disse: "Zeus designou isto como o maior de todos os males: as mulheres. Mesmo que pareçam colaborar de alguma forma, com os maridos especialmente, elas são uma fonte do mal".[4]

E esta declaração é atribuída a Demóstenes: "Conservamos as amantes para o prazer, as concubinas para cuidar de nós todos os dias, e as esposas para nos dar filhos legítimos e ser guardiãs fiéis da nossa casa".[5]

## A perspectiva judaica

A perspectiva judaica histórica em relação às mulheres é surpreendente em seu preconceito. O antigo tratamento que as mulheres recebiam no dia a dia contradiziam o tom de respeito usado nas Escrituras.

[3] Ibid., p. 81.

[4] Ibid., p. 35.

[5] WITHERINGTON, **Women and the Genesis of Christianity**, p. 15.

### *Divórcio*

O direito legal do marido de divorciar-se da esposa se ela causasse algum "empecilho" ao casamento restringia a segurança da mulher. O homem podia divorciar-se da esposa sem o consentimento dela por motivos que variavam desde castidade e queimar uma refeição, até o ponto de o marido encontrar uma mulher mais bela.[6]

Em seus ensinos, a maioria dos rabinos ressaltava repetidas vezes a inferioridade das mulheres.

> Um certo rabino Yochanan, conforme nos contaram, cita os rabinos mishnicos (*Mishná* é a parte mais antiga e mais importante do Talmude) ensinando que o homem pode fazer o que quiser com a esposa: "É como um pedaço de carne trazida do matadouro, que se pode comer, salgar, assar ou ser cozida parcialmente ou por inteiro". Certa vez, uma mulher queixou-se ao Rav (um grande rabino) alegando sofrer maus-tratos do marido. Ele respondeu: "Qual é a diferença entre você e um peixe, que pode ser ingerido grelhado ou cozido?".[7]

Os deveres domésticos da esposa incluíam moer trigo, assar pão, lavar roupa, amamentar os filhos durante 18 a 24 meses, arrumar as camas, trabalhar com lã e lavar o rosto, as mãos e os pés do marido.[8] Embora muitas dessas tarefas não sejam anormais em si mesmas (arrumei nossa cama esta manhã!), ainda existem lugares no mundo onde esses simples trabalhos domésticos são levados ao extremo. Por exemplo, quando Mike e eu estivemos no Nepal no ano passado, soubemos que, em algumas tribos, as

---

6 Ibid., p. 4.

7 Bushnell, **God's Word to Women**, parágrafo 8.

8 Witherington, **Women and the Genesis of Christianity**, p. 5.

mulheres lavam os pés do marido todas as noites e depois bebem a água suja para mostrar respeito. E isso não é tudo! Quando viajam, os homens lavam os pés e trazem a água suja para casa dentro de um jarro, para que a esposa possa bebê-la.

### *As dez maldições contra Eva*

Outro exemplo do preconceito talmúdico contra as mulheres está descrito em "As dez maldições contra Eva", no comentário sobre Gênesis 3.16:

1. Multiplicarei grandemente refere-se ao catamênio [fluxo menstrual], e assim por diante.
2. Teu sofrimento ao criar filhos.
3. Tua concepção.
4. Com sofrimento terás filhos.
5. Teu desejo será para o teu marido [seguido de linguagem grosseira demais para ser impressa aqui, não deixando dúvida alguma da interpretação rabínica de *desejo*].
6. "Ele te dominará" [mais linguagem ofensiva].
7. Ela deve se vestir como uma pessoa enlutada.
8. Não ouses aparecer em público com a cabeça descoberta.
9. Estás restrita a um marido, ao passo que ele pode ter muitas esposas.
10. E ficarás confinada em casa como em uma prisão.[9]

Para ser justa, nem todos os rabinos odiavam as mulheres. Alguns, como o rabino Jacobs, disse: "Quem não tem esposa fica

[9] Bushnell. **God's Word to Women**, parágrafo 106.

sem receber algo bom, sem uma auxiliadora, sem alegria, sem bênçãos e sem reconciliação".[10] Afirmações como essa honravam as mulheres, embora fossem raras e distantes uma da outra. No entanto, temos passagens de textos hebraicos que dão um contrapeso às palavras misóginas de alguns rabinos. Isso inclui a própria Bíblia. Provérbios 31.10 diz:

> Uma esposa exemplar;
> feliz quem a encontrar!
> É muito mais valiosa que os rubis.

Quanto mais estudo as culturas antigas, mais admiração sinto pelo que Jesus fez ao estabelecer precedentes para tratar as mulheres e as crianças com respeito. Antes de terminar este estudo, examinei muitas palavrinhas e ações aparentemente simples registradas nos Evangelhos que, segundo entendo agora, foram afirmações extraordinárias na cultura da época de Jesus. Jesus trouxe uma enorme reforma não apenas para as mulheres e crianças, mas também para a família inteira. Posteriormente, os autores do Novo Testamento basearam-se nessas ações e nesses ensinamentos das Escrituras.

## A perspectiva das boas-novas

A partir do comecinho do Novo Testamento, as mulheres passaram a ter um lugar de igualdade e destaque sem precedentes. Esse novo lugar é ilustrado pela primeira vez no capítulo 1 do evangelho de Mateus, no qual Mateus traça a linhagem de Cristo. Mateus não menciona apenas nomes masculinos; menciona

[10] WITHERINGTON, **Women and the Genesis of Christianity**, p. 6.

também três importantes antepassadas na genealogia do Messias: Tamar, Raabe e Rute.

A seguinte poderosa afirmação cultural é evidenciada quando o anjo Gabriel não apareceu primeiro a José, ou ao pai de Maria ou a outro homem, mas a uma jovem com aproximadamente 14 anos de idade (v. Lucas 1.26-38). (Hoje, nós a chamaríamos de adolescente, não de uma mulher.) E as palavras do anjo foram mais impressionantes ainda: *Você encontrou favor com Deus.*

Não é de admirar que Maria tenha cantado:

> "pois atentou
> para a humildade
> da sua serva.
> De agora em diante,
> todas as gerações
> me chamarão
> bem-aventurada" (Lucas 1.48).

É também interessante estudar como o Espírito Santo inspirou os autores do Novo Testamento a incluírem pares de homens e mulheres nas Escrituras. Isso é lindamente mostrado na história da apresentação do bebê Jesus no templo. Dois líderes conhecidos e respeitáveis, Simeão e Ana, foram atraídos pelo Espírito Santo para ver e testemunhar o fato de que aquele era verdadeiramente o Messias. Simeão, que "esperava a consolação de Israel" (2.25), deu um testemunho profético a respeito da chegada do Messias. Ana, também mulher profeta, falou sobre Jesus a todos os que "esperavam a redenção de Jerusalém" (v. 38). O reconhecimento de que Jesus era o Messias foi anunciado naquele dia em uma bela igualdade de gêneros

— um prenúncio do dia em que o Espírito Santo seria derramado sobre servos e servas (v. Joel 2.28,29).

O relato de Lucas a respeito do nascimento de Jesus apresenta outros pares de homens e mulheres: Zacarias e Isabel, e José e Maria.

Outros pares de homens e mulheres aparecem nas parábolas de Jesus. Lucas 18.1-8, por exemplo, narra a história da mulher que não para de clamar por justiça a um juiz injusto. O ambiente da história é uma sociedade machista, na qual as mulheres raramente recebem a mesma justiça que os homens. Os gritos da mulher são ouvidos por causa de sua persistência. Jesus terminou a parábola com esta afirmação: " 'Acaso Deus não fará justiça aos seus escolhidos, que clamam a ele dia e noite?' " (v. 7).

Witherington diz:

> A atitude de Jesus ao escolher uma mulher que necessitava de ajuda, a fim de dar um exemplo a seus discípulos, talvez tenha indicado a solidariedade e a preocupação de Jesus por aquele grupo específico de pessoas em uma sociedade machista, e também porque o aspecto do comportamento dessa mulher no qual Jesus se concentra (sua perseverança e persistência) é uma característica que, em uma sociedade patriarcal, sempre foi vista como atributo negativo de uma mulher (v. Provérbios 19.13).[11]

## As mulheres no ministério de Jesus

O segundo capítulo de João começa com um diálogo fascinante entre Jesus e sua mãe. Maria diz a Jesus que há um problema. Na festa de casamento, não há mais vinho para os convidados. Evidentemente, Maria acredita que Jesus pode resolver

---

[11] Ibid., p. 53.

a situação. Ele replica: " 'Que temos nós em comum, mulher? A minha hora ainda não chegou' " (2.4).

Para nós, a forma de tratamento *mulher* parece ser desrespeitosa, mas aqui não há nenhuma grosseria ou desrespeito, da mesma forma que não há em Mateus 15.28, Lucas 13.12, João 4.21, 8.10 e 19.26. Aparentemente Jesus não está se distanciando dela como sua mãe ao chamá-la "mulher". A expressão "a minha hora ainda não chegou" pode referir-se ao tempo em que ela o conheceria de uma forma totalmente diferente — como Salvador — não simplesmente como a mãe que conhece o filho.

Se Jesus estivesse de alguma forma se distanciando de Maria como mãe, a maneira de tratá-la torna muito mais forte sua resposta a Maria. Ele transforma a água em vinho porque uma mulher lhe pediu ajuda. Isso era muito incomum naquela época. Além de transformar literalmente a água em vinho novo, ele também transformou o "vinho velho" do preconceito contra as mulheres na perspectiva de um "vinho novo" na qual não há "homem nem mulher". De acordo com Jesus, tanto os homens quanto as mulheres se aproximam igualmente do trono de Deus em tempos de necessidade.

(Uma nota parentética sobre essa passagem: um dos deuses adorados na época de Jesus era Baco, o deus do vinho. O primeiro milagre de Jesus ao transformar a água em vinho pode muito bem ter sido um ato direto de guerra espiritual contra Baco, o deus da desordem e da folia. Jesus veio para trazer o vinho do Espírito, que põe todas as coisas no lugar certo.)

O golpe seguinte no preconceito cultural contra as mulheres é a conversa de Jesus com a samaritana (v. João 4.4-26). Essa história registra a conversa mais extensa que Jesus teve na

Bíblia inteira. Se havia alguém que os judeus desprezavam mais que uma mulher impura, uma mulher estrangeira ou uma mulher imoral, esse alguém era uma mulher samaritana — o mesmo tipo de mulher com quem Jesus conversou por longo tempo. É importante notar que Jesus faz esse longo discurso teológico de quem ele é durante uma conversa com uma mulher.

O relato da mulher à beira do poço é um grande recado contra o preconceito de gênero e o preconceito racial. Jesus escolheu revelar-se a uma mulher que era considerada um pouco melhor que um cão. Até os discípulos se espantaram com seu comportamento. Jesus veio para reconciliar raças e gêneros.

A samaritana foi a primeira evangelista! Pregou a mensagem à cidade inteira, aos homens e às mulheres. Certamente Jesus poderia ter entrado na cidade e encontrado um samaritano, mas não — ele escolheu uma mulher da classe mais baixa da sociedade e valorizou-a como pessoa digna de proclamar as boas-novas.

(Uma última nota parentética sobre essa passagem: os rabinos de respeito deviam manter distância dos pecadores, mas Jesus falou diretamente aos pecadores sobre assuntos do Reino. Era uma atitude muito rara entre os rabinos da época de Jesus.)

Outro exemplo claro de que Jesus desprezava padrões duplos de conduta para homens e mulheres está na história da mulher surpreendida em adultério:

> Os mestres da lei e os fariseus trouxeram-lhe uma mulher surpreendida em adultério. Fizeram-na ficar em pé diante de todos e disseram a Jesus: "Mestre, esta mulher foi surpreendida em ato de adultério. Na Lei, Moisés nos ordena apedrejar tais mulheres. E o senhor, que diz?" (João 8.3-5).

Posso apenas imaginar os pensamentos que passaram pela mente de Jesus. Um deles seria que os escribas e os fariseus haviam citado apenas uma parte da lei sobre o adultério. Levítico 20.10 diz que "tanto o adúltero quanto a adúltera terão de ser executados". Apenas a mulher foi apresentada como "surpreendida em ato de adultério" — o homem culpado foi inocentado.

Muitos outros padrões duplos haviam surgido na sociedade judaica desde a entrega da Lei. É claro que o Filho de Deus eternamente presente e Doador da Lei sabia disso. As palavras seguintes de Jesus escancaram os lugares ocultos dos que condenavam a mulher: " 'Se alguém de vocês estiver sem pecado, seja o primeiro a atirar pedra nela' " (v. 7).

O que Jesus estava dizendo? Qualquer um de vocês que nunca se entregou a fantasias sexuais que atire a primeira pedra. Sabemos que os acusadores da mulher tinham algum tipo de problema, porque a Bíblia deixa claro que as palavras de Jesus atingiram em cheio a consciência deles (cf. v. 9).

Isso foi totalmente incrível! Jesus viu o pecado de uma mulher e o pecado de um homem de maneira igual. Nivelou os sexos e responsabilizou os homens por suas ações da mesma forma que fez com as mulheres.

Outra forte declaração de Jesus acerca do valor e da igualdade das mulheres é a história da cura da mulher hemorrágica (v. Mateus 9.20-22; Marcos 5.25-34; Lucas 8.43-48). Há um pormenor nessa história que passa despercebido: as mulheres não podiam entrar no recinto do templo durante a menstruação. Eram consideradas impuras e somente voltavam a ser "puras" depois de serem lavadas em um meticuloso ritual. Quando Jesus, no entanto, notou que o sangramento da mulher havia parado, trouxe-a imediatamente à sua presença. Esta foi a declaração de Jesus: *Não há nenhum momento no qual você não possa se aproximar de mim. Você nunca estará "desonrada" demais ou "impura" demais para que eu não a aceite.*

## Jesus e as crianças

Ao contrário da prática terrivelmente perversa de expor as crianças à morte quando nasciam (infanticídio), Jesus fez questão de proclamar o valor delas. O histórico cultural da prática terrível de infanticídio traz um viés totalmente diferente à história dos discípulos dispensando as crianças e do Senhor indignando-se com o que seus seguidores haviam feito. Uma das mais belas passagens das Escrituras define o lugar firme para os pequeninos no Reino: " 'Deixem vir a mim as crianças, não as impeçam; pois o Reino de Deus pertence aos que são semelhantes a elas' " (Marcos 10.14).

## Jesus e seu ministério de cura

Jesus desafiou os rabinos e suas regras opressivas a respeito das mulheres. Quando, durante um sábado na sinagoga, Jesus curou a mulher encurvada, *tocou*-a e *falou* com ela (v. Lucas 13.10-17). As duas ações eram evitadas pelos rabinos extremamente escrupulosos. Mas não foi tudo: o maior tapa na cara dos fariseus ocorreu quando Jesus chamou-a de "filha de Abraão". Nenhuma mulher devia ser chamada filha de Abraão. Somente os homens deviam ser chamados filhos de Abraão.

Foi também em um sábado que Jesus curou a sogra de Pedro de uma febre, logo depois de ter curado um homem possesso de um espírito imundo na sinagoga (v. Marcos 1.23-31).

Mais uma vez, ele quebrou a regra precedente ao tomá-la pela mão. Nenhum rabino segurava a mão de uma mulher enquanto o sol não se punha no sábado.

## Mulheres como discípulas

É fato amplamente conhecido que Jesus incluiu mulheres durante suas viagens, o que deve ter sido um grande escândalo.

> Depois disso Jesus ia passando pelas cidades e povoados proclamando as boas-novas do Reino de Deus. Os Doze estavam com ele, e também algumas mulheres que haviam sido curadas de espíritos malignos e doenças: Maria, chamada Madalena, de quem haviam saído sete demônios; Joana, mulher de Cuza, administrador da casa de Herodes; Susana e muitas outras. Essas mulheres ajudavam a sustentá-los com os seus bens (Lucas 8.1-3).

Conforme notamos, é comum a alegação de que Jesus escolheu doze discípulos homens para estabelecer um precedente de que somente os homens podem ser ministros do evangelho. Precisamos lembrar, contudo, que Jesus veio para os judeus, um povo muito patriarcal. Os judeus convertidos seriam a grande ponte de Jesus para o mundo. Impor uma restrição judaica do século I a todos os futuros cristãos não apenas define de modo muito tacanho aqueles que seriam discípulos, mas também estabelece limites artificiais à missão mundial de Jesus aos gentios. Jesus iniciou seu ministério com doze homens, mas, a partir de Lucas 8, vemos que seu grupo se expandiu grandemente. De fato, não é preciso ir muito longe para acreditar que, a partir de Lucas 10, havia mulheres no grupo dos 70 discípulos enviados. E há uma afirmação explícita em Atos 1.13,14 de que havia mulheres incluídas no grupo de 120 pessoas que aguardavam o Pentecoste no aposento alto.

Havia também outras mulheres entre os discípulos além das mencionadas no grupo de viagem em Lucas 8. Lembra-se da história de Marta e Maria? Marta estava preocupada com a refeição, e Maria queria sentar-se aos pés de Jesus e aprender com ele. De acordo com Witherington, "o uso da expressão 'sentar-se aos pés de' é importante porque há evidências de que essa é uma fórmula técnica que significa 'ser discípulo de' ".[12]

Não há registros daquela época mencionando que um rabino ia à casa de uma mulher especificamente para ensiná-la. Outros rabinos teriam questionado o comportamento de Jesus por ele estar na casa de duas mulheres sozinhas. Witherington prossegue dizendo:

> Como no caso do relacionamento de Jesus com sua mãe, Maria, vemos de novo uma reorganização das prioridades tradicionais com base nas exigências do Reino. O serviço de Marta não é denegrido, mas não aparece em primeiro lugar. É preciso reorientar o modo de vida de acordo com o que Jesus diz ser a "boa parte".[13]

## Paulo, as mulheres e a família

Paulo seguiu a direção de Jesus ao revolucionar o pensamento da época de Jesus sobre a família. Baseou suas instruções a respeito de honrar pai e mãe (v. Efésios 6.2) no quinto mandamento (v. Êxodo 20.12). Mas, pelo que sabemos da teologia de Jesus, ele não seguiu à risca a tradição rabínica.

[12] Ibid., p. 100.

[13] Ibid., p. 102.

Nos tempos romanos, as casas eram governadas por um entendimento comum de "ética doméstica". Esse entendimento comum formava a base para o imposto e os códigos legais romanos. O imposto e os códigos legais deixavam claro que o homem era indiscutivelmente o chefe da casa. Da mesma forma, a tradição *mishná* ou judaica também estabelecia as mulheres em posição de subordinação e subserviência, como mencionei no início deste capítulo.

Em Efésios, Paulo apresenta-nos a "ética doméstica" ou regras de ordem para o lar cristão. O que ele escreveu sob a inspiração do Espírito Santo abalou os alicerces da sociedade com o poder transformador do evangelho. Paulo escreve sobre a submissão da esposa no contexto de submissão mútua a Cristo (v. Efésios 5.21,22). A esposa e o marido são totalmente incluídos no Corpo de Cristo (cf. v. 23,24). O marido é instruído a amar a esposa a fim de que ela possa respeitá-lo (cf. v. 33). O respeito da esposa pelo marido deve ser o fruto do amor que ele sente por ela.[14]

Ao escrever essas palavras, Paulo redefine completamente o relacionamento conjugal. A teologia de Paulo envolve a própria estrutura da sociedade, desafiando todos os protocolos culturais estabelecidos, remodelando os sistemas de valores humanos e transformando os relacionamentos interpessoais.[15]

O poder da cruz derruba os muros de divisão e traz dignidade a homens, mulheres e crianças. Aqui não há nenhum tratamento preferencial. Deus ama todos os seus filhos da mesma forma — sem importar idade, gênero ou raça. As boas-novas de

[14] Hamilton, I Commend to You Our Sister, p. 132.

[15] Ibid., p. 134.

Jesus Cristo produziram uma reforma cultural que continua a remodelar o nosso entendimento hoje.

## Atitudes dos líderes da igreja primitiva em relação às mulheres

Ao ver nas Escrituras a reestruturação feita por Jesus (e por Paulo) do valor de todas as pessoas, surpreendi-me ao descobrir que alguns pais da igreja primitiva tinham uma atitude negativa em relação às mulheres. As citações a seguir mostram alguns exemplos:

> Por ter sido desobediente, ela [Eva] foi a causadora da morte, para ela e para toda a raça humana.
>
> Irineu, bispo de Lyon, 177 d.C.[16]

> Vocês não sabem que são Eva? O veredicto de Deus sobre o sexo continua a ser bom, e a culpa do sexo precisa também continuar. Vocês são a porta de entrada do Diabo, vocês são a avenida que conduz à árvore proibida.
>
> Tertuliano de Cartago, alguns anos depois[17]

Sobre a afirmação de Tertuliano há um pormenor particularmente triste: ela está muito distante dos ensinamentos bíblicos. As Escrituras dizem, por exemplo, que "em Adão todos morrem" (1Coríntios 15.22) e que "Adão não foi enganado" (1Timóteo 2.14). Até os reformadores, como Martinho Lutero, tinham preconceito contra as mulheres. Chegou a dizer certa vez: "Não há maior defeito em uma mulher que o desejo de ser sábia".[18]

---

[16] Bushnell, **God's Word to Women**, parágrafo 88.

[17] Ibid.

[18] Ibid., parágrafo 619.

## Tradução da Bíblia

Katharine Bushnell acreditava que o pensamento talmúdico babilônico influenciou significativamente os tradutores da Bíblia inglesa. Veja como: o Talmude Babilônico existiu como instrução oral durante muitos séculos, mas foi escrito e publicado na Babilônia por volta de 800 d.C.[19]

Na década de 1530, um monge dominicano italiano chamado Pagnino traduziu a Bíblia hebraica com base na interpretação rabínica de algumas passagens principais a respeito das mulheres. A *Biographie Universelle* cita a seguinte crítica sobre seu trabalho, na linguagem de Richard Simon: "Pagnino tem negligenciado sobremaneira as antigas versões da Escritura para aderir aos ensinamentos dos rabis".[20]

A seguir, Bushnell mostra que as traduções posteriores da Bíblia para o inglês, como a de Coverdale e a de Tyndale, se basearam nas várias interpretações de Pagnino.

Uma excelente citação resume uma das filosofias da minha vida quando tentei estudar o assunto: "Interprete a Bíblia pelo que a Bíblia diz, não pelo que os homens dizem que ela diz".[21] Todos nós, inclusive eu, temos alguns preconceitos. O difícil é deixá-los de lado e o melhor é tentar ouvir o que o Senhor diz em sua Palavra.

## O impacto da reforma de Jesus nos tempos modernos

O estudo do impacto da reforma cultural de Jesus foi fascinante e, devo admitir, triste. Primeiro fiquei muito entusiasmada

---

[19] Ibid., ver diagrama após o parágrafo 128.

[20] Ibid., parágrafo 142.

[21] Ibid., parágrafo 20.

por estudar a história dos avivamentos quando o Espírito Santo estava tentando levar o conceito do "vinho novo" à Igreja; depois fiquei desanimada quando vi que as influências culturais inibiram o que o Espírito fazia.

Perto da chegada do século XX, houve um mover substancial de Deus a respeito da função da mulher na Igreja. Os grandes reformadores estavam ouvindo o Espírito Santo dizer que era hora de as mulheres darem um passo à frente.

Líderes como A. B. Simpson (que fundou a Christian and Missionary Alliance Church [Igreja da Aliança Cristã e Missionária]) deram às mulheres um lugar de destaque no ministério da igreja e encorajaram a liderança feminina em praticamente todas as fases do início da vida da CMA. Simpson incluiu mulheres na diretoria executiva, empregou-as como professoras da Bíblia e apoiou as evangelistas e chefes de filiais (no início a CMA era equivalente a um ministério local). A metade de todos os vice-presidentes da CMA em 1887 eram mulheres.[22]

A Igreja Evangélica Livre sustentava suas pregadoras em sua constituição original. Charles Finney permitiu que as mulheres falassem em sua igreja presbiteriana para um público misto. O dr. A. J. Gordon publicou seu principal tratado sobre as mulheres em 1894. O Gordon Bible College preparava as mulheres para responder a qualquer chamado do Espírito. Gordon pastoreou a Igreja Batista da Rua Clarendon em Boston nos últimos vinte e quatro anos de sua vida. Uma mulher graduada no Gordon Bible College, depois de ser ordenada em 1914, trabalhou como pastora-auxiliar na Igreja Congregacional de Stoughton. William Bell Riley pastoreou a Primeira Igreja Batista de Minneapolis,

---

22 Hassey, Janette. **No Time for Silence**. Grand Rapids: Academic Books, 1986. p. 16.

uma das maiores da Convenção Batista do Norte, por quarenta e cinco anos. Assim como Gordon, ele defendia as mulheres que pregavam, pastoreavam e realizavam obra evangelística.[23]

Tenho notado, ao estudar as muitas denominações, que quando elas ainda eram simplesmente "moveres de Deus" e o Espírito Santo estava derramando seu poder, ninguém parecia se importar com o fato de as mulheres estarem pregando. Mais tarde, quando as denominações passaram a ser rotineiras, institucionalizadas e estabelecidas em estrutura governamental, as mulheres foram destituídas pelo voto. (Eu gostaria de saber se o Espírito Santo também foi destituído.)

Um estudo do Moody Bible Institute mostra que, sob a supervisão de Dwight L. Moody, as mulheres trabalhavam como pastoras, evangelistas, professoras de Bíblia e ministras ordenadas. Em agosto de 1929, o *Moody Monthly* relacionou Lottie Osborn Sheidler como a primeira mulher graduada pelo curso de pastorado. No entanto, em 1º de agosto de 1979, a administração do Moody Bible Institute publicou a seguinte declaração sobre a função das mulheres no ministério público:

> Nossa política foi e é a de que não apoiamos ou encorajamos a ordenação de mulheres nem admitimos mulheres em nosso Principal Treinamento Pastoral. [...] Embora houvesse mulheres na igreja primitiva que exerciam dons espirituais, não lhes foram dadas posições de autoridade no governo da igreja.[24]

Os metodistas livres começaram a licenciar mulheres como pregadoras locais em 1873, e o fundador B. T. Roberts escreveu

[23] Ibid., p. 3.

[24] Ibid., p. 31.

em favor da ordenação de mulheres. A Igreja Metodista Wesleyana, fundada em 1842, promoveu igualdade para mulheres e para negros. O ministro wesleyano Luther Lee apresentou o sermão "O direito das mulheres de pregar o evangelho" em 1853, na ordenação da congregacionalista Antoinette L. Brown, a primeira mulher ordenada nos Estados Unidos.[25]

As igrejas batistas do norte e do sul tinham atitudes diferentes em relação aos ministérios femininos. No norte, as mulheres pregaram nas igrejas Batista Livre-Arbítrio, Batista do Sétimo Dia, Batista Sueca, Batista Alemã e Irmandade Batista Alemã. Quando a Igreja Irmandade Batista Alemã se dividiu em 1883, Mary Melinda Sterling foi a primeira mulher ordenada pela Igreja Irmandade. No sul, os batistas do sul restringiam intensamente as apresentações de mulheres em público, como cantar no coral e dar testemunho. Em visível contraste, as igrejas batistas americanas no norte ordenaram dezenas de mulheres na primeira quarta parte do século XX.[26]

Hoje, algumas igrejas batistas do sul ordenam mulheres. Uma das minhas parceiras de oração foi ordenada pastora. Pelo fato de serem autônomas com relação a tais decisões, algumas igrejas batistas do sul ordenam mulheres embora a prática não seja atualmente encorajada pela denominação.

Nos primeiros anos do último século, as mulheres trabalhavam em agências relacionadas a igrejas como a Young Women's Christian Association (YWCA) [Associação Cristã de Moças]. Outras denominações como os quacres, nazarenos e Exército de Salvação foram pioneiras em ordenar mulheres no ministério.

---

[25] Ibid., p. 53.

[26] Ibid., p. 61-62.

É irônico saber que, um século atrás, havia mais liberdade para as mulheres em algumas denominações do que vemos hoje. Por quê?

Parte da explicação pode ser uma reação conservadora contra a mudança de valores sociais.[27] Fundamentalistas separatistas como John R. Rice escreveram livros contra cabelo curto, esposas autoritárias e pregadoras, juntando todas essas coisas em um grupo sinistro.

Outro fator foi a ascensão do feminismo em seu estado mais militante e antimachista. Qualquer mulher que pregue, mesmo se for contra os erros do feminismo extremo, corre o risco de ser rotulada de "feminista radical". Na verdade, o primeiro movimento feminista nos Estados Unidos para dar às mulheres o direito de votar procedeu da inspiração pelo Espírito Santo para proteger o lar. Creio que hoje Deus está chamando muitas mulheres como pioneiras para orar e falar contra a injustiça, proteger seus lares de forma muito semelhante à que Frances Willard e outras feministas do passado fizeram.

O movimento pentecostal, que também começou por volta da virada do século XX, reconheceu a unção do Espírito Santo sobre a vida das mulheres. Na Missão da Rua Azuza, predominantemente negra, carisma (ou unção) era o que contava, não raça, gênero ou classe. As pessoas chamadas pelo Espírito Santo dirigiam as reuniões. A classe profética liderava o movimento, não a classe sacerdotal. Preste atenção ao que diz Frank Bartleman, uma testemunha ocular do avivamento:

> Não tínhamos nenhum papa ou hierarquia. [...] não tínhamos nenhum programa humano; o próprio Senhor nos conduzia.

---

[27] Ibid., p. 137.

> Não tínhamos aulas para pastores. [...] Essas coisas chegaram mais tarde, com a apostasia do movimento. Não honrávamos os homens por sua vantagem em posses ou formação, mas por seus "dons" concedidos por Deus. O Senhor estava propenso a romper [as barreiras] por meio de qualquer um. Finalmente alguns foram ungidos para a mensagem. Todos pareceram reconhecer isso e abriram o caminho. Podia ser uma criança, uma mulher ou um homem. Não fazia nenhuma diferença.[28]

Isso me faz lembrar das palavras do meu marido durante a entrevista que ele deu à revista *Charisma* sobre o motivo pelo qual ele acredita que fui chamada para pregar o evangelho. Ele disse que foi Deus quem ungiu e quem dá a unção. Sua resposta baseou-se no entendimento da função da classe profética a que Bartleman se referiu.

De acordo com um artigo no *Evangel*, o jornal do avivamento da rua Azuza, publicado em 1916:

> Uma característica marcante do derramamento destes "últimos dias" é o apostolado das mulheres. Os homens têm objetado hipocritamente que as mulheres fiquem visíveis na obra do púlpito, mas, graças a Deus, essa visibilidade é a do próprio Deus. Elas não se empurraram para ir à frente, Deus as empurrou para lá. Elas não assumiram esse ministério por si mesmas, Deus o colocou sobre elas.[29]

Se as igrejas pentecostal e carismática devem olhar para o derramamento da rua Azuza como um marco em sua história,

[28] Barfoot, Charles H.; Sheppard, Gerald T. Review of Religious Research Prophetic Versus Priestly Religion: The Changing Role of Women Clergy in Classical Pentecostal Churches. **Review of Religious Research**. p. 22, n. 1, Sep. 1980: 9.

[29] Ibid.

precisamos olhar com mais firmeza para o fato de que metade das pessoas que ocuparam o papel de líderes como presbíteras é composta de mulheres.

Infelizmente, após o grande derramamento inicial, houve uma batalha nos vinte e nove anos seguintes durante os quais as funções das mulheres na Igreja foram adicionadas e depois subtraídas. As mulheres não estavam sozinhas nessa condição. A barreira da cor da pele, que um dia havia sido declarada "banida" pelo avivamento da rua Azuza, voltou a manifestar-se. Parece bem claro para mim que, quando o espírito do preconceito tem permissão para levantar-se na igreja, as mulheres e as classes minoritárias são seu foco principal.

A mudança da função profética para a função sacerdotal no ministério prejudicou muitas líderes. Uma das mais destacadas foi Aimee Semple McPherson, que foi ordenada ministra da Assembleia de Deus por três anos. Aimee saiu da Assembleia para organizar a Igreja Internacional do Evangelho Quadrangular, em 1927, em parte por causa da falta de consenso a respeito das ministras do evangelho nas Assembleias de Deus. Ela declarou durante uma palestra em uma de suas aulas, provavelmente no fim da década de 1930:

Esta (a Igreja Quadrangular) é a única igreja, conforme fui informada, que está ordenando pregadoras. Pelo que sei, as Assembleias de Deus não estão ordenando mulheres. [...] A Quadrangular é a única que se esforça para reconhecer as pregadoras, bem como os pregadores. Até a Pentecostal diz, em alguns casos: "Não às pregadoras". Mas eu estou abrindo a porta e, enquanto a irmã McPherson viver, vai deixar a porta aberta e dizer: "Mulheres, venham!".[30]

[30] Ibid., p. 15.

Embora a posição oficial das Assembleias de Deus hoje seja favorável a mulheres no ministério, como já afirmei, o número de pastoras seniores continua a ser relativamente pequeno em comparação com os homens. A irmã McPherson, no entanto, sentiria orgulho de saber que a Quadrangular ainda é a número um na questão de ordenar ministras.

## Um exército se levantando

Hoje, o Espírito Santo deseja derramar seu Espírito como fez no século passado. O Espírito de Deus está declarando à Igreja que Deus quer que sejamos uma classe profética de pessoas que anseiam por um novo Pentecoste. Deus tem o grande desejo de derramar seu Espírito sobre seus filhos e filhas.

Há uma chama que arde no meu coração e que diz que não devemos deixar essa ocasião passar e que haverá um derramamento sobre toda a Igreja, sobre homens e mulheres. Esse derramamento nos conduzirá a um novo lugar em Deus, um lugar que ainda não conhecemos, onde os homens e as mulheres, todos juntos, fincarão seus pés no solo mantido por Satanás durante séculos, para pregar as boas-novas de que Jesus está vivo.

Em Salmos 68.11 temos uma mensagem profética para o grande exército de mulheres que está se levantando na terra: "O Senhor deu a palavra [de poder], grande é a falange [o exército] das mensageiras das boas-novas" (*Almeida Revista e Atualizada*). De acordo com correspondência pessoal com o dr. Gary Greig, essa passagem e também Isaías 40.9,10 referem-se a Deus estar levantando um exército de mulheres evangelistas nos últimos dias, uma vez que as duas passagens mencionam o Senhor aparecendo em glória para julgar a terra e restaurar seu povo na terra de Israel. As formas verbais das duas passagens estão no feminino, não na forma comum masculina.

Greig prossegue dizendo o seguinte a respeito de Isaías 40.9,10:

> A tradução literal com as formas verbais femininas nos capítulos é [...] (9) Num alto monte SUBA (forma feminina singular do imperativo do verbo "subir") AQUELA QUE PROCLAMA AS BOAS-NOVAS (a) Sião (literalmente, "mulher evangelista de Sião" usando o feminino singular do particípio que significa "aquela que proclama as boas-novas" ou "evangelista" ou "mensageira", derivadas do verbo "anunciar as boas-novas, proclamar as boas-novas, ser mensageira das boas-novas") DIGA (imperativo feminino singular) às cidades de Judá: "Aqui está o seu Deus!"
>
> Veja, o Senhor Iavé está vindo e seu braço forte (uma referência de Êxodo para o poder de Deus operando sinais e maravilhas) governa por ele. Veja, a recompensa do Senhor com ele está e seu galardão vai adiante dele.

Que declaração poderosa do fim dos tempos! O mais incrível é que essas passagens sobre o Espírito levantando mulheres evangelistas estiveram ali o tempo todo, talvez escondidas até este dia e esta hora em que Deus está chamando as mulheres para se apresentarem, pregarem e profetizarem sobre as cidades: *Cidades, contemplem o seu Deus!*. Isaías 40.10 menciona Deus operando sinais e maravilhas no fim dos tempos por intermédio desse grupo de mulheres.

Deus está falando aos profetas do mundo inteiro que um exército de mulheres está vindo, mulheres que serão evangelistas em suas cidades e que realizarão poderosos sinais e maravilhas.

Os Evangelhos terminam com uma das mais belas e impactantes histórias contadas sobre uma mulher (v. João 20.1,2,11-18):

Ela era uma mulher que foi ao sepulcro para fazer o que as mulheres faziam pelos mortos... ungi-los para o sepultamento. Naquele dia, Maria Madalena dirigiu-se ao lugar onde haviam colocado o corpo de seu Mestre. No entanto, para sua surpresa, ele não estava lá.

De repente, alguém a chama pelo nome. Era Jesus. As Escrituras contam que Jesus parou em seu caminho para o céu a fim de consolar Maria e dizer-lhe que ele estava (está) vivo. Você já imaginou por que Jesus escolheu Maria Madalena? Creio que foi porque os homens poderiam ter voltado às suas respeitáveis profissões, mas ela, uma fiel seguidora de Jesus, não tinha motivo nenhum para voltar. Jesus era o único caminho para ela.

Jesus sabia disso e, em seu imenso amor, parou só para ela — a mulher que tinha menos valor aos olhos de toda a sociedade —, a fim de dar-lhe uma mensagem... *Vá e diga a eles que estou vivo!*

Que palavras impactantes dos primeiros frutos! Jesus confiou a uma mulher a missão de pregar o evangelho de sua ressurreição, e o registro está nas Escrituras. Certamente esse é um selo pioneiro e inovador de aprovação do Espírito Santo à função das mulheres na Igreja de hoje!

Creio que esta é a mensagem que Deus está enviando a nós mulheres — "Levantem-se e falem de mim e da minha ressurreição ao mundo". Ele está também enviando essa mensagem aos homens e mulheres, para que trabalhem em conjunto. Talvez você se sinta despreparada, a última que Jesus escolheria para proclamar sua Palavra — mas, veja, ele não é igual a todos os outros. Não vê as aparências como os outros veem. Quer apenas que você dobre os joelhos diante do Rei da Glória e se entregue totalmente, e ele lhe dará tudo de si mesmo. O Senhor está procurando uma nova geração de mulheres que se levantem e sejam adoradoras fiéis de Deus, que lhe dediquem 100% de sua vida.

Então você poderá correr pelas ruas, pela vizinhança, pelos supermercados e proclamar de todo o coração: *Venham conhecer um homem que me disse tudo o que fiz e ainda me ama*. Vá! Vá em frente! Homem, mulher ou criança. Ele está chamando todos hoje. Vá e diga-lhes que ele está vivo!

# Posfácio

Um posfácio é um bom lugar para meditação. Enquanto escrevia sobre o assunto de mulheres se levantando e sendo usadas por Deus dentro e fora da Igreja, estudei a função que nós mulheres ocupamos na sociedade. Evidentemente, deve haver livros e mais livros escritos sobre esse assunto.

Um detalhe que notei foi um enorme progresso em alguns movimentos para que as mulheres ocupem uma ampla variedade de funções. Esses movimentos estudaram a questão das mulheres no ministério e a solucionaram teologicamente. Exemplo: lugares como a Bethel Church liderados por Bill e Beni Johnson. Com isso, muitas mulheres se levantaram para assumir a função de líderes, não apenas pregando e ensinando, mas também na mídia, nas artes, no entretenimento, nos negócios, na escrita e em muitas outras funções.

Sou grata a elas e a outros líderes como o dr. Ché e Sue Ahn, de Harvest International Ministries (HIM). Outros como John e Carol Arnott têm feito enorme progresso nessa área.

No entanto, ainda há lacunas gigantescas e lugares onde a luta continua enorme. Nos últimos dois anos, fui desconvidada para uma reunião de oração de líderes e, em outro lugar, fui retirada quando mencionei mulheres no ministério.

Na minha opinião, essas ocasiões diminuirão pouco a pouco. Há ainda várias denominações que não permitem que as mulheres ocupem o púlpito e preguem. Mas alguém disse: "O trem partiu da estação!". As mulheres estão ardendo de paixão para trazer justiça e integridade à terra, e ninguém nos impedirá.

As mulheres estão se manifestando em voz audível sobre o abuso sexual que sofreram e sendo ouvidas em lugares que antes faziam parte apenas do mundo dos homens, embora algumas ainda sejam perseguidas.

Oro para que um dia homens e mulheres leiam o que escrevi no parágrafo anterior e pensem em voz alta: "Como essas coisas aconteceram?". Costumo dizer às minhas irmãs no Senhor: "Algumas de nós pagamos um alto preço para que você pudesse estar onde está hoje. Não o desperdice!". Haverá sempre injustiças e batalhas para lutar a fim de ver a vontade de Deus ser cumprida na terra. Seja uma voz! Não se cale diante da oposição. Deus lhe dará coragem para dizer "sim" na batalha, mesmo que sua carne esteja com medo. Acima de tudo, *levante-se* e ocupe o seu lugar para levar as boas-novas do Reino de Deus; seja como Jesus, não se envergonhe do evangelho e nunca, nunca, nunca desista!

APÊNDICE A

# Gênero e liderança

Incluo o seguinte artigo neste livro por vários motivos:

1. A. J. Gordon foi um poderoso pastor batista, com a mente voltada para missões. No início da década de 1880 e na década de 1890 defendeu a inclusão das mulheres no ministério. Hoje, algumas pessoas pensam erroneamente que qualquer defensor de mulheres no ministério é fortemente influenciado pelo movimento de libertação das mulheres e, por conseguinte, desqualificado para falar sem preconceitos sobre o assunto.
2. O dr. Gordon apoiou com veemência o princípio de interpretar passagens confusas à luz das passagens claras, não o inverso. Ele usou as passagens que, em sua mente (e na minha), eram normativas para estabelecer os padrões.
3. Este artigo mostra a dificuldade da interpretação das passagens. Exegetas piedosos continuam a debater-se com essas passagens. Entendo, portanto, é que não é sábio extrair uma doutrina principal de uma passagem

que causa muitas divergências entre um grande número de exegetas eruditos.

4. O dr. Gordon demonstra um espírito de sabedoria e graça ao examinar as questões.
5. Ele mostra como os preconceitos dos homens influenciaram de fato a tradução das Escrituras, que, por sua vez, influenciaram opiniões.
6. A. J. Gordon foi meu mentor histórico durante dois anos e causou um grande impacto na minha vida. Eu o homenageio ao lembrar-me dele dessa maneira.

A menos que seja indicado o contrário, todas as passagens bíblicas deste artigo foram extraídas da *Nova Versão Internacional*.

## O ministério das mulheres

*Escrito pelo dr. A. J. Gordon, dezembro de 1894*

A ocasião para escrever o seguinte artigo é esta: em uma recente convenção de verão, uma jovem missionária foi designada para fazer um relato de seu trabalho em uma das sessões públicas. No entanto, os escrúpulos de alguns dos delegados contrários à ideia de uma mulher dirigir-se a um grupo misto foram tão fortes que ela foi retirada do programa, e posteriormente a participação pública na conferência restringiu-se ao círculo composto de homens.

A consideração conscienciosa assim demonstrada pela suposta determinação de Paulo de que deve haver silêncio na igreja por parte das mulheres merece nosso mais alto respeito. Mas, com um considerável conhecimento da natureza e extensão do trabalho da mulher no campo missionário, o escritor acredita há muito tempo ser extremamente importante que o trabalho, como realizado agora, seja justificado pela Escritura ou, se não for possível, seja então modificado para harmonizar-se com as exatas exigências da Palavra de Deus. Pois, embora seja verdade que muitos cristãos acreditam que as mulheres são proibidas de pregar o evangelho publicamente, em casa ou fora de casa, também é verdade que dezenas de missionárias estão fazendo isso atualmente. Elas estão proclamando as boas-novas da salvação aos pagãos e pagãs publicamente e de casa em casa, a pequenos grupos reunidos à beira da estrada ou a grupos maiores reunidos em abrigos. Não se afirma que a maioria das missionárias está engajada nesse tipo de trabalho, mas que dezenas o estão realizando com a aprovação das diretorias às quais estão subordinadas. Se alguém levantar a objeção técnica de que, em razão de seu caráter informal e coloquial, isso não é pregação, estamos prontos a afirmar que se aproxima muito mais da pregação recomendada na grande comissão do que fazer a leitura de um estudo teológico no púlpito na manhã de domingo, ou discutir uma questão ética ou sociológica diante de uma plateia comum nas noites de domingo.

O propósito, porém, deste artigo não é condenar o ministério missionário das mulheres descritas ou de sugerir sua modificação, mas, ao contrário, justificar e defender tanto sua correção quanto sua autoridade por meio de um exame crítico da Escritura sobre o assunto em pauta.

Para se obter um entendimento correto deste assunto, é necessário lembrar que estamos vivendo na dispensação do Espírito — uma dispensação que difere radicalmente da dispensação da lei que a precedeu. Assim como o dia de Pentecoste introduziu essa nova regra, a profecia de Joel, que Pedro narrou naquele dia, delineou seus aspectos característicos. Reflitamos brevemente nessa profecia:

> "Nos últimos dias, diz Deus,
> derramarei do meu Espírito
> sobre todos os povos.
> Os seus filhos e as suas filhas profetizarão,
> os jovens terão visões,
> os velhos terão sonhos.
> Sobre os meus servos
> e as minhas servas
> derramarei do meu Espírito naqueles dias,
> e eles profetizarão.
> Mostrarei maravilhas
> em cima, no céu,
> e sinais em baixo, na terra:
> sangue, fogo
> e nuvens de fumaça.
> O sol se tornará em trevas
> e a lua em sangue,
> antes que venha o grande
> e glorioso dia do Senhor.
> E todo aquele que invocar
> o nome do Senhor
> será salvo!" (Atos 2.17-21).

Deve ser observado que quatro classes são citadas aqui como tendo privilégios iguais incluídos no derramamento do Espírito:

1. *Judeus e gentios*: "Todos os povos" parece ser equivalente a "cada um que" ou "todo aquele que", citado no v. 21. Paulo expõe esta expressão referindo-se a judeus e gentios (v. Romanos 10.12,13): "Não há diferença entre *judeus e gentios* [...] porque 'todo aquele que invocar o nome do Senhor será salvo' ".
2. *Homem e mulher*: "Os seus filhos e as suas filhas profetizarão".
3. *Jovens e velhos*: "Os jovens terão visões, os velhos terão sonhos".
4. *Servos e servas* (*cf.* R. W. margem): "Sobre os meus *servos* e as minhas *servas* derramarei do meu Espírito naqueles dias, e eles profetizarão".

Ora, é claro que essas várias classes não são mencionadas sem uma intenção e significado definidos, porque Paulo, ao referir-se ao grande batismo por meio do qual a Igreja da nova aliança foi introduzida, diz: "Pois em um só corpo todos nós fomos batizados em um único Espírito: *quer judeus, quer gregos, quer escravos, quer livres*" (1Coríntios 12.13). Aqui ele enumera duas classes citadas na profecia de Joel; e em outra passagem menciona três: "Pois os que em Cristo foram batizados, de Cristo se revestiram. Não há *judeu nem grego, escravo nem livre, homem nem mulher*; pois todos são um em Cristo Jesus" (Gálatas 3.27,28).

Ouvimos com frequência a expressão "nem homem nem mulher", citada como se fosse uma linguagem retórica, mas insistimos em que a inferência é justa, que, se os gentios passaram a ter privilégios muito maiores sob a graça que sob a lei, as mulheres também o tiveram; pois ambos são mencionados na mesma categoria.

Aqui, então, temos o nosso ponto de partida para a discussão. Essa profecia de Joel, transmitida no Pentecoste, é a *Carta Magna* da Igreja cristã. Confere à mulher uma condição no Espírito até aqui desconhecida. E, tal qual na legislação civil, nenhuma lei incompatível com a constituição pode ser promulgada, portanto não esperamos encontrar na Escritura nenhum texto que negue à mulher seus direitos divinamente determinados na nova dispensação.

*"Os seus filhos e as suas filhas profetizarão."* Aqui está a autorização à mulher igual à do homem para falar do evangelho da graça de Deus. Ou, assim parece finalmente, porque a palavra "profetizar" no Novo Testamento "não significa meramente prever eventos, mas comunicar a verdade religiosa em geral sob a divina inspiração" (cf. comentário de Hackett sobre "Atos", p. 49) e, dali em diante, o espírito de profecia não deveria repousar sobre poucos favorecidos, mas sobre muitos, sem distinção de raça, idade ou sexo. Todas as informações que conseguimos coletar sobre o uso dessa palavra do Novo Testamento levam-nos a crer que ela abrange o testemunho fiel de Cristo e a proclamação fervorosa do evangelho sob o impulso do Espírito Santo, encontrados na igreja primitiva e encontrados também de modo tão verdadeiro entre os fiéis da atualidade.

Alguns, de fato, prevendo até onde tal aceitação poderia levar, insistem em limitar a palavra "profetizar" a seu significado mais elevado — aquele da predição inspirada ou da revelação milagrosa — e afirmam, então, que a era dos milagres acabou, portanto a profecia de Joel não pode ser citada como autorização para as mulheres darem um testemunho de Cristo em público hoje.

Esse método de raciocínio tem sido repetidamente usado em exigências semelhantes de interpretação, mas não provou ser satisfatório. Quando William Carey pôs o dedo nas palavras: "Vão pelo mundo todo e preguem o evangelho a todas as pessoas",[1] e perguntou se essa ordem não continuava vinculada à Igreja, um irmão respondeu: "Não! A grande comissão foi acompanhada pelo milagroso dom de línguas; esse milagre cessou na Igreja, portanto não podemos esperar ter êxito em tal iniciativa a menos que Deus envie outro Pentecoste". Carey, porém, sustentou que ainda era possível depender do poder do Espírito, como no começo, para levar adiante a Grande Comissão; e um século de missões tem defendido a exatidão desse julgamento. Quando, depois de poucos anos, alguns cristãos ponderados perguntaram se a promessa "a oração com fé curará o doente"[2] não continuava em vigor, os teólogos responderam: "Não; essa promessa refere-se à cura milagrosa; e a era dos milagres terminou com os apóstolos". E agora dizem que "profetizar" também pertence à mesma lista dos dons de milagre que desapareceram com os apóstolos. Certamente cabe aos que defendem esse ponto de vista apresentar alguma evidência de sua correção na Escritura, o que, após repetidos desafios, eles falharam em fazer, e devem deixá-lo de fazer. A nossa maior objeção à teoria é esta: ela deixa de dar o devido reconhecimento da presença perpétua do Espírito Santo na Igreja — uma presença que implica a igualdade perpétua de seus dons e capacitações.

Se, no entanto, voltarmos à história da igreja primitiva, encontraremos a prática correspondente à profecia. No exemplo da casa de Filipe, lemos: "Ele tinha quatro filhas virgens,

1 Marcos 16.15.

2 Tiago 5.15a.

que profetizavam" (Atos 21.9); e, em conexão com a igreja em Corinto, lemos: "E toda mulher que ora ou profetiza com a cabeça descoberta[...]" (1Coríntios 11.5a). Consideraremos essa passagem mais adiante, apenas nos alegrando porque a palavra "orar", assim como sua companheira "profetizar", ainda não se deteve exclusivamente à era apostólica.

Depois de tocar brevemente no lado positivo desse assunto, vamos considerar agora a pretensa proibição da participação das mulheres em reuniões públicas da Igreja, encontrada nos textos de Paulo.

Examinaremos em primeiro lugar o texto crucial registrado em 1Timóteo 2.8-12:

> (8) Quero, pois, que os homens orem em todo lugar, levantando mãos santas, sem ira e sem discussões. (9) Da mesma forma, quero que as mulheres se vistam modestamente, com decência e discrição, não se adornando com tranças e com ouro, nem com pérolas ou com roupas caras, (10) mas com boas obras, como convém a mulheres que declaram adorar a Deus. (11) A mulher deve aprender em silêncio, com toda sujeição. (12) Não permito que a mulher ensine, nem que tenha autoridade sobre o homem. Esteja, porém, em silêncio.

Essa passagem tem sido, em geral, considerada como talvez a mais forte e a mais decisiva para o silêncio das mulheres na igreja. Seria muito surpreendente, portanto, se fosse demonstrado que ela realmente contém uma exortação à participação ordeira e decorosa da mulher na oração em público. No entanto, essa é a conclusão de alguns dos melhores exegetas.

Por consentimento geral, a força de *boulomai*, "quero", é transferida do v. 8 para o 9: "*Quero que as mulheres*" (cf. Alford).

E o que o apóstolo quer que as mulheres façam? As palavras "*da mesma forma*" fornecem uma alusão sugestiva a uma resposta e um empecilho sugestivo a outra resposta comum. Significaria que os homens deviam orar em todos os lugares, e as mulheres, "*da mesma forma*", deviam permanecer em silêncio? Mas em que ponto haveria semelhança de conduta nos dois casos? Ou a semelhança pretendida está entre os homens 'levantando mãos santas" e as mulheres vestidas modestamente? Tão improvável é uma dessas conclusões da linguagem do apóstolo que Alford admite: "Crisóstomo e a maioria dos comentaristas incluem *proseuchesthai*, 'orar', a fim de completar o sentido". Se eles estão certos na construção da passagem — e acreditamos que *hosautos*, "da mesma forma", os leva nessa direção —, o significado é inquestionável: "Quero que os homens orem em todo lugar, levantando mãos santas etc. Da mesma forma, quero que as mulheres orem vestidas modestamente etc."

Em uma das partes mais incisivas e mais claramente fundamentadas da exegese, e com as quais estamos familiarizados, Wiesinger, o ilustre comentarista, assim interpreta a passagem e, segundo nos parece, justifica claramente suas conclusões. Não temos espaço para transferir seus argumentos para estas páginas, mas podemos apresentar, em poucas palavras, um resumo deles, em grande parte nas próprias palavras do comentarista. Ele diz:

1. Nas palavras "em todo lugar" deve-se observar principalmente que se trata de uma oração em público e não de uma oração secreta.
2. A [palavra] *proseuchestai*, "orem", deve ser incluída no versículo 9 e ser conectada a "*se vistam modestamente*";

portanto, essa ordem especial quanto à conduta das mulheres na oração corresponde à ordem transmitida aos homens nas palavras "*levantando mãos santas*". Esse versículo, então, desde o começo, refere-se à oração; e o que se diz a respeito das mulheres nos versículos 9 e 10 *deve ser entendido como referindo-se principalmente à oração em público.*

3. A transição no versículo 11 de *gunaikas* para *gune* mostra que agora o apóstolo passa para algo novo — isto é, para a relação da mulher casada com o marido. Ela deve permanecer em silêncio em vez de chamar a atenção para si quando aparece em público; aprender em vez de ensinar; ser submissa em vez de ter autoridade.

Resumindo, o nosso comentarista não encontra nenhuma evidência nessa passagem de que as mulheres são proibidas de orar nas reuniões públicas da igreja; ao raciocinar desde o versículo 12 até os anteriores, ele considera que elas podem ter sido proibidas de ensinar em público. Examinaremos mais adiante essa última questão.

A interpretação que acaba de ser apresentada tem uma forte pressuposição em seu favor, a partir da semelhança da passagem com outra que passaremos a examinar:

> Todo homem que ora ou profetiza com a cabeça coberta desonra a sua cabeça; e toda mulher que ora ou profetiza com a cabeça descoberta desonra a sua cabeça [...] (1Coríntios 11.4,5).

Por consenso, a referência aqui é para o culto público; e a maneira decorosa de participar dele é indicada primeiro para o homem e depois para a mulher. "E toda mulher que ora e profetiza."

O comentário conciso de Bengel, "Portanto, as mulheres não foram excluídas desses deveres" é natural e sensato. Por outro lado, é realmente incrível que o apóstolo se tenha dado ao trabalho de podar um costume que ele desejava arrancar, ou que tenha gastado tempo condenando um *método* proibido de fazer uma coisa proibida. Essa passagem é surpreendentemente semelhante à que acabamos de examinar, porque, se a ordem correta do modo de fazer foi prescrita, primeiro para o homem, depois para a mulher, é impossível concluir que a coisa a ser feita é ordenada apenas a uma das partes e proibida para a outra. Se "da mesma forma" provou ser uma barreira para os comentaristas contra a descoberta de uma injeção para o silêncio das mulheres em 1Timóteo 3.9, a maneira diferente indicada nessa passagem não é menos difícil de ser sobrepujada por aqueles que sustentam que as mulheres são proibidas de participar de cultos públicos. Se a primeira passagem foi mostrada para aprovar a oração da mulher em público, esta outra indica, com a mesma firmeza, o hábito de ambos de orar e profetizar em público.

Passaremos agora para a última passagem remanescente que tem sido recomendada como decisiva para o silêncio das mulheres, ou seja, 1Coríntios 14.34,35:

> Permaneçam as mulheres em silêncio nas igrejas, pois não lhes é permitido falar; antes permaneçam em submissão, como diz a Lei. Se quiserem aprender alguma coisa, que perguntem a seus maridos em casa; pois é vergonhoso uma mulher falar na igreja.

Aqui, mais uma vez, a conduta das mulheres na igreja deve ser estudada com base na conduta dos homens, se quisermos entender corretamente o ensino do apóstolo. Vamos observar, portanto, que a injeção do silêncio é apresentada três vezes neste capítulo pelo uso da mesma palavra grega, *sigao*, duas vezes em relação aos homens e uma em relação às mulheres, e que em cada caso o silêncio ordenado é condicional, não absoluto.

"*Fique calado na igreja*" (v. 28) refere-se a alguém que esteja falando em línguas, mas com a condição "se não houver intérprete". "*Cale-se o primeiro*" (v. 30) refere-se aos profetas, "falando dois, no máximo três", mas com a condição de que venha "uma revelação a alguém que está sentado".

"*Permaneçam as mulheres em silêncio nas igrejas*" é mencionado de novo, mas evidentemente com a condição de que não interrompam o culto com perguntas, uma vez que se acrescenta ao texto: "pois não lhes é permitido falar [...]. Se quiserem aprender alguma coisa, que perguntem a seus maridos em casa". Esta última cláusula elimina claramente todas as exigências referentes a orar e profetizar, e mostra — o que o capítulo inteiro indica — que aqui o apóstolo está lidando com as várias formas de desordem e confusão na igreja; não que ele está reprimindo a prática correta de dons espirituais, tanto da parte dos homens quanto das mulheres. Se o apóstolo estivesse proibindo as mulheres de orar e profetizar em público, como alguns argumentam, o que poderia ser mais irrelevante ou mais sem sentido do que a orientação referente ao caso: "Se quiserem aprender alguma coisa, que perguntem a seus maridos em casa"?

Em suma, podemos insistir razoavelmente em que esse texto, bem como os outros já discutidos, sejam considerados à luz de todos os ensinos do Novo Testamento — o ensino da profecia, o ensino da prática e o ensino da história contemporânea —, se quisermos encontrar o verdadeiro significado.

O dr. Jacob, em sua obra admirável "A política eclesiástica do Novo Testamento", ao considerar a questão a respeito desse método amplo, resume, de forma franca e, assim me parece, de forma justa, a questão inteira: "Uma adequada consideração a esse ministério de dons no alvorecer do cristianismo — naqueles tempos de liberdade espiritual sublime e santificada — mostra e justifica o costume da ministração pública da mulher naquela época da Igreja. Se o reconhecimento da posse de algum dom constitui a própria base e o título desse ministério, e sendo tais dons concedidos às mulheres, bem como aos homens, tanto eles quanto elas tinham permissão para usá-los nas reuniões cristãs. *Isso me parece bastante evidente nas palavras de Paulo em 1Coríntios 11.5, onde ele condena com veemência a prática da mulher de orar ou profetizar com a cabeça descoberta, sem expressar a menor objeção a essa ministração pública da parte dela, mas apenas recriminando o que se considerava uma vestimenta inadequada para as mulheres envolvidas nesse ministério público.* A ordem contida na mesma epístola (14.34): 'permaneçam as mulheres em silêncio' etc. não se refere, como o contexto mostra, ao fato de profetizar ou orar nas congregações, mas ao fato de não fazer comentários nem perguntas sobre as palavras dos outros".

No geral, podemos concluir sem uma confiança exagerada que não há nenhuma passagem na Escritura que proíba as mulheres de orar ou de profetizar em reuniões públicas da Igreja; que, ao contrário, elas parecem ser exortadas ao primeiro exercício pela palavra do apóstolo (v. 1Timóteo 2.9), ao passo que, para profetizar, elas têm o mandado triplo de predição inspirada

(v. Atos 2.17), de prática primitiva (cf. 21.9) e de provisão apostólica (v. 1Coríntios 11.4).[3]

Quanto à questão de ensinar, surge um problema difícil de ser resolvido. Se o apóstolo, em suas palavras a Timóteo, proíbe totalmente a mulher de ensinar e expor a verdade espiritual, então a atitude extraordinária de uma mulher agindo dessa mesma maneira nos vem imediatamente à memória (v. Atos 18.26) — talvez um exemplo de ensino privado, mas apoiado e tornado manifesto ao público ao ser incluído no Novo Testamento.

Em vista desse exemplo, alguns sustentam que a declaração em 1Timóteo 2.9, com o parágrafo inteiro à qual ela pertence, refere-se às relações domésticas da mulher casada, não a suas relações em público; à sua submissão ao ensino do marido e contra a dominação dogmática dela sobre ele. Essa é a opinião de Canon Garratt em suas excelentes observações sobre o "Ministério das Mulheres". Admitindo, porém, que a proibição se refere a ensinar em público, o que isso pode significar? Ensinar e governar são as funções especiais do presbítero. O mestre e o pastor, designados para exercer seus dons na Igreja (v. Efésios 4.11) são a mesma coisa, segundo Alford; e o pastor é, em geral, considerado idêntico ao bispo. Não há nenhum exemplo no Novo Testamento de uma mulher liderando uma igreja como bispa

---

[3] A nota a seguir, que transcrevemos do Comentário de Meyer, parece ser um *résumé* justo e bem equilibrado do caso: "Essa passagem (1Timóteo 2.8-11) não proíbe distintamente as mulheres de *proseuchesthai* (orar); apenas as proíbe distintamente de *didaskein* (ensinar). Há a mesma contradição aparente entre 1Coríntios 14.34,35 e 1Coríntios 11.5,13. Embora, na passagem anterior, *lalein* (falar) seja proibido às mulheres, e na última *proseuchesthai* (orar) e até *propheteuein* sejam presumivelmente coisas feitas por mulheres, o apóstolo não as proíbe. A solução é que Paulo deseja que tudo na Igreja seja feito com decência e ordem, ao passo que, por outro lado, ele se deixa conduzir pelo princípio: "Não apaguem o Espírito".

ou mestra. A falta desse exemplo nos leva a nos abster de ordenar uma mulher como pastora de uma congregação cristã. Mas, se o Senhor fixou essa limitação, acreditamos que isso tenha fundamento, não na posição menos favorecida da mulher nos privilégios da graça, mas nos impedimentos que existem por natureza para tal serviço.

Contra a conclusão que chegamos com referência à posição das mulheres pode ser dito que a leitura simples e direta do Novo Testamento traz uma impressão diferente à mente. Pode ser, sim, por dois motivos: primeiro, por causa do preconceito tradicional; e segundo, por causa da tradução insatisfatória. A respeito do último ponto, parece que os tradutores de nossa versão comum trabalharam, em cada ponto no qual esse assunto ocorre, sob a sombra do imperativo de Paulo: "Permaneçam as mulheres em silêncio nas igrejas".

Vamos extrair duas ilustrações dos nomes encontrados na constelação de mulheres cristãs mencionadas em Romanos 16:

"Recomendo-vos Febe, nossa irmã, que é serva da igreja que está em Cencreia" (*Bíblia King James Fiel*). De acordo com a *Bíblia King James Fiel*, é o que Paulo escreve. Mas a mesma palavra *diakonos*, aqui traduzida por "serva", é interpretada como "ministro" quando aplicada a Paulo e Apolo (v. 1Coríntios 3.5) e "diácono" quando usada para designar outros oficiais do sexo masculino na Igreja (v. 1Timóteo 3.10,12,13). Por que discriminar Febe simplesmente por ela ser mulher? A palavra "serva" está correta para o uso geral e não oficial do vocábulo, como em Mateus 22.11; mas, se Febe era realmente funcionária da igreja, como temos o direito de concluir, que receba a honra que lhe pertence. Se "Febe, ministra da igreja que está em Cencreia", soa uma expressão muito audaciosa, vamos deixar que a palavra seja transliterada e se leia: "Febe, diaconisa" — ou diácono, sem a insípida terminação "isa" ou "a", que não é necessária da mesma forma que não definimos o feminino de "professor" e "doutor".[4] Essa correção para "diaconisa" invadiu timidamente a margem da *Versão Revisada*, acrescentando um leve preconceito pela associação que esse nome tem com as irmãs e as ordens da Alta Igreja. É maravilhoso entender quantas coisas existem em um nome! "Febe, *serva*" pode sugerir a um leitor comum apenas o trabalho enfadonho realizado pela Igreja moderna, que prepara sanduíches e café para reuniões eclesiásticas. Para Canon Garratt, com sua visão genial e iluminada da posição da mulher nos tempos apostólicos, "Febe, diaconisa" sugere uma útil colaboradora de Paulo, "que viajava para realizar a obra missionária e outras obras de amor".

Lemos mais uma vez no mesmo capítulo de Romanos: "*Saúdem Priscila e Áquila, meus colaboradores em Cristo Jesus*" [v. 3]. Observem a ordem aqui; o nome da mulher vem em primeiro lugar, como em outras passagens (v. Atos 18.18; 2Timóteo 4.19). Quando, porém, voltamos à mesma passagem sugestiva em Atos 18.26, encontramos a ordem invertida, e o nome do homem vem primeiro: "E, ao ouvi-lo, Áquila e Priscila o levaram consigo e explicaram-lhe o caminho de Deus com mais exatidão" [tradução livre]. No entanto, essa inversão é considerada errada, de acordo com os melhores manuscritos. Evidentemente, para algum copista ou crítico, algumas alarmantes perguntas surgiram: "Não foi Paulo quem disse: 'Não permito que a mulher ensine, nem que tenha autoridade sobre o homem'?. Mas aqui há

4 No inglês "teacher" (professor) e "doctor" (médico) são substantivos comuns de dois gêneros. [N. do T.]

uma mulher assumindo a posição de líder como professora teológica de Apolo, um ilustre ministro do evangelho, e exercendo sua autoridade como se estivesse lhe dizendo que ele não está completamente qualificado para seu trabalho! Isso nunca vai acontecer; se a mulher não conseguir ficar em silêncio, ela deve ser pelo menos deixada de lado em segundo plano". E, assim, a ordem foi mudada, e o nome do homem foi citado em primeiro lugar para várias gerações de leitores. A *Versão Revisada* corrigiu o erro, e agora o nome da mulher aparece em primeiro lugar.

No entanto, quão natural é essa história e como se adapta perfeitamente à continuação da história cristã! Podemos imaginar imediatamente que, depois de ouvir aquele orador de Alexandria, Priscila dissesse ao marido: "Sim, ele é eloquente e tem grande conhecimento das Escrituras; mas você não vê que lhe falta o segredo do poder?". E, assim, eles o levaram e o instruíram a respeito do batismo do Espírito Santo; portanto, aquele que antes tinha grande conhecimento das Escrituras, passou a "refuta[r] vigorosamente os judeus". Essa cena tem sido reproduzida com frequência; por exemplo, no caso de Catarina de Siena que instruiu os sacerdotes corruptos de sua época a respeito das coisas do Espírito até o ponto de exclamarem maravilhados: "Nunca homem algum falou como esta mulher; no caso de Madame Guyon, que, com seus ensinamentos, transformou a vida de dezenas de homens de sua época que eram pregadores talentosos, mas não tinham espiritualidade; no caso da mulher humilde a respeito da qual o evangelista Moody conta que, ao ouvir seus primeiros sermões, advertiu-o de sua necessidade do segredo do poder e, depois de ensinar-lhe sobre o assunto, transferiu a ele uma responsabilidade indescritível. É evidente que o Espírito Santo fez de Priscila a mestra das mestras, e que seu magistério teológico tenha produzido muitos mestres ilustres ao longo da era cristã.

Continuando a acompanhar a lista das trabalhadoras mencionadas em Romanos 16, lemos: "Saúdem Trifena e Trifosa, mulheres que trabalham arduamente no Senhor. Saúdem a amada Pérside, outra que trabalhou arduamente no Senhor" (v. 12). Qual foi o trabalho *no Senhor* que essas mulheres ilustres realizaram? Vamos incluir outra citação: "Ajude essas mulheres que *trabalharam comigo no evangelho*" (Filipenses 4.3, tradução livre). Será que elas "trabalharam no evangelho" com a restrição de que não poderiam pregar o evangelho? "Trabalharam no Senhor" sob o jugo sagrado de não dar testemunho público do Senhor? "Ah! mas existe uma ordem de Paulo a Timóteo: 'A mulher deve aprender em silêncio' ", diz o queixoso. Não! Não existe. Reclamamos mais uma vez aqui de uma tradução injusta. A *Versão Revisada* diz: "A mulher deve aprender *com tranquilidade* (*hesuchia*)" [tradução livre], uma admoestação não totalmente incoerente com a oração e o testemunho corretos na reunião cristã. Quando os *homens* são admoestados, os tradutores da *King James* dão a interpretação correta à mesma palavra: "Que trabalhem *com sossego* e comam o seu próprio pão" ([2]Tessalonicenses 3.12) [tradução livre], uma determinação para que nenhum leitor deduzisse que o texto significava que eles deveriam se abster de falar enquanto trabalhavam e enquanto comiam.

Considerando que uma mulher foi mencionada entre os diáconos nesse capítulo [Romanos 16], é mais que provável que outra seja mencionada entre os apóstolos. "Saúdem Andrônico e

Júnias, meus parentes que estiveram na prisão comigo. São notáveis entre os apóstolos [...]" (v. 7). Júnias é um nome feminino? Essa ideia tem sido comumente aceita. Mas a expressão *en tois apostolois*, à qual o nome está ligado, tem levado alguns a concluir que Júnias é nome de homem. Isso não é impossível. No entanto, Crisóstomo, que, como pai dos gregos deve ser considerado uma grande autoridade, faz este comentário franco e inequívoco sobre a passagem: "*Como é grande a devoção dessa mulher, que deve ser considerada digna do nome de uma apóstola!*".

Essas são ilustrações, que poderiam ser consideravelmente ampliadas, da sombra que a suposta lei do silêncio de Paulo para as mulheres tem sido lançada sobre o trabalho dos primeiros tradutores — uma sombra que foi lançada até mesmo no Antigo Testamento, porque lemos na *Versão Comum*: "O Senhor deu a palavra; e foram muitos os mensageiros que a publicaram" (Salmos 68.11, tradução livre), ao passo que a *Versão Revisada* interpreta de modo correto: "O Senhor deu a palavra; *grande é o número das mulheres que publicaram as boas-novas*" [tradução livre].

Se estamos certos ou errados nas nossas conclusões gerais, há algumas lições muito interessantes sugeridas por esse assunto:

Principalmente, o valor da experiência como um intérprete da Escritura. A exegese final nem sempre é encontrada no léxico e na gramática. O Espírito está na Palavra; e o Espírito está também na Igreja, o corpo de cristãos regenerados e santificados. Seguir a voz da Igreja sem seguir a voz da Palavra escrita nunca provou ser seguro; mas, por outro lado, talvez devamos ser admoestados a não desprezar o ensino da vida espiritual mais profunda da Igreja ao tirar nossas conclusões a respeito do significado da Escritura. Não podemos negar que, em cada grande despertamento espiritual na história do protestantismo, o ímpeto das mulheres cristãs de orar e dar testemunho de Cristo em reuniões públicas é irreprimível. E assim foi no início da Sociedade de Amigos. E assim foi no grande avivamento evangélico associado aos nomes de Wesley e Whitefield. E assim foi naquela poderosa *renaissance* do metodismo primitivo conhecido como Exército de Salvação. E está sendo cada vez mais dessa forma nesta era de missões modernas e de evangelismo moderno na qual estamos vivendo. Ao observar esse fato e ao observar também a grande bênção que tem sido concedida ao ministério de mulheres consagradas na proclamação do evangelho, muitos homens criteriosos foram levados a reexaminar a Palavra de Deus, aprender se realmente as Escrituras silenciam o testemunho que o Espírito abençoa de modo tão notável. Para muitos, tem sido um alívio e uma surpresa descobrir quão pouca autoridade existe na Palavra para reprimir o testemunho de mulheres em reuniões públicas ou para proibi-las de proclamar o evangelho aos não salvos. Se assim for, é bom que os queixosos tomem cuidado neste caso, porque, ao silenciar a voz de mulheres consagradas, talvez estejam resistindo ao Espírito Santo. A associação destas duas admoestações do apóstolo é importante: "Não apaguem o Espírito. Não tratem com desprezo as profecias" (1Tessalonicenses 5.19,[20]).

O famoso Edward Irving fala desse assunto com muita propriedade: "Quem sou eu para desprezar o dom de Deus, só porque ele se encontra em uma mulher, a quem o Espírito Santo não despreza? [...] Que as mulheres e os homens possuem uma distribuição igual de dons espirituais não está apenas manifestado no fato (v. Atos 2; 18.26; 21.9; 1Coríntios 11.3 etc.), mas nas próprias palavras da profecia de Joel, que pode muito bem repreender essas pessoas vãs e negligentes que fazem pouco caso da obra do Senhor, por ela ser feita por mulheres. *Eu gostaria que os homens se sujeitassem à Palavra de Deus antes de agirem de modo autoritário contra os direitos iguais das mulheres no grande derramamento do Espírito*" (*Works*, v. 555).

Conforme exigido, preferimos renunciar a todos os apelos à razão e ao sentimento ao resolver a questão e baseá-la unicamente em uma interpretação literal da Escritura. No entanto, não podemos deixar de questionar se a intuição espiritual da Igreja não foi longe demais em sua exegese ao tratar desse assunto. Não faremos referência ao uso predominante em várias das nossas igrejas muito espirituais e evangélicas, mas citaremos alguns casos visíveis e públicos.

A viagem missionária de Annie Taylor ao Tibete foi comentada no mundo inteiro. E agora ela está retornando àquele campo vasto e perigoso com um grande grupo de missionários iniciantes, composto tanto de homens quanto de mulheres, sendo ela própria a líder da expedição. Nessa missão de levar o evangelho a regiões remotas e de pregar Cristo a pessoas de todas as classes, ela é uma missionária tão completa quanto Paulo, Columbano ou Bonifácio. Contudo, não ouvimos nenhum comentário da imprensa religiosa indagando se, ao agir assim, ela não estaria extrapolando o papel da mulher, conforme definido na Escritura.

Quando, diante da Conferência Missionária no Exeter Hall, em 1888, o secretário Murdock descreveu o trabalho da sra. Ingalls, de Burmah, declarando que, apesar de não assumir funções eclesiásticas, porém, por um lado, por força de caráter e, por outro, pelas exigências do campo, ela se tornara praticamente uma bispa de mais de uma dezena de igrejas, treinando o ministério local em teologia e homilética, orientando as igrejas na escolha de pastores e supervisionando a disciplina das congregações, a história registrou apenas aplausos, sem uma só palavra de divergência do ilustre corpo de líderes missionários que a ouviram.

Quando, na mesma conferência, o representante da Missão Karen fraquejou e alguém perguntou se havia algum missionário presente capaz de falar sobre aquele trabalho notável, a resposta foi: "Somente um, e ela é mulher". Ela foi aceita sem hesitações como palestrante; e, apesar de vacilar no início, finalmente aceitou e teve a honra de dirigir-se a talvez ao mais respeitoso grupo de líderes missionários que se reuniu nesse século. O tom de voz claro e distinto com que a sra. Armstrong contou sua história não sugeriu "silêncio"; mas a modéstia e a reserva de sua postura atenderam completamente à exigência da Escritura de "tranquilidade". E, apesar de haver entre ela secretários missionários auditores, bispos episcopais, professores da Oxford e teólogos de Edinburgh, não se viu em nenhum lugar o mais leve traço de objeção a seu serviço.

Lembramos vividamente, no início do trabalho da mulher no estrangeiro, como a brilhante missionária na China, a srta. Adele Fielde, foi lembrada por sua diretoria por causa das repetidas reclamações dos missionários mais velhos de que o trabalho dela extrapolava sua área como mulher. "Dizem que a senhora assumiu a responsabilidade de pregar", foi a acusação lida pelo presidente do conselho. "É verdade?" Ela respondeu descrevendo a imensidão e a pobreza do campo no qual trabalhava — vilarejo após vilarejo, aldeia após aldeia, sem ouvir falar do evangelho — e depois de como, em companhia de uma mulher da localidade, ela percorreu as áreas ao redor, reuniu grupos de homens, mulheres e crianças — quem pudesse comparecer — e lhes contou a história da cruz. "Se isso é pregação, eu me declaro culpada da acusação", ela disse. "E a senhora recebeu ordenação para pregar", perguntou-lhe o examinador. "Não", ela respondeu, com grande dignidade e ênfase — "*não, mas creio que fui pré-ordenada*." Ó mulher! Você respondeu discretamente; e, se alguém pedir suas credenciais de ordenação, aponte para as palavras do profeta: "Os seus filhos e as suas filhas profetizarão", e a igreja inteira votará para enviá-la de volta ao seu trabalho sem nenhum problema, como felizmente fez a diretoria nesse caso.

Como demoramos a entender o que está escrito! Simão Pedro, que no dia de Pentecoste havia ensaiado a grande profecia da nova dispensação e anunciado o início de seu cumprimento, estava tão apegado à tradição que foi necessária uma visão especial do lençol descendo do céu para convencê-lo de que no Corpo de Cristo "não pode haver diferença entre judeus e gentios". E foi necessária outra visão de uma multidão de missionárias, colocadas pelo Espírito Santo entre os gentios, e proclamando o evangelho a toda tribo, raça e nação, para convencer-nos de que no mesmo corpo "não pode haver diferença entre homem e mulher". É evidente, contudo, que esse extraordinário espetáculo de ministras do evangelho trouxe dúvidas a alguns conservadores sobre "até onde essa coisa pode crescer". Ainda assim, como crentes na palavra inequívoca da profecia, tudo aconteceu exatamente de acordo com o que foi pré-ordenado, desde o capítulo inicial da nova dispensação, quando no aposento alto "todos eles se reuniam sempre em oração, *com as mulheres*, inclusive Maria, a mãe de Jesus, e com os irmãos dele", até o capítulo final, agora se cumprindo, quando "muitas mulheres levaram a notícia".

A nova estrutura não é como a antiga; e os defensores neste caso não precisam apelar para os exemplos de Miriã, Débora, Hulda e Ana, as profetizas. Esses foram casos excepcionais na antiga dispensação; mas a menor no Reino do céu é maior que eles. E que os teólogos, que recentemente escreveram de modo tão dogmático sobre esse assunto, reflitam se é possível que, neste assunto, eles ainda estejam sob a lei e não sob a graça; e se, ao ver a terra prometida da evangelização mundial, eles consigam ouvir a voz de Deus dizendo: "*Meu servo Moisés está morto.* Agora, pois, você e todo este povo preparem-se para atravessar o Jordão" [Josué 1.2].

## APÊNDICE B

# Políticas do Generals International

Como mencionei no capítulo 11, há um assunto importante que nós mulheres no ministério precisamos entender: como nos relacionar com os homens nos ministérios. Incluí a seguinte carta, que o nosso escritório envia antes de eu ir a qualquer lugar para palestrar, a fim de mostrar-lhe algumas precauções que tomo para me proteger de mexericos ou de outros ataques que possam surgir em razão das minhas interações com homens.

### O propósito desta carta

O propósito desta carta é informar-lhes sobre as políticas do Generals International a respeito dos compromissos de palestras assumidos por Cindy Jacobs, inclusive detalhes sobre viagem e acomodações em hotel, honorários e quaisquer pedidos especiais que pertençam ao evento programado.

### Local da reunião

Pedimos, por favor, que nos enviem o endereço e o número do telefone do local da(s) conferência(s). Manteremos essas informações nos nossos arquivos para que, em caso de emergência, possamos entrar em contato com Cindy imediatamente. Se houver alguém que possa ser o nosso contato nesse local, por favor, incluam o nome e o cargo dessa pessoa.

### Providências para transporte

Brevemente lhes enviaremos o itinerário de Cindy, assim que tudo estiver acertado. Pedimos que providenciem transporte de ida e volta para ela desde o aeroporto até o local de reunião(ões). De acordo com as normas do Generals International, Cindy deve ser recebida no aeroporto por uma mulher, ou por um homem acompanhado de uma mulher, a fim de evitar aparências questionáveis. Cindy sempre viaja acompanhada. Solicitamos que preparem acomodação para essa pessoa e cubram as despesas de sua viagem. De acordo com as nossas normas, embora os preparativos para a viagem sejam feitos por nosso escritório, pedimos que cubram o preço das passagens com antecedência. O cheque deverá ser enviado à Generals International. Agradecemos por aceitarem a nossa política a respeito desses pontos.

### Acomodações em hotel

Solicitamos que as despesas de hotel de Cindy (com exceção das despesas pessoais) sejam cobertas. Deixamos as acomodações em hotel a seu critério, uma vez que conhecem a área geográfica onde Cindy fará as palestras. É necessário que as acomodações proporcionem um ambiente tranquilo e agradável para Cindy (e acompanhante). Assim que essas providências forem tomadas, entrem em contato com o nosso escritório para nos informar o nome e o endereço do hotel, número do telefone e número da confirmação da reserva.

### Honorário

A Generals International cobra um honorário de US$ 5.000, quantia suficiente para cobrir as despesas diárias dos ministérios. O honorário ou cheque ou reembolso deve ser nominal à Generals International. A G.I. é uma organização sem fins lucrativos, isenta de impostos; portanto, não haverá necessidade de informar o valor à Receita Federal no ano seguinte. A nossa diretoria define o salário de Cindy e ela não aceita pagamentos de terceiros. Se um cheque for inadvertidamente preenchido em nome de "Cindy Jacobs", não teremos condições de depositá-lo ou sacá-lo, e teremos de devolvê-lo. Agradecemos a sua compreensão a esse respeito.

### Materiais

Em muitas ocasiões, o nosso escritório envia materiais para revenda (livros, fitas e vídeos) ao local da reunião onde Cindy fará a palestra. Em caso de reuniões no exterior, esse envio é opcional. Pedimos que nos informem as providências que devemos tomar quanto a alfândega e embarque do material para que possamos decidir o que deve ser feito. Se decidirmos enviar os materiais, pedimos que atentem para o seguinte: informem-nos o número de pessoas que participarão do evento. Recomendamos que destaquem uma pessoa para cuidar do recebimento dos materiais, bem como da venda e do valor arrecadado. Enviaremos junto com os materiais as instruções para ajudá-los na prestação de contas. Por favor, informem-nos o nome e o endereço da pessoa que receberá esses materiais. Em caso de dúvida, por favor, entrem em contato comigo pelo telefone 972-576-8887 ou envie um *e-mail* a ea@generals.org.

# APÊNDICE C

# Mulheres e questões de justiça

As mulheres e as crianças enfrentam opressão, abuso, violência, negligência e exploração há muito tempo. Os registros de crimes encheriam muitas páginas deste livro. Em todos os países do mundo há evidências claras dessas injustiças. Embora alguns governos e uns poucos homens se posicionem contra tais atrocidades, a História nos mostra que basicamente são as mulheres que têm lutado em favor dos direitos de outras mulheres. Essas vozes foram ouvidas, e vimos progressos que mudaram para sempre o rumo da História. Devemos comemorar essas vitórias do passado.

A luta, porém, não acabou. Hoje, continuam a ser perpetrados crimes contra mulheres e crianças. Mais de 27 milhões de pessoas estão presas em todos os tipos de armadilha de escravidão ao redor do mundo, e a maioria é composta de mulheres e crianças.[1] O tráfico humano é hoje o segundo maior crime organizado do mundo, gerando mais de 31 bilhões de

1 DOUGHERTY, Jill. State Department Report Ranks Countries on Human Trafficking. **CNN**, 27th Jun. 2011. Disponível em: <http://www.cnn.com/2011/POLITICS/06/27/human.trafficking/index.html>.

dólares por ano — um valor superado apenas pela venda ilegal de drogas.[2]

Embora a escravidão moderna seja uma violação aos direitos civis e afete todas as pessoas, ela é de suma importância para as mulheres. No tráfico humano para mão de obra e sexo, as mulheres e as crianças são as escolhidas com mais frequência, mas há mulheres no mundo inteiro se levantando para lutar em favor dos oprimidos. A imprensa, as igrejas e os políticos têm se dedicado às causas de justiça, mas, acima de tudo, são as mulheres que estão dando a vida para resgatar e reabilitar crianças que foram raptadas de seus lares e forçadas a se prostituir. São também as mulheres que mais se apresentam para defender e ajudar a resgatar as pessoas mais vulneráveis da nossa sociedade.

São fatos chocantes que devem nos levar a orar, refletir e agir. Mas, por trás de cada estatística, está a história de alguém que foi objeto de opressão, e por trás de cada ato de resgate ou cura, há a história de alguém como você, que respondeu ao chamado para cumprir seu destino. Uma dessas mulheres é minha amiga Erica Greve. Esta é a história de como ela reagiu quando ficou frente a frente com o tráfico humano nos Estados Unidos.

### A história de Erica

> Eu trabalhava como assistente social interna no pronto-socorro de um hospital infantil na área da baía de San Francisco, para ajudar crianças feridas, quando a minha vida mudou para sempre. Tinha conhecimento de que ouviria histórias chocantes de crianças cujas vidas foram destruídas por todos os tipos de

2 DeBaca, Luis C. Release of the Ninth Annual Trafficking in Persons Report. **U.S. Department of State**, 16th Jun. 2009. Disponível em: <https://www.state.gov/j/tip/rls/tiprpt/2009>.

abuso e negligência, mas não tenho certeza se estava pronta para ouvir a história de Sarah (nome alterado).

Sarah parecia ter 16 anos de idade, mas tinha apenas 12. Não conseguira aprender a ler e a escrever. Sua voz era lenta e rouca e, enquanto falava, balançava um giz de cera vermelho na mão direita. Em seu colo havia um livro para colorir, aberto em uma página repleta de desenhos de cavalos. Demorei apenas alguns momentos para entender que ela sofria de distúrbio mental.

Sarah contou-me a respeito de um homem que ela conhecera quando tinha 10 anos. No percurso de volta da escola para casa ela viu que ele a encarava de dentro de um carro. No dia seguinte, ele voltou e perguntou seu nome. O homem de 30 anos de idade tornou-se rapidamente seu namorado por quem ela "se apaixonou". Sarah contou-me o nome dele e lembrou-se de que ele foi o primeiro homem que lhe disse "eu te amo". Ele lhe ofereceu maconha, e ambos começaram a ter relações sexuais. Porém, logo depois, as agressões físicas começaram. O "namorado" de Sarah apresentou--lhe suas "primas", outras garotas mais ou menos da idade dela. Pelo fato de Sarah "amar" seu namorado, esperava-se que ela ganhasse dinheiro para que eles pudessem sobreviver. E assim ela passou a andar pelas ruas de Oakland, ao lado de suas "primas".

A história de Sarah causou um profundo impacto em mim e mudou a minha vida para sempre. Apesar de não ter encontrado muitas vítimas de tráfico humano no pronto-socorro onde eu trabalhava em Oakland, fiquei perplexa ao ver a exploração de algumas pessoas mais vulneráveis da sociedade. Crianças como Sarah simplesmente não tinham capacidade para enxergar as manipulações de um predador maldoso. Essas garotas não escolheram viver nas ruas; ao contrário, foram perseguidas e traficadas por seus predadores. Algumas sofrem de distúrbio mental como Sarah, outras apresentam problemas emocionais e há aquelas que simplesmente procedem de lares desfeitos ou de famílias disfuncionais. Algumas poucas procedem de boas famílias e até frequentam uma igreja.

De repente, eu me vi confrontando as minhas concepções erradas a respeito da escravidão no mundo de hoje. Comecei a pesquisar e descobri que uma única garota é capaz de ganhar mais de 150 mil dólares por ano em dinheiro vivo. Portanto, se um gigolô tiver cinco garotas na rua, ele pode muito bem ganhar mais de 750 mil dólares por ano — *sem pagar imposto*. Assim como Sarah, as garotas não entendem que seu novo "namorado" — que diz "eu te amo", que passa o tempo com elas e brinca com suas emoções afetivas — está, na verdade, tentando ganhar confiança para transformá-las em escravas. Elas não escolheram vender o corpo em troca de dinheiro. Foram coagidas. Esse tipo de escravidão é tão maligno e sinistro quanto qualquer tipo de escravidão no passado.

Ao pesquisar mais profundamente, descobri que entre 100 mil e 300 mil pessoas — garotas e garotos de todas as idades — são vendidas a cada ano nos Estados Unidos como objeto sexual.[3] Infelizmente, fiquei sabendo que somente alguns poucos serviços, organizações e igrejas se interessam em ajudar. Para muitas crianças, não há para onde ir.

Decidi que precisava fazer parte da solução. Em 2011, fundei a organização Heróis Improváveis para criar os lares de restauração tão necessários às vítimas de escravidão sexual nos Estados Unidos e ao redor do mundo. Junto com uma equipe de modernos abolicionistas radicais, estamos fazendo o possível para instruir as pessoas sobre as realidades da escravidão da era moderna e criar lares de restauração que proporcionem estudo e terapia sobre traumas e ensinem uma profissão àqueles que necessitam de uma segunda chance na vida.

Em novembro de 2012, viajei às Filipinas com um grupo de pessoas preocupadas com a justiça e que fazem parte de organizações contra o tráfico, sem fins lucrativos. Em uma região remota, resgatamos dez garotas de bordéis e abrimos um lar de restauração.

---

3 Part 1: Victims or Perpetrators: Who Goes Free in the "Land of Free". **Shared Hope International**, 23rd Oct. 2011. Disponível em: <https://sharedhope.org/2011/10/part-1-victims-or-perpetrators-who-goes-free-in-the-land-of-the-free>.

Uma das garotas resgatadas chamada Ana (nome alterado) tinha 16 anos de idade e havia morado por mais de um ano em um cômodo de 1,5 x 2,50 metros nos fundos de um bordel. Ela contou ao grupo que fora trabalhar em um bar porque sua família não tinha dinheiro para alimentá-la nem para alimentar seus irmãos. Somente depois que começou a trabalhar foi que o proprietário do bar lhe disse que ela deveria fazer sexo com os homens para ganhar dinheiro. Hoje Ana está em lugar seguro.

A organização Heróis Improváveis também está trabalhando para abrir um centro de acolhimento na área da baía de San Francisco com a finalidade de ajudar crianças como Sara que são vendidas como objeto sexual.

Pedi a Erica que contasse sua história porque ela mostra como uma mulher reagiu e como está pondo em prática hoje o destino específico de Deus para ela. Erica e a organização Heróis Improváveis uniram-se corajosamente aos grupos de pessoas que estão dispostas a dizer "sim" ao chamado de Deus. Talvez você necessite conscientizar-se (e orar) das questões de tráfico humano e outros temas sobre justiça social, ou talvez Deus a tenha chamado para realizar um trabalho igualmente de grande coragem, mas totalmente diferente. Em todo caso, você poderá aprender mais a respeito de como combater o tráfico humano com a organização Heróis Improváveis ou com qualquer outra organização relacionada abaixo. Estes são apenas alguns dos muitos grandes ministérios que estão surgindo para lutar pela justiça. Deus nos chama a todas a um destino.

## Fontes de referência sobre tráfico humano

Exodus Cry (pergunte sobre o filme *Nefarious*). Disponível em: <exoduscry.com>.

Freeset (Índia) (Kerry e Annie Hilton. Disponível em: <freeset global.com>.

Hope Foundation (Austrália) (Bronwen Healy). Disponível em: <hopefoundation.org.au>.

International Justice Mission. Disponível em: <ijm.org>.

Justice Speaks (Sharon Ngai). Disponível em: <justicespeaks.org>.

Love 146 (Rob Morris). Disponível em: <love146.org>.

Moral Revolution. Disponível em: <moralrevolution.org>.

NightLight (Annie Dieselberg). Disponível em: <nightlightinter national.com>.

Not for Sale Campaign (David Batstone). Disponível em: <not forsalecampaing.org>.

The Salvation Army. Disponível em: <salvationarmyusa.org/usn/fight-human-trafficking> ou <salvationarmy.org/ihq/antitraffic king>.

Shared Hope International (Linda Smith). Disponível em: <shared hope.org>.

Unlikely Heroes (Erica Greve). Disponível em: <unlikelyheroes.com>.

# Bibliografia recomendada


AGLOW. **Women of Prayer**. Lynwood, WA: Aglow Publications, 1993.

BARNA, George. **Today's Pastors**. Grand Rapids: Baker, 1993.

BUSHNELL, Katharine. **God's Word to Women**. Autopublicado, 1921. Estudos bíblicos ministrados no início da década de 1920 por Bushnell, médica e missionária.

CANNISTRACI, David. **The Gift of Apostle**. Grand Rapids: Baker, 1996.

DAKE, Finis Jennings. **Dake's Annotated Reference Bible**. Lawrenceville, GA: Dake Bible Sales, 1963.

DAVIS, Jim; JOHNSON, Donna. **Redefining the Role of Women in the Church**. Citação do manuscrito autopublicado em 1997 por Christian International, 177 McKenny Road, Santa Rosa Beach, FL, 32459.

DAWSON, John. **Healing America's Wounds**. Grand Rapids: Baker, 1994. [**Reconciliação:** Curando as feridas da nação. Almirante Tamandaré, PR: Jocum, 2009;]

DAWSON, Joy. **Intimate Friendship with God**. Minneapolis: Chosen, 1986. [**Intimidade com Deus no temor do Senhor**. Belo Horizonte: Betânia, 2019.]

DENGLER, Sandy. **Susanna Wesley**. Chicago: Moody, 1987.

EVANS, Mary. H. **Woman in the Bible**. Downers Grove, IL: Inter-Varsity, 1983.

GRAHAM, Billy. **Just As I Am**. San Francisco: Harper, 1997. [**Billy Graham:** uma autobiografia. Campinas, SP: United Press, 1998.]

GROOTHUIS, Rebecca Merrill. **Good News for Modern Women**. Grand Rapids: Baker, 1997.

HAMILTON, David Joel. **I Commend to You Our Sister**. Master´s thesis. 1996. Kona, Hawaii: University of Nations.

HAMON, Bill. **Apostles and Prophets**. Shippensburg, PA: Destiny Image, 1997.

HANSEN, Jane; Powers, Marie. **Fashioned for Intimacy**. Grand Rapids: Baker, 1997.

HASSEY, Janet. **No Time for Silence**. Grand Rapids: Academic Books, 1986.

HAUBERT, Katherine M. **Women as Leaders**. Monrovia, CA: Marc, a division of World Vision International, 1993.

KROEGER, Richard; Clark, Catherine. **I Suffer Not a Woman**. Grand Rapids: Baker, 1992.

LAHAYE, Beverly. **The Desires of a Woman's Heart**. Wheaton, IL: Tyndale, 1993.

LITTAUER, Florence. **Wake Up, Women!** Dallas: Word, 1994.

LINDSAY, Freda. **My Diary Secrets**. Dallas: Christ for the Nations Publishing, 1984.

LUTZ, Lorry. **Women as Risk-Takers for God**. Carlisle, Cumbria, U.K.: World Evangelical Publications, 1997.

MALCOLM, Kari Torjesen. **Women at the Crossroads**. Downers Grove, IL: InterVarsity, 1982.

MAXWELL, L. E.; DEARING, Ruth C. **Women in Ministry**. Camp Hill, PA: Christian Publishers, 1987.

MEARS, Henrietta. **Dream Big**. Grand Rapids: Baker, 1990.

PICKETT, Fuchsia. **The Prophetic Romance**. Orlando, FL: Creation House, 1996.

PIPER, John. GRUDEM, Wayne. **Recovering Biblical Manhood and Womanhood**. Wheaton, IL: Crossway, 1991.

SHERRER, Quin; GARLOCK, Ruthanne. **A Woman's Guide to Breaking Bondages**. Ann Arbor, MI: Vine Books-Servant, 1994.

______. **A Woman's Guide to Spiritual Warfare**. Ann Arbor, MI: Vine Books-Servant, 1991.

______. **How to Forgive Your Children**. Lynwood, WA: Aglow Publications, 1989.

SILVOSO, Ed. **That None Should Perish**. Minneapolis: Chosen, 1994.

BOOM, Corrie ten. **The Hiding Place**. Minneapolis: Chosen, 1971. [**O refúgio secreto**. Belo Horizonte: Betânia, 2000.]

**The Women's Study Bible**. Nashville: Thomas Nelson, 1995. [**Bíblia de estudo da mulher**. 2. ed. Barueri: Sociedade Bíblica do Brasil, 2010.]

TROMBLEY, Charles. **Who Said Women Can't Teach?**. South Plainsfield, NJ: Bridge Logos, 1985.

TUCKER, Ruth. **Guardians of the Great Commission**. Grand Rapids: Zondervan, 1988.

TUCKER, Ruth; LIEFELD, Walter. **Daughters of the Church**. Grand Rapids: Zondervan, 1987.

VARNER, Kelley. **The Three Prejudices**. Shippensburg, PA: Destiny Image, 1997.

WAGNER, C. Peter. **Blazing the Way**. Grand Rapids: Baker, 1995.

________. **Discover Your Spiritual Gifts**. Minneapolis: Chosen, 1979.

WITHERINGTON, Ben III. **Women and the Genesis of Christianity**. Cambridge, MA: Press Syndicate of the University of Cambridge, 1990.

WRIGHT, H. Norman. **What Men Want**. Grand Rapids: Baker, 1996. [**O que os homens querem**. São Paulo: Quadrangular, 1998.]

# Índice de referências bíblicas

# Índice remissivo

## D

# Sobre a autora

**CINDY JACOBS** é profetiza, palestrante, professora e autora, cujo coração está voltado para disciplinar as nações nas áreas de oração e profecia. Ela e o marido, Mike, são fundadores do Generals International e trabalham em prol da transformação social por meio de um ministério intercessor e protético. Cindy escreveu vários *best-sellers*, entre os quais *Possuindo as portas do inimigo*, *The Voice of God* [A voz de Deus], *O poder da oração persistente* e *Manifesto da Reforma,* os dois últimos publicados pela Editora Vida. Seu programa de televisão, *God Knows*, é levado ao ar nos Estados Unidos na God.tv, em inglês, e em outras plataformas em múltiplos idiomas, bem como ao redor do mundo. Cindy viaja internacionalmente e faz palestras a grupos de centenas de milhares de pessoas por ano em igrejas e centros de conferência. Cindy e Mike têm dois filhos adultos e residem em Dallas, Tex.

Esta obra foi composta em *Minion Pro*
e impressa por PlenaPrint sobre papel
*Offset* 70 g/m² para Editora Vida.